本书幸蒙河北经贸大学学术著作出版基金、
河北经贸大学财税研究所科研基金资助出版

中国税式支出制度构建研究

张晋武⊙著

人民出版社

序

　　闻知张晋武同志的博士学位论文《中国税式支出制度构建研究》已经修订,即将作为学术专著由人民出版社付梓出版,作为他的导师,我甚感欣慰,并愿随书附言,略述感见,是为序。

　　在当今我国财税研究和财税制度改革的言流里,税式支出和税式支出制度是一个既略显熟旧,又多显生鲜和让人颇具探新之感的论题。曰其熟旧,是因为西方国家从洞见税式支出现象及其问题,到正式提出税式支出概念,再到创立和逐步践行税式支出制度,已研究和探索了近半个世纪;国内对西方国家税式支出制度理论与实践的认识、借鉴和对建立中国税式支出制度的探讨,亦经年二十有余。然而,令人不能释重的是,我国虽已将建立税式支出制度列入了财税制度改革的总体规划,但时至今日,如何构建中国税式支出制度仍存在许多制度设计和技术方法层面的未解之疑,特别是还未形成一个基本的制度框架和实施战略,理论与认知层面的一些问题也有待进一步深厘。这就使得这一论题的研究仍几如处地拓荒,任重道远。

　　张晋武同志对税式支出与中国税式支出制度构建问题关注已久,并是国内较早笔涉该论题的研究者之一。长时间以来,他在此领域已陆续发表了多篇学术论文,并主持完成了一项国家社科基金课题,夯实了相应的研究基础和取得了一部分有价值的个人见解。本书则是他与时俱进地对这一问题研究的集成之作,当然也是他对这一问题研究的拓广凿深、图新求善之篇。记得当初他一谈及这一博士论文选题和研究内容时,我便欣然同意,缘由一是看重其显著的理论与实践意义,再就是相信他凭自己的研究志趣、研究经历、研究基础和进一步的研究设想,能够在这一问题的探讨上再度有所作为,取得新的进展。现在看来,结果基本如期。

品读本书,主要有如下几点值得肯定和嘉许:

第一,研究内容系统、具象,研究触角多元兼及,研究视点逼近"实战",切合时需。对于当今中国,税式支出制度的建立虽已不是一个全新的研究论题,但随着建立税式支出制度进入国家财税制度改革的实施规划和决策视野,无疑使这一论题的研究面临新的要求。现在的问题,并不是要不要建立税式支出制度,也不只是对某一个具体事项如何认识和在某一个制度节点上如何处理,而是迫切需要从制定"实战方案"和"战前准备"的研究视点出发,拿出一套富有指导性、纲领性的理论原则和多元兼及、系统一体、具象明晰的制度与策略安排。通观本书的研究目的与内容,不难发现,其突出特色之一正是力求因应此需。首先,从研究目的定位出发,研究内容构设比较全面。其中,既有相对完整、切实的制度构想,也有深入而有针对性的理论与国际经验分析;既有对国内同类研究关注较多的议题的进一步探讨,也有对诸如税式支出成本估算微观模拟模型的构建、宏观层面的税式支出成本估算、税式支出成本估算所需数据资料体系的建设、税式支出评估的内容、方式、基准等同类研究关注较少或尚未正面涉及的议题的初步阐释;特别是在中国税式支出鉴别、估算及预算管理体系框架的构建研究方面,涉及和回答了几乎所有亟待解决的关键问题。其次,围绕制度建设主题,研究触角多元兼及。其中,既有总体的指导思想和实施战略思考,又有各个环节的制度安排设计;既有统御性的基本原则研究,又有战术性的具体策略探讨;既有适应现实情况的短期选择,又有长远目标和逐步规范的路径考虑。而相对于构建中国税式支出制度的客观需要来说,这些研究触点显然都是不可或缺的元素。再次,本书在制度设计部分的研究中,按照税式支出制度各内容要素的逻辑顺序,逐一提出了详略不等的制度架构与技术方法建议,并统一采取了宏观与微观、战略与战术有机结合的研究思路,遵循了统一的设计思想,注意协调各制度要素在实施要求上的内在联系,故而使得其相互之间应和衔接,浑成体系。可以说,本书是迄今为止国内一部以系统、完整和制度设计见长,并较已有同类研究成果对即将发轫的改革实践更具全局指导意义和具体参考价值的应用性研究著作。

第二,立足国情,科学借鉴,以"中国特色"为主要基点寻求制度创新。税式支出制度发源于西方发达国家的财税管理实践,构建中国税式支出制度的研究意义绝大多数是一种制度移植性研究。如果没有切实的国情意识和科学的借鉴态度,没有对本国具体国情与国外先进经验相结合的深察洞见,这种研究的意义和价值就要大打折扣,也不可能在制度构建上真正有所创新和突破。在本书的研究中,作者恪守这一要诀,一方面,注重从总体上对不同国家的税式支出制度实施情况进行比较分析和对中国的财税制度、财税管理基础及各种相关条件与问题进行甄别分析,由之总结、洞见国际经验中带有启示性、规律性的东西和中国税式支出制度的生长空间;另一方面,更注重在各个具体环节的制度设计上以中国现实条件和所要解决的问题为出发点,并将之与其他国家做法的具体背景、依据进行对比,进而权衡考量,提出对国际理论规范与实际经验的借鉴取舍意见和我们的对策。可以说,本书制度设计与策略研究部分的每一个结论,都是在立足国情、科学借鉴的前提或意境下权衡考量、借鉴取舍的结果。其中一些比较重要的制度创新举措,如具有突出阶段性特点的税式支出制度目标,适当赶超的税式支出制度实施战略,税式支出鉴别的折中策略,变通改造、灵活运用的微观税式支出成本估算方略,基于相关基础与数据资料来源的宏观税式支出成本估算方法,税式支出预算管理与现行财税管理基础的衔接统合,具有一定直接约束力的税式支出数量预算控制方式等,亦都是在立足国情、科学借鉴原则下,以追求"中国特色"为基点做出的。如此,不仅使税式支出制度的中国化有了一种清晰可辨的模式,也使本书的研究在服务于改革实践方面大大增色。另外,作者在追求"中国特色"的同时,还借鉴我国许多制度变革中的教训,提出正确处理"规范"与"特色"的关系,谨防出现"规范不足,特色有余"的偏颇。这对于中国税式支出制度的成功建立和健康发展都具有积极的警示作用。本书在制度设计中认真贯彻这一意旨,也对增强同类研究的科学性具有积极的示范意义。

第三,以制度建设为纲进行理论创新,视角独特,观点颖异。本书的主题是制度建设,只有以制度建设为纲进行理论创新,方可更加彰显这种创新的价值与实际意义,也才能真正形成有独自特色的新认识、新观点。在本书探究的基本理论问题中,大多都是以往学术界作为相对独立的研究对象反复讨论的老问题,但本书对这些问题的探究在视角、观点和深度上均不是以往研究的简单重复,而是紧紧围绕制度建设或作为其体系化制度建设研究的一个有机组成部分来猎求新知。例如,根据中国的税收优惠现状和税式支出鉴别及预算管理的实际需要,对税式支出概念做出了更具理论概括性和实际解释力的定义;为便于税式支出分析和有利于税式支出政策的优化组合,依循税式支出概念的基本内容要素,提出了新的税式支出分类方法,建立了新的税式支出分类体系。再如,在税式支出特点的分析中,基于现代财政风险管理理念,揭示了国内外研究文献均未曾注意的税式支出的或有负债性质,从而既弥补了对税式支出理论认识的疏漏,也拓宽了税式支出制度建设的视野和有助于丰富税式支出控制措施。又如,建立税式支出制度本质上也是一种财政预算意义上的公共管理改革。本书突破现有文献就税式支出制度论税式支出制度的局限,将建立税式支出制度的应然性纳入公共管理改革视野,运用对公共管理领域的各种问题最具解释力的公共经济学、新制度经济学及信息经济学的有关理论和方法进行分析,从而发现了税收优惠机制存在的与公共利益相悖的内在张力及其极易导致变相侵权、"目标取代"、"敲竹杠"和资源配置僵化等问题,并进而检讨了传统税收优惠管理模式的缺陷,揭示了税式支出制度在弥补法治不足、治理契约缺口、改进制度装置和信号传递等方面的积极意义。这种分析视角和这些观点,在中外同类研究中都是未曾有的。其不仅为建立中国税式支出制度提供了更加坚实的支撑理据,更重要的是为做出有效的税式支出制度安排提供了更深层次的理论指向。再如,本书在建立中国税式支出制度必要性的论述中特别注重剖析中国现阶段税收优惠失控、失效的特殊机制与成因,也是在强调建立税式支出制度重要意义的同时,意在从加强制度安排的针对性与有效性角度服务于实际制度建设的。

第四,实事求是,积极、理性,政策主张恳诚可信。本书是一部以资政为目的的应用性学术研究成果,而资政研究贵在政策主张恳诚可信,否则就会影响甚至丧失其生命力。恳诚可信意味着实事求是、客观严谨,意味着既要有积极的进取谋略,又要贯彻理性的科学精神,并且积极而不盲妄,理性而不畏避。本书在研究中因循了这一要求,故而提出的政策主张比较妥帖和恰如其分。这突出表现在建立中国税式支出制度指导思想和总体战略的论述上。如,作者提出对税式支出制度应合理估价,准确定位,既须充分肯定其优越性,又不能将其看成靠一己之功包治百病的万应灵方,而应准确把握好建立税式支出制度与其他更深层次的相关制度改革的匹配关系;既须正视、立足条件和考虑交易成本,不能在制度模式选择与制度设计上单凭需要和主观意愿而要求过高,又要在优先考虑可操作性的同时尽量瞄准国际先进经验,提高起点,并且既要立足现实已具备的条件,也要立足目前或近期可能创造的条件;不仅要积极加快改革,而且更要严格遵循制度演进规律,渐次推进,并把握好税式支出制度安排与相关制度功能发挥程度的契合关系,保证建立税式支出制度与相关制度改革的协调互进。此外,本书提出的税式支出鉴别的折中与"舍稳就变"策略、以税基为基础的税式支出成本计算方法,以及对税式支出评估内容、方式和税式支出适度规模与税式支出预算控制方式国际经验的选择意见等,也都较好地体现了实事求是与积极理性的精神,具有较强的可信度和实用性。

本书对构建中国税式支出制度的研究虽然取得了若干可喜的成果,并在同类研究中显现出先进性特征,但面对这样一个错综复杂和颇具挑战性的问题,其还只能是一种有益的尝试性探索,自然仍存在缺憾与不足。诸如,多数税式支出形式的成本估算方法还缺乏进一步的实例模拟研究;宏观层面的税式支出成本估算方法尚需进一步具体化;计算机微观模拟模型的构建、税式支出风险控制等研究还仅限于原则思考的初浅层次;税式支出评估方法的研究实际上还主要是一种思路,与实际应用尚有很大距离;税式支出评估内容和基准的研究也有待进一步深入,特别是亟待建立一套具体的评价指标体系;税式支出分析和规模控制环节的数量模型分析还显不足;个别细节问题,如税式支出的连带效应及其影响的理论与实际分析亦有待进一步加强。

当然,这些缺憾与不足作为需要继续研究解决的问题不仅仅是针对本书,也是针对目前所有同类研究成果而言的。有问题就有希望。建立中国税式支出制度的宏大工程在召唤,但愿张晋武同志和其他同行为此付出更多的努力!

王国清

2007 年 12 月

于西南财经大学

前　言

税式支出制度形成于 20 世纪 60 年代末至 70 年代初西方国家的财税管理实践。其作为一种建立在"税式支出概念"基础上的科学化、系统化的税收优惠管理制度，赋予了税收优惠同直接财政支出一样的预算管理方法和预算管理程序，是西方国家在税收优惠管理改革中取得的一项重要积极成果和财税管理制度的一大创新。借鉴西方国家经验，建立中国的税式支出制度，已列入我国财税制度改革的总体规划。

国内财税界对税式支出制度问题的研究已有 20 余年的历史，并已在诸多基本问题上取得了肯定性共识和显著进展。但对中国来说，税式支出制度毕竟是一个新事物，建立税式支出制度的尝试也尚处于初步准备阶段。无论是在西方国家经验的消化吸收借鉴方面，还是在自己的理论研究与实际制度构建方面，都还任重道远。本书的研究目的，就是力图在进一步深入认识西方国家经验的基础上，对建立中国税式支出制度涉及的基本理论和实践问题做出较系统的分析，并提出较具体和较完整的制度建设构想，以期能对实现建立中国特色税式支出制度的目标有所助益。

本书除绪论外，全部内容共分 9 章。其中，绪论部分概要介绍国内外研究进展和本书的研究思路；2～5 章主要为税式支出概念与税式支出制度的基本理论和国际经验分析；6～10 章作为全书的重点，分别从总体战略和具体制度安排两个方面系统论述中国税式支出制度的构建设想。

税式支出概念是税式支出制度的理论基础，正确借鉴和运用税式支出概念，是构建中国税式支出制度的首要前提。为此，第 2 章首先以国内外不同观点的辨析、评价为主线，采用追溯本源和综合的方法探究税式支出概念的内涵,阐述了正确把握税式支出概念的基本原则和要领,并将税式支出定义为政府为达到一定的社会经济政策目标,通过税收制度及其执行中规定的某些与基准税制相背离的条款,以有意识地放弃一部分税收收入的形式实现的一种旨在优待一部分纳税人和特定社会经济活动的特殊财政支出,其具有与直接支出相同或相似的预算管理和控制程序。然后,借助税式支出与直接财政支出的同异比较,揭示了税式支出的特点、利弊和效应,喻示了建立税式支出制度的一般意义。

一个完整的税式支出制度包括两个方面:一是政府为实现一定的社会经济目标在税收上规定的各种优惠条款,二是为管理和控制已有的税收优惠采取的各种制度措施。前者即税式支出的具体表现形式,后者作为税式支出制度的本质内容,包括税式支出项目鉴别、税式支出成本估算、税式支出预算及报告的编制、税式支出评估等四个主要环节。第3章以此为纲,着重描述了税式支出制度的基本轮廓,并为进一步加深对税式支出制度精神的认识,逻辑地归纳和阐述了税式支出制度的财税管理功能。

不同国家建立税式支出制度的主观认识、客观需要及相关条件存在差异,具体的制度内容、形式和方法亦不尽一致。中国税式支出制度的构建,应在正确把握国外税式支出制度的精髓的基础上,着眼于国际经验与中国国情的有机结合和必要性与可行性、目的要求与条件支持的统一。基于这种考虑,第4章简要考察了西方国家税式支出制度建立的背景和发展进程,并以税式支出制度的主要内容要素为线索,对13个典型国家实施税式支出制度的具体做法进行了比较分析,从中洞见和总结出了若干带有启示性、规律性的东西,为中国税式支出制度的设计与实施安排提供了比较充分的经验鉴照。

第5章是对税式支出制度的公共管理改革视角分析。西方国家之所以建立税式支出制度,主要是直接针对财税实践中的税收优惠失控和失效,并为了达到优化财政支出结构、促进税制改革和提高财政透明度等方面的目的。但是,从更广阔的视野看,税收优惠管理属公共管理范畴。如果以对公共管理改革最具解释力的公共经济学、新制度经济学和信息经济学理论为工具进行深入分析,便可发现,税收优惠机制在发挥有利作用的同时,也存在与公共利益相悖的内在张力,极易导致变相侵权、"目标取代"及"敲竹杠"和资源配置僵化等问题,税式支出制度则恰恰在应对这种张力和克服传统税收优惠管理的缺陷上具有弥补法治不足、治理契约缺口、完善制度装置及信号传递等多种裨益。这些理论认识,将使建立中国税式支出制度具备更加坚实的应然性基础。

中国税式支出制度的建立也是主要基于同西方国家一样的税收优惠失控问题,但中国税收优惠失控的具体机理与西方国家存在诸多差别,并属典型的政府型失控。第 6 章在据此强调中国建立税式支出制度的特殊必要性、澄清有关认识和现实条件分析的基础上,阐述了构建中国税式支出制度的指导思想与总体战略。即,在指导思想上,应坚持实事求是,尽力而为,循序渐进,并正确处理"规范"与"特色"的关系;税式支出制度目标的选择,应针对解决我国现阶段税收优惠运用和财政经济生活中突出矛盾的需要,主要定位于财政总量协调、税负公平保全和优惠结构优化;税式支出预算管理的范围,应主要为流转税和企业所得税,重点是针对其中一些影响较大的主要税种和经济领域的税收优惠;税式支出制度的实施步骤,应以国外全面预算管理的基本模式为目标取向,在适当超越国外准预算管理模式的基础上,分阶段、分层次推进。

第 7 章是对中国税式支出鉴别的考量与尝试。税式支出鉴别是对税式支出进行定性分析的过程,其主要涉及以所得还是以消费作为标准税基、采取何种所得定义、基准税制如何界定及如何处理某些性质模糊的优惠条款的税制结构归属等问题。中国税式支出鉴别方法的考量,既需以国际经验作为基本参照,亦需针对中国的现实财税制度状况合理权衡。其一,以切实可行为主,选择借鉴比较贴近中国实际的国际经验。具体包括:在国外较细致、具有较严格的具体标准和较粗略、标准不太具体的两类鉴别办法中,选择实行介于两者之间的折中方案;在界定基准税制时,不考虑理论层面统一标准税基问题的争议;以实际税制规定下的常规所得概念和国际通行的"交易观点"界定所得税的基准税制结构;在基准税制的判断标准上,主要仿效美国财政部参考基准与正常基准并用的做法;对某些难以确切界分的优惠条款主要实行简易归置办法。其二,在进行具体鉴别时采取现实和独立原则,并忽略目前我国相关税收制度与税收政策存在的相互间不协调状况。其三,兼顾避难就易和科学规范,以较为适合我国的实用性标准为基本鉴别标准,同时辅之以政策目的性标准。其四,着眼现实可能和财政预算改革的方向,以权责发生制作为界定基准税制与税式支出的会计基础。其五,与时俱进,随税制改革的进程对已确定的税式支出鉴别准则及时进行调整。依循上述思路,本章以企业所得税和增值税为例,进行了初步的税式支出鉴别尝试,提出了主要税制条款的鉴别准则。

第8章探讨中国税式支出成本估算的策略与方法。税式支出成本估算是对税式支出定量分析的过程。本章基于中国目前相关情况所设想的税式支出成本估算策略要点是:第一,遵行国际通行的"初阶"规则和适当舍繁就简。第二,在估算方法上主要采用国外收入放弃法和收入收益法的基本原理,并根据现实条件,适当加以变通和改造,灵活运用。对税收递延项目的成本估算,可以按收入放弃法原理计算损失的利息,也可以考虑引入现值法的做法。第三,在税式支出成本估算的会计基础选择上,应与我国现行企业会计和税收制度使用的会计基础保持一致。第四,在对将来年度税式支出成本的预测上只能"尽力而为"。估算税式支出成本,关键是对各种形式的税式支出项目的成本如何具体计算。根据我国现行税收法规涉及的税式支出的成本发生机理,对各种形式的税式支出项目的支出数额多可在相关的税基估测基础上进行计算。税式支出成本估算可于微观、宏观两个层面同时展开探索试验。微观层面的税式支出成本估算,应以每个纳税人作为各个税式支出项目成本统计、测算的基本单位;宏观层面的税式支出成本估算应主要以各个税种为对象来估算各自税式支出成本总量的近似值,近期可采取税收收入能力估算法、样本推算法、基数估算法或回归分析法等。利用计算机微观模拟模型进行计算是现今许多先进国家确定税式支出成本数额的重要手段和方法,对此亦应积极探索,进行必要的前期准备。另外,还须适应税式支出成本估算的需要,着力推进相关数据资料体系的建设。

第9章探索建立中国税式支出评估的理论、程序与方法体系。一个完整的税式支出评估体系,应该在正确确定税式支出评估内容、目标的基础上,具备一套科学的评估方式、方法、评价指标和衡量标准。着眼税式支出政策的工具性意义,税式支出评估须以政策效果和政策方案为核心内容。现阶段中国税式支出评估体系的构建,应以税式支出政策的适合性、成果有效性和成本有效性评价作为基本点;评估的目标应主要侧重于为确定适度的税式支出规模提供数量信息、为优化税式支出结构提供行动指向、为税式支出政策资源的重新配置和适应性调整及税收制度改革提供决策依据、为构建良好的公共财政关系和促进财税管理的科学化、民主化提供必要保证等方面;评估方式应坚持定量评估、客观评估与定性评估、主观评估并重和有机结合,并以内部评估、事后评估和正式评估为主,以后随着条件和经验的积累逐步健全。在评估方法上,可探索采用成本效益分析评估法、效应分析评估法、动态比较法、相关指标类推法与优势分析法、公众评判与评分评估法、摊提计算评估法等。在评估中,应以国家的社会经济战略目标和税式支出政策预期目标为衡量税式支出政策利弊优劣的基本标准;以满足税式支出评估内容与目的需要为依据,设置税式支出的具体衡量标准或指标,并须兼顾和正确处理相关性、可计量性与可解释性三者之间的关系。税式支出衡量准值则应按照定性评价标准和定量评价标准的不同特点,分别择定。

第 10 章对中国税式支出预算的编制与实施进行具体设计。税式支出预算设计需解决的第一大问题是确立税式支出预算的基本架构,具体包括税式支出报告的用途和内容、税式支出预算在整个财政预算体系中的归置及其与一般财政收支预算的联系、税式支出项目的分类及税式支出表的编列方法等。基于中国现阶段建立税式支出制度的需要,税式支出报告应主要用于控制税式支出规模和税式支出与直接支出的协调平衡,服务于税收优惠政策调整、税制改革、提高税收政策透明度及扩大税收优惠监督范围和监控力度,并据此设定税式支出报告文件的内容。税式支出报告应采取逐年滚动编制方式,滚动估算期限以三年为宜。报告中税式支出表涵盖的税种应逐步由少到多,先期试点阶段也可以先从某一类税式支出项目开始谋求突破。税式支出预算应作为财政预算体系的一个特别组成部分单独编制、成立,并以单向计列、统一分析方式纳入财政收支平衡体系。但在实施初期,可暂只作为财政预算中的一个参考性、指导性分析文件,并通过行政方式赋予其一定的实际控制效力,待形成较系统的制度规范后再使其成为财政预算的法定组成部分。从中国现阶段的财政预算和税收制度特色出发,采取以税种为基本分类,然后再按行业、部门和具体的税式支出形式进一步细分的方法来编制税式支出表最为适宜。税式支出预算设计需解决的第二大问题是选择税式支出适度规模的确定方式。根据税式支出规模的决定因素,税式支出预算规模的最高限量应从财政收支总量平衡关系和税式支出与直接支出的结构适应性及平衡关系中分析求得,最低限量应通过税式支出的不可替代性分析求得。另外,某些国家保持税式支出增长幅度低于税收收入和直接支出增长幅度的做法,也颇值得我们借鉴。税式支出预算设计面临的第三大问题是税式支出预算管理的程序与措施安排。与我国现行财税管理制度相适应,税式支出报告可在税务部门的配合下,由财政部门的预算机构和税政机构共同编制;编制时间自每年下半年开始,并依次遵循确定规则——鉴别、估算、评估——形成正式报告——提交人代会参阅、讨论(或审议批准)和向社会公布的工作程序;税式支出预算的实施应由税政机构主管和监督,以税务部门作为具体的执行管理主体。税式支出预算管理应充分利用现行的财税管理基础,重点是突出解决好税式支出预算编制与目前已经实行的优惠退税预算管理、税式支出预算管理与现行税收优惠政策规定方式、税式支出预算管理与现行税收征管及税收优惠管理基础的衔接、适应和统合问题。在税式支出数量的预算控制措施方面,可效仿荷兰实行的分类预算控制体系与加拿大实行的支出"信件"管理办法。基于税式支出的或有负债性质,还须将税式支出风险控制作为税式支出数量预算控制的题中应有之义。

本书的创新之处主要是:

1. 本着既须遵循西方国家税式支出概念的原旨,又须考虑建立中国税式支出制度的具体需要,使其具有较强的理论概括性和实际解释力的原则,进一步完善了税式支出的定义。同时,在税式支出特点的分析中,揭示了国内外研究文献均未曾注意的税式支出的或有负债性质,既弥补了税式支出认识的理论疏漏,也有助于拓宽税式支出制度建设视野和丰富税式支出管理措施。

2. 在借鉴传统税收优惠分类的同时,按照税式支出概念的内容要素和适应税式支出分析、管理的需要,对不同形式的税式支出进行了新的分类。这不仅有利于税式支出政策的优化组合,而且对选择税式支出估算方法、评价税式支出绩效和编制税式支出报告具有直接助益。

3. 从公共管理改革视角,综合运用公共经济学、新制度经济学及信息经济学的相关理论和方法,深入分析税收优惠的特殊机制和传统税收优惠管理模式的缺陷,阐述税式支出制度的优势与积极意义,这在国内外税式支出制度理论分析中尚属首次。由此形成的一系列建立税式支出制度的支撑理据,在结论、观点上也是全新的。

4.建立中国税式支出制度的总体战略和税式支出项目鉴别、税式支出成本估算、税式支出预算编制与实施等具体环节的制度设计是笔者过去长期关注的研究课题。对此,笔者在有关前期研究成果中已提出过若干创新性见解,如财政总量协调、税负公平保全、优惠结构优化的税式支出制度目标,分阶段推进的税式支出制度实施步骤,税式支出鉴别的折中策略,以税基为基础的税式支出成本估算方法与计算公式,具有中国特色的税式支出预算控制方式等。本书这方面研究的主要进步,一是对以前研究成果进行了系统整合、补充、拓展、深化和完善,初步形成了一个比较完整、切实和具体的制度架构与策略体系;二是相对于自己和他人的现有研究成果,又提出了一些新的设想与观点。较为突出的如:

(1)根据对国外税式支出制度实践效果与国内不同认识的评价和对中国建立税式支出制度现实条件的分析,提出了以客观、积极、审慎、理性为主旨的系统的制度建设指导思想。

(2)经过多方权衡,提出了较完整的具有中国特色的税式支出鉴别方略,并在具体的"例示性"鉴别尝试中,针对中国实际,对多档税率结构、出口退税等税制条款,提出了不同于国内一些模仿性研究结论的鉴别主张。

(3)结合中国财税管理的特殊性,对国际税式支出成本估算经验提出了系统的借鉴取舍意见。在具体税式支出形式的成本计算方法研究中,对国际公认比较繁难的现值法,改变了国内文献浅尝辄止或与一般经济分析中的现值法简单贴合而无济于实际操作的做法,就其在加速折旧成本估算中的应用程序与方法做出了详细、可资实际操作的设计。对国内文献只是简单提及的微观模拟模型构建、数据资料体系建设和尚未正面涉及的宏观税式支出成本估算,在指导思想、前期准备和方法途径上提出了若干前瞻性意见。

(4)在对中国税式支出预算基本架构进行设计的同时,开拓性地讨论了很少为人注意的税式支出预算管理与现行财税管理基础的衔接统合问题,特别是将包括税收优惠管理在内的现行税收征管方式纳入税式支出预算管理过程,并加以改造、补充、完善,构建了一套两者有机对接、融合,具有系统性、封闭性特点的税式支出预算管理程序和能够贯彻税式支出预算管理要求,具有全面性特点的新的税收征管及税收优惠管理制度模式。在税式支出数量控制问题上,提出了一开始就应赋予税式支出预算一定直接约束力的观点,并借鉴荷兰和加拿大的经验,结合中国税式支出政策管理的类别特点、税式支出政策的部门指向特点和预算分配与管理方式,设计出了较详细的税式支出数量控制措施体系。同时,还根据税式支出的或有性特点,对税式支出风险控制的途径与方法提出了原则设想。

5.税式支出评估是各国税式支出制度建设中亟待系统突破的重要理论与实践环节。目前国内外研究文献对此均有所涉及,一些西方国家在实践中也取得了局部经验,但系统研究,特别是针对中国情况的制度安排意义上的系统研究,尚属空白。因此,本书对中国税式支出评估内容、目标、方式、方法及评估基准的系统论述,具有填补空白和为相应的进一步研究与制度设计奠基的意义。另外,在税式支出评估方法的探讨中,除吸收现有研究文献提出的评估方法和借鉴公共政策与直接财政支出评估采用的一些方法外,还专门增加了适用于税式支出风险评估的摊提计算评估法。

尽管本书的研究取得了诸多收获,但由于研究条件、研究手段和笔者的学识、能力所限,仍存在若干缺憾和不足。例如,绝大多数税式支出形式的成本估算方法还缺乏进一步的实例模拟研究;宏观层面的税式支出成本估算方法尚需进一步具体化;计算机微观模拟模型的构建、税式支出风险控制等研究还仅限于原则性思考的初浅层次;税式支出评估方法的研究实际上还主要是一种思路,与实际应用尚有很大距离;税式支出评估内容和基准的研究也有待进一步深入,特别是亟待建立一套具体的评价指标体系;等等。对于这些,笔者有志在以后的研究中承前再继,力争有成。

张晋武

2007 年 12 月

目　录

1 绪 论

1.1 研究背景与目的

税式支出制度形成于上世纪 60 年代末至 70 年代初前联邦德国和美国的财税管理实践。其作为一种建立在"税式支出概念"基础上的科学化、系统化的税收优惠管理制度,赋予了税收优惠同直接财政支出一样的预算管理方法和预算管理程序,是西方国家在税收优惠管理改革中取得的一项重要积极成果和财税管理制度的一大创新。税式支出概念和税式支出制度的产生,进一步拓宽了财政支出、财政政策和预算管理的范围,为实现预算政策和税收政策提供了一种有效的新方法,特别是大大增强了税收优惠实施的规范性、计划性、法制性和透明度,为保证税收优惠政策的正确和有效运用提供了一种非常有用的分析控制工具。因此,税式支出概念和税式支出制度一经出现,便得到了许多国家的政府、学术界及一些国际经济组织的普遍关注和高度重视,建立税式支出制度亦很快成为广泛的国际共识。目前,世界上已有包括少数经济转轨国家(如波兰、拉脱维亚)在内的约二十多个国家实行了税式支出计划及报告制度或做过税式支出测算分析。[①] 与此相应,如何建立和完善税式支出制度,也已成为近半个世纪以来许多发达国家与发展中国家相继着手研究和有关国际机构(如国际财政协会[IFA]、国际财政学会[IIPF]、经济合作与发

[①] 参见陈端洁:《税式支出概念及其估算》,《经济学动态》2004(2),第 43 页;楼继伟主编:《税式支出理论创新与制度探索》,中国财政经济出版社 2003 年版,第 29、253 页;国家税务局税收科学研究所:《税收支出理论与实践》,经济管理出版社 1992 年版,第 171 页。

展组织[OECD]等)有计划组织研究的国际性研究课题。①

西方国家税式支出概念和建立税式支出制度的经验在上世纪80年代中期税收与税收优惠一并成长的特定背景下传入中国,且曾在80年代后期至1994年财税体制改革前的一段时间内一度成为财税理论界讨论的热点。其直接诱因,是该时期内财税领域出现的严重的税收优惠失控问题。

在中国传统的计划经济体制下,经济运行主要受控于直接的行政调控手段,税收优惠与其他杠杆一样,长期处于无足轻重的地位。市场取向的经济体制改革开始以后,尤其是1983、1984年实施两步"利改税"改革后,随着经济调控模式的转变和税收调节职能的增强,税收优惠的政策功能受到空前的重视,各种税收优惠措施的运用越来越广泛,税收优惠在调节和促进经济发展中的作用越来越显著。但是,随着税收优惠措施的广泛运用,税收优惠失控问题也日渐突出。特别是到1994年财税体制改革前的几年内,其发展态势已十分严峻。这主要表现在:第一,税收优惠的内容和范围急剧扩展,几乎呈全面泛滥之势,层层出台的方方面面的优惠规定竟多达近千项。第二,税收优惠措施政出多门,越权减免、关系减免、变通减免比比皆是,随意性很大,税收优惠决策管理呈高度分散状态。以河北省为例,在全省各年的工商税收减免和国营企业所得税减免总额中,1984年省和省级以下政府批准的分别占91.25%和26.66%;1985年省和省级以下政府批准的分别占94.11%和99.82%;1993年工商税收和国营企业所得税的临时困难性减免总额中,省和省级以下政府批准的分别占94.37%和100%。② 第三,税收优惠结构扭曲,投向错位,用途不当。在全部税收优惠中,政策性优惠和符合国家产业政策及宏观调控目标的优惠占的比重较小,而以解决企业资金不足为目的的无明确政策意图和无特定政策作用对象的临时困难性优惠占的比重过大。从国家审计署对1990

---

① 例如,1976和1977年,国际财政协会、国际财政学会分别在耶路撒冷和瓦尔纳召开的年会上将税式支出作为主要议题进行了国际范围的讨论研究;OECD财政事务委员会专门组织部分成员国的财政学者对各国的税式支出概念和税式支出制度进行比较研究,并先后于1984年和1996年公布了两个研究报告;北欧国家部长理事会也设立了一个工作小组,于1987年研究提出了识别税式支出的指导原则。

② 此处和本部分后面涉及的河北省的数字资料均出自笔者当时对河北省税收优惠实施情况的调查。

年全国 10 个省、市一些主要税种的减免优惠调查和河北省有关资料所反映的各地、市 1993 年税收减免优惠实施情况来看,临时困难性减免所占比重最高的达 62.53% ,最低的也在 33% 以上。其中,约有近 30% 的流转税优惠施于了国家限制的烟、酒、自行车、化妆品等特殊消费品和长线产品的生产上。更有甚者,在 1989～1991 年的经济紧缩时期,国家为缓和原棉供求矛盾,保证纺织业协调发展,明令对小棉纺厂实行"关、停、并、转",但许多地方却在税收上采取了扶持性的减免促产措施。不仅众多不该优惠的给予了优惠,而且大量优惠税款未按预定的政策要求或政策精神使用,甚至相当一部分减免税金被直接用做了增加本单位的奖金、福利等消费性支出。第四,税收优惠规模过度膨胀。仅按当时见诸统计表册的优惠数字额度计算,1980～1988 年减免税、税收还贷和出口退税等几个主要优惠项目的优惠数额就年均递增 74 亿元,年平均增长率达 92.6% 。照此推算,到 1993 年税收优惠数额可比 1988 年翻一番,至少可达 760 亿元之多,约相当于当年工商税收收入的 21%。① 第五,税收优惠的成本与效益不相称,甚至得不偿失。据对河北省"七五"时期企业减免税的调查分析,减免税后增加税利小于减免税额的企业约占 60%。如此种种,使税收优惠的负效应远远超过了正效应,严重扰乱了财税和经济秩序,冲击了财政平衡,加剧了总供需失衡,破坏了平等竞争和税收制度的严肃性,阻碍了市场机制的正常发育和企业经营机制的转换,造成了资源的逆向配置和浪费。税收优惠失控的成因是多方面的,其中不乏体制转轨期的一定必然性,但税收优惠管理的落后和税收优惠控制机制的缺失无疑是其关键。基于这种情况,借鉴西方国家的税式支出理论和税收优惠管理经验,建立中国的税式支出制度,自然也就成了当时的一大呼声。然而,遗憾的是,在这一阶段,借鉴税式支出概念和建立税式支出制度的呼声主要发自理论界,政府决策部门对此虽有所注意,但由于受主观认识程度和客观条件的限制,一直未见动衷。有关建立税式支出制度的具体安排,更是没有能够提上财税体制改革的议事日程。

　　针对包括税收优惠政策措施过多、过滥在内的传统税收制度与财税管理

---

① 此系根据《三十六年工商税收统计资料》和《中国财政统计》(1950～1988)整理计算。

模式存在的种种不适应建立社会主义市场经济体制要求的问题,1994年工商税制改革方案明确提出"统一税法,集中税权,公平税负,简化税制,规范分配方式,理顺分配关系,保证国家财政收入的稳定增长,建立符合社会主义市场经济发展要求的税收体系"的指导思想。在这次税制改革中,一是对原有的税收优惠进行了较大规模的清理整顿,大幅度减少了各税收条例及其实施细则中的税收减免优惠规定,特别是取消了困难性减免等主观随意性与弹性较大的税收优惠条款;二是结合分税制财政体制改革,严格了税政管理,统一、集中了税收优惠管理权限,明确规定其主要由中央和省、市、自治区两级政府掌握,从而关紧了税收优惠的大门。尔后,又相继按照财税管理体制和税政管理要求整顿了税收优惠秩序,严肃查处了一些违反新的税政管理规定而顶风越权减免税的事件(如新税制启动伊始曾轰动全国的湖北武汉市"120条"事件①)。同时,各地区还相继建立、强化了一些税收优惠管理制度与程序,如减免税申请、审核、批准、执行、检查等。新税制运行之初的情况表明,上述改革取得了明显成效,尤其是随意违规和越权减免税的现象得到了较有力的遏制。由于税收优惠过多、过滥的矛盾在1994年财税体制改革后暂时得以缓和,建立税式支出制度的呼声也随之一度有所回落。不过,尽管如此,关于这一问题的讨论研究一直没有停止过。

建立税式支出制度的呼声再度趋于高涨并逐步付诸中央政府的财税制度改革决策和纳入财税制度改革的总体规划,大体是在上世纪90年代末期之后。其主要动因是:

(1)1994年财税体制改革在清理、整顿税收优惠方面取得了明显成效,但很快就又发现和出现了若干新的问题,过多、过滥的税收优惠大有反弹、回潮

---

① 原武汉市税务局1994年4月以《税收文件法规汇编特辑》的形式,制定下发了包括120条税收减免措施的《关于实施新税制及搞好企业的税收政策措施意见》,供科(股)长、所长以上税务干部掌握执行。其中,属于违反国家统一税法、擅自制定的税收政策有63条;属于自行放宽税收政策、部分有问题的有13条。因执行"120条"而挂账欠交的增值税、消费税和营业税税款达1.19亿元,其中因执行"120条"而少征的0.15亿元增值税款已无法收回。1995年2月23日国家税务总局将该事件通报全国,并责成武汉市国家税务局、地方税务局按全国统一税法规定限期清欠催收,将全部流失税款征收入库。对已无法收回的税款,由财政部按财政管理体制规定扣减地方财力。

之势。①新税制规定的一些税收优惠政策在优惠结构、优惠办法、优惠投向和政策目标上仍欠合理和科学,在优惠管理方式上也是粗放型和专项的减免税管理居多,仍带有明显的传统体制痕迹。②除新税制实施时出台的过渡性优惠政策外,财税主管部门又不断以"通知"、"补充规定"等形式陆续颁布了一系列新的税收优惠措施。其中,问题尤以临时性减免税、先征后返等最为突出。③各地千方百计规避现行税法,扩大减免税实施范围。以增值税为例,按现行税收管理体制规定,其管理权限在中央,而各地就 25% 的地方分成部分,对企业实行全额返还或部分返还,实际就是变相的减免税。④各地区之间为吸引国内外资金、技术和人才,发展地方经济,在各自税收管理权限内相互攀比,竞相和层层制定税收优惠政策,优惠名目越来越多。⑤违规越权制定税收优惠政策现象屡禁不止。如,一些地方违反税收管理体制和超越自身税收管理权限,擅自规定对外商在本地区开办的经济技术开发区内的投资项目,可以降低所得税税率、延长减免税期限等。据资料显示,国家税务总局在 1996 年执法检查中,共查出违反税法统一规定的涉税文件 901 份,其中税务机关内部文件 351 份,政府及其他部门文件 514 份,各地区报告材料中未明确文件来源的 36 份,大多数都是涉及越权减免和擅自批准减免优惠的。① ⑥1994 年财税体制改革后,虽然各地加强了对一些单项税收优惠项目实施的审核、审批和检查,但如何从宏观总量与具体结构上进行监督、控制,仍属空白,各级财政难以从平衡财政收支,实现政府宏观政策目标的战略高度进行运筹和把握。

由于以上问题,导致现行税收优惠仍凸现以下弊端:

第一,税收优惠范围过宽,内容庞杂,透明度很差。据 2004 年的文献反映,除法定税收优惠外,仅有关税收优惠的规范性文件就仍多达近 700 项。②形形色色的税收优惠规定不仅不分主次地覆盖了所有税种、所有类别的纳税人、所有地区、所有产业和领域,而且几乎渗透到了税收制度所有基本要素,以至于不了解税收优惠规定就无法真正了解整个税收制度。

第二,税收优惠总量规模过大。按照目前最大量的估计,现行税收优惠规

---

① 贾绍华:《中国税收流失问题研究》,中国财政经济出版社 2002 年版,第 35 页。

② 刘明等编:《税收优惠政策总览(修订版)》,中国税务出版社 2004 年版,第 2 页。

模已经达到并超过了由基准税制带来的税收收入规模。其中,商品税的税收优惠与商品税的收入规模大体相当,所得税的优惠规模则大大超过了所得税的收入规模。① 据对部分可统计税收优惠项目(包括出口退税和减税、免税)的统计,2004 年总额(扣除归还以前年度欠退税款)达 3251.1 亿元,比上年增长 24.6% ,占当年工商税收的 12.9% ;②1998 ~ 2002 年全国税收收入年均增长 16.9% ,而同期上述口径的税收优惠额年均增长 29.6% 。③

第三,税收优惠政策目标多元交叉,笼统模糊,导向不清。而如世界银行专家韦特·P. 甘地等人所言:"当税收优惠所包含的目标非常广泛时,税收优惠政策将不会有效"。④ 多元交叉政策目标下的各种税收优惠措施缺乏协调配合,无明确的实施顺序和要求。有些优惠政策之间重叠、冲突,作用相互抵消,向外界传递的政策导向模糊不清,微观市场主体很难辨清政府的真实意图,还有的甚至具有政策"多余效应"。例如,按照外资企业所得税法实施细则规定,外商投资的出口企业按照国家规定减免企业所得税期满后,凡当年出口产品产值达到当年企业产值的 70% 以上,可以按现行税率减半缴纳企业所得税。日本经济学家小岛清认为,对外投资可以分为自然资源导向型、劳动力导向型和市场导向型。其中,劳动力导向型可促进东道国的产品出口,而不可能替代进口贸易,市场导向型投资则属于进口替代类型。我国外商投资的第二产业中,投资于能源、交通、原材料的仅占 20% ,大部分资金投向短、平、快的加工产业,主要是劳动密集型产业。此类外商在中国设厂的主要目的就是利用中国的劳动力成本优势,本身就是以出口为导向的,无须以税收优惠措施来驱动。而上述条款不加区分地对劳动力导向型和市场导向型的外资企业实行优惠,实际上是白白使大多数外商投资者获取了一笔"意外之财"。⑤

---

① 包全永:《建立税式支出管理制度:规范税收优惠政策的有效举措》,《经济研究参考》2004(12),第 40 页。

② 参见万莹:《税式支出的效应分析与绩效评价》,中国经济出版社 2006 年版,第 4 页。

③ 中国税收报告编委会:《中国税收报告(2002 ~ 2003)》,中国财政经济出版社 2003 年版,第 175 页。

④ 引自贾康等:《税收优惠政策的调整将有利于提高外资利用水平》,http://www.crifs.org.cn,2005 年 5 月 17 日。

⑤ 参见翁晓健:《我国税收优惠措施的失效与多余分析》,《涉外税务》1997(7),第 21 页。

（2）中共十四大以后，随着社会主义市场经济体制改革目标的确立，公共财政作为中国财政改革的目标模式逐步浮出水面，1998 年全国财政工作会议首次提出了初步建立我国公共财政基本框架的要求。公共财政是一种与市场经济体制要求相适应，旨在弥补市场失灵和提供公共物品、满足社会公共需要，并且在具体运作与管理上具有突出的公开性、法制性和政策性的财政运行模式。公共财政改革目标的确立，为我们认识、界定政府财政在市场经济体制下的职能和行为方式，提供了一个基本准则，也进一步明晰了财政改革的基本方向和任务。公共财政改革目标提出后，主要给财政改革带来了两大显著变化：一是使改革重点由收入改革转到了支出改革方面；二是财政预算管理改革和如何使税收制度、税收政策及其实施更贴近市场经济与公共财政的规范要求受到空前重视。在公共物品的供给中，绝大部分是通过政府财政支出直接安排的，但也有一部分是通过税收优惠政策间接予以满足的。并且，无论是财政支出的安排，还是税收优惠政策的实施，都必须满足公平与效率的要求，符合社会经济稳定与协调发展的需要。特别是新一轮财税体制改革又将建设"阳光财政"和"扩大税基"确定为主要指导思想之一。由此出发，税式支出概念与税式支出制度作为一种实现预算政策和税收政策的新方法，便顺理成章地成为了新一轮财税体制改革中必须考虑和予以充分重视的重要问题。

（3）1997 年以后，中国的经济形势和所面临的国际环境发生了重大变化。一是受亚洲金融危机和国内经济矛盾的影响，宏观经济态势由膨胀、过热转为有效需求不足。为应对由此所导致的通缩与经济增长滑坡，中央政府自 1998 年持续实行了以增发国债和扩大基础设施建设支出为主要手段的积极财政政策；二是 2001 年 11 月，中国结束了加入世贸组织的漫长历程，成为世贸组织的正式成员国。积极财政政策在缓解内需不足、调整经济结构和拉动经济增长等方面发挥了显著作用，但随着积极财政政策的持续实施，财政赤字和债务规模也急剧爬升，财政运行中的潜在风险和财政收支平衡压力进一步增大，如何建立稳固、平衡、强大的国家财政问题再度被推上经济工作的重要议事日程，税收优惠问题作为影响财政平衡和财政经济稳定的重要因素也自然包含在了人们与此相关的考虑范围之中。加入世贸组织以后，中国首先面临如何适应、遵守世贸组织规则和履行加入世贸组织承诺的问题。而在这方面，解决过多、过滥的不符合国际惯例和世贸组织规则要求的税收优惠政策问题又首当其冲。尽管加入世贸组织前后国家已着手对税收优惠政策进行清理和规范,但实践证明,在中国税收优惠制度存在的问题中,管理始终是其关键和难点。人们由此清楚地认识到,要真正适应加入世贸组织的需要,提升税收优惠政策的合理性和有效性,引入税式支出概念和税式支出制度,构建一种能够对税收优惠政策及其运用进行优劣判断和控制的长效机制,无疑更具根本性。

面对1994年财税体制改革后税收优惠泛滥问题的继续存在和反弹,也出于建立公共财政和适应加入世贸组织要求的需要,人们对建立税式支出制度的关注自上世纪90年代后半期又逐渐升温。随着认识的深化,不仅有关理论和实际制度建设的研究进一步深入,而且开始进入高层政府部门的决策视野。[①] 至2000年前后,其再度成为理论界和政府决策部门讨论研究的一大热点,并被正式纳入新一轮财税制度改革的总体规划。2000年12月,时任财政部长项怀诚在全国财政工作会议上的讲话中提出,要"抓紧制定规范的税式支出管理办法","着力从制度上加强对各项税收优惠效果考核及支出规模的控制"。[②] 2002年12月,财政部在山东潍坊举办了由世界银行、国际货币基金组织、经济合作与发展组织及加拿大、荷兰、澳大利亚等国家财税部门的官员与专家,国务院有关部委的代表,财政部有关司局和部分省市财政厅局负责人共同参加的中国首次税式支出国际研讨会。财政部副部长楼继伟和财政部税政司副司长史耀斌在会议上分别强调,建立具有中国特色的税式支出制度,"是一项非常重要的财税配套改革措施","是下一步中国财税改革的重点之一"。[③] 此次会议之前,财政部还派员赴法国OECD总部、德国、英国、荷兰、比利时等进行专门的培训和考察。2004年12月,全国财政工作会议进一步提出"开展编制税式支出预算的试点工作"。2006年年初,财政部副部长朱志刚

---

① 1997年6月,时任财政部长刘仲藜等部领导对笔者的一个题为"建立我国税收支出制度的探讨"的研究报告做出明确的肯定性批示,提议"在预算上列一个税收支出",并责成财政部预算司牵头专门进行研究。这是笔者所知该方面最早的高层内部决策动议。

② 项怀诚:《开拓新世纪财政工作新局面》,《中国财政》2001(1),第9页。

③ 楼继伟主编:《税式支出理论创新与制度探索》,中国财政经济出版社2003年版,第2、14页。

在接受中国财经报记者专访时表示,中国将在"十一五"期间逐步建立进口税收的税式支出制度。① 2006 年 11 月,财政部副部长楼继伟在全国税政工作会议上的讲话中谈到近中期的税制改革安排时,又针对逐步建立和完善税式支出管理制度提出了新的要求。② 这标志着中国已初步拉开了构建税式支出制度的序幕。

经过二十多年的讨论和酝酿,财税部门和财税理论界虽然对税式支出制度已不再陌生,但对于中国来说,税式支出制度毕竟是一个新事物,建立税式支出制度的尝试也尚处于初步准备阶段。无论是在西方国家经验的消化吸收和借鉴方面,还是在自己的理论研究与实际制度构建方面,都还任重道远。更何况西方国家对其中的许多具体问题也还存在不同认识,几乎所有国家的现成制度体系亦都不同程度地有待进一步完善。这就是笔者选择这一论题进行研究的缘由所在。其目的,就是力图在进一步深入认识西方国家经验的基础上,对建立中国税式支出制度涉及的基本理论和实践问题做出较系统的分析,并提出较具体和较完整的制度建设构想,以期能对实现建立中国特色税式支出制度目标有所助益。

1.2　国内外研究述评

国外对税式支出理论与实践的研究,首先始自英、美、前联邦德国等一些国家官方对税收优惠与财政补贴或财政支出的同质性的发现和对税收优惠引起的税收收入漏洞及税收负担不公平问题的关注。这种发现和关注最早可追溯到上世纪 50 年代。其中,最先注意到税收制度上的一些优惠项目安排具有同财政援助支出相同性质的当属英国皇家利润和所得课税委员会。1955 年,该委员会的一份报告曾经指出,税收制度中安排的许多税收减免,"实际相当于用公共的货币提供津贴"③。这种观点虽然不能真正代表税式支出理论的

---

① 《努力完善"十一五"进口税收政策》,《中国财经报》2006 年 1 月 10 日。
② 《财政部:推进六税制改革》,http://news.sohu.com,2006 年 12 月 1 日。
③ 转引自袁振宇等:《税收经济学》,中国人民大学出版社 1995 年版,第 236 页。

产生,但却触及了税式支出概念的基本内核,指示了税收优惠及税收优惠管理问题研究的一种新的视角和方向。1959年,美国国会赋税委员会主席威尔伯·米尔斯曾会同一批税务专家编写了一部长达三卷的题为《税制修正纲要》的著作,着重指出了税收水平上的不公平、由于税收漏洞和意外收益而引起的扭曲及高收入阶层和大公司享受的优惠过多等现象。这里所说的"税收漏洞"、"意外收益"、"优惠"等,实际就是后来形成税式支出概念的基础。同年,前联邦德国财政部为了回答可见与不可见的补贴究竟到何程度的议会质询,曾拟写过一个"直接补助与税收补助"的报告,也通过"税收补助"概念初步涉及了税式支出问题。

规范和通用的税式支出(Tax Expenditure)概念,最初是由美国前财政部负责税收政策的部长助理、哈佛大学教授斯坦利·S.萨里提出的。1967年11月15日,萨里在纽约一家金融集团公司的演讲中针对所得税问题首次描述了税式支出概念,并提出了倡导税式支出概念的动议。他说:"……通过刻意安排的与净所得通行概念的背离,并且通过各类专门的免税、扣除和抵免,使我们的税制可以借助支出来促进私营经济步入正轨——有效地形成一个用税收语言描述的支出体系。"① 1968年,美国财政部接受了萨里提出的税式支出思想,并在萨里指导下编制和在其年度财政报告中发表了第一份以税式支出方法分析税法条文的报告。该报告列举了背离所得税基准税制结构的种种表现,较全面地揭示了现实生活中存在的税式支出现象。在此之前,美国财政部还曾开展过对税收刺激的综合分析,尝试过开列税收减免表和由此导致的岁入损失估计表。1969年11月,萨里发表在《美国税务学会论文集》中的《税收刺激——鉴别的概念标准和与直接支出的比较》一文,讨论了税收刺激的政策属性,指出税收刺激是指用来鼓励某些被公认为必要的行为的特殊条例。② 1973年,萨里在其所著的可称为税式支出理论与税式支出制度系统研究的开山之作的《税收改革的途径》一书中,结合美国的税收优惠实践,第一次对税

---

① 转引自 Emil M. Sunley:《美国税式支出预算的实践与经验》,楼继伟主编《税式支出理论创新与制度探索》,中国财政经济出版社2003年版,第29页。

② 参见郭庆旺:《税收支出简论》,东北财经大学出版社1990年版,第11页。

式支出作了较全面的理论阐述,并正式使用了"税式支出"一词,使税式支出概念作为一种科学的新的财税理论范畴正式出现。同时,该书还对实行税式支出制度的原因、税式支出的判别标准等制度层面的问题进行了详细探讨。1974年美国国会新的预算法案接受了萨里提出的政策建议,由此产生了美国政府以后每年一度的税式支出预算。上世纪80年代前期,萨里又与麦克丹尼尔共同组织了一个由加拿大、法国、英国、美国、荷兰、瑞典等国家有关专家组成的国际性研究小组,并分别于1984和1985年与麦克丹尼尔合作出版了《税式支出的国际问题:比较研究》和《税式支出》两部代表性著作,对税式支出概念、税式支出的分配效应、美国税式支出预算的经验与问题等予以了进一步的深入分析,对各国的税式支出理论与实践进行了较系统的比较研究。可以说,萨里既是税式支出思想的集大成者和税式支出理论的奠基人,也是税式支出制度的主要设计者和税式支出问题国际研究的主要发起者。

税式支出概念和税式支出制度成为国际上普遍感兴趣的研究课题,是由国际财政协会和国际财政学会两个重要的国际财政组织推动引起的。国际财政协会在1976年的耶路撒冷年会上,将"作为实现政府目标的工具税收刺激——在对所得课税中的作用和与经济、社会目标有关的可选择手段的比较"作为讨论题目之一。该协会指导大约20个国家描述税式支出概念的国家报告,要求各国考虑税收制度中是否包含税式支出,并要求各国准备税式支出预算。鉴于许多国家提交的报告没有税式支出表,并且缺乏相关要求的资料来展开此问题,会议讨论认为,需要定义和估算税式支出,并像研究预算问题与经济政策一样详尽研究税式支出。国际财政学会的1977年瓦尔纳年会,在"补贴、税收优惠与价格"的主题下,将税式支出看做是税收优惠的形式。会议提交的论文对于选择税式支出与直接支出的合适标准、影响税式支出运用的政治和心理因素、批准税式支出的立法比直接补贴容易的普遍趋势及把税式支出加入所得税制后对税制基本结构的不利影响等,都提出了有益的见解。另外,与会成员大都承认需要在税收制度中推广税式支出应用的方法。

继萨里的启始性研究和美国建立税式支出制度之后,特别是自国际财政协会的1976年年会与国际财政学会的1977年年会之后,税式支出概念和税式支出制度获得了广泛的国际认同,并于1980年前后一段时间成为西方主要

发达国家财税界讨论和研究的热点。许多财政经济学家都对其给予了肯定性评价,并纳入了研究视野。例如:

加拿大财政经济学家、前内阁部长基尔恩斯曾明确地将税式支出概念称为"近二三十年来财政和税收上的主要发明"。①

世界著名财税学者 M. 费尔德斯坦在《对税式支出的理论贡献》一文中通过税式支出成本与直接支出成本的比较,得出了税式支出成本小于直接支出成本的结论,认为政府应该以税式支出作为重要的政策手段,以有效而顺利地实现既定目标。②

萨菲尔 1982 年从税收政策透明度角度揭示了实行税式支出制度的意义,指出:"让'税收开支'从躲藏处走出来,让这些优惠戴上价格的帽子,没有比这种做法让政府更老老实实地与纳税人相处了"③。

米歇尔·威森斯在税制结构分析的基础上,进一步从纳税人得益的角度描述了税式支出概念,指出:"税式支出结果使有某种收入来源或作用的个人与企业得到较低的税收负担"④。

庞德和沃克在其《税收与社会政策》一书中阐述税收与社会政策的关系时,也讨论了税式支出问题,特别是对建立税式支出预算与税式支出预算控制的必要性予以较为详尽的论述:"税式支出令人关注的另一方面,是在实施和管理时缺乏预算控制。正如 S. 萨里在谈到美国的税式支出时曾经提出:'一般说来,对于税式支出的深入分析,权衡利弊,较之任何一项政府的直接支出都要少。税式支出在被匆忙订入法律条文时,并未经必要的调查研究。……由于被强加了一个未经周密考虑的税式支出方案,税收制度就会变得非常脆弱;从提供充足的收入和保持税负公平这两个最基本的税收目标来看,都是靠不住的。'""此外,某种税式支出一经实施,政府决策人往往很容易放松控制

---

① DE. Kierant:The Tax Reform Process,Canadian Taxation 2,No. 1,1979;转引自郭庆旺:《税收支出简论》,东北财经大学出版社 1990 年版,第 10 ~ 11 页。

② M. Feldstein:A Contribution to the Theory of Tax Expenditures:The Case of Charitable Giving,The Economics of Taxation, H. Aaronand M. Boskin Editors,1980,pp. 99 – 122。

③ 引自哈维·S. 罗森:《财政学》(第四版),中国人民大学出版社 2000 年版,第 340 页。

④ Michael Veseth:Public Finance, Reston, Virginia:Reston Publishing,1984,p. 22。

而任其自然发展,从而又增加了政府的'税式支出'。相反,政府的直接支出则大多都是经过认真研究和小心控制的。因此,美国财政部目前已建立了税式支出预算,以便把此类支出与政府直接支出一样,公诸议会讲坛,经过讨论才能批准。""税式支出使收入减少,就会对社会支出方案产生压力,使之缩减。如果税式支出和政府直接支出放在一起通盘考虑,政府决策人的优先选择就会截然不同了。""税式支出对社会政策的影响具有重要意义。由于对税式支出缺少相应的监督和控制机制,就会存在一种危险:税式支出有日益上升的趋势,因而可能超出应有水平。""总之,税式支出的额度和可能引起的后果,必须由社会政策分析家和有关财政与公共支出管理人员共同认真加以审查,这是十分重要的。"①

1980 年前后西方国家对税式支出问题的研究,起初是采取学术讨论的形式,但很快更多国家的政府即开始探讨税式支出概念,并进入建立税式支出制度的决策性研究。作为这种研究的结果,在 1978～1983 年短短几年间,奥地利、西班牙、英国、加拿大、法国、葡萄牙、澳大利亚、爱尔兰、比利时等一批国家的政府相继提出了自己的税式支出概念和建立了具体特色各异的税式支出制度。

为了推动税式支出制度研究与建立的进程和指导各国进一步发展、完善税式支出制度,OECD 财政事务委员会于 1984 年发表了第一个税式支出研究报告:《税式支出:问题与各国实践的评价》。该报告开篇首先申明了税式支出意在同直接支出一样也要服从预算控制程序的管理属性和建立统一税式支出预算账户的制度建设方向,而后分三大部分重点考察了税式支出制度的一些基本问题。第一部分主要讨论了建立统一税式支出预算账户的不同意见和税式支出与直接支出的相对优缺点两个政策问题。对于前一个问题,报告在阐述赞同意见的同时,也陈述了当时一些国家的怀疑或反对意见。这些怀疑或反对意见多是出于管理技术上的困难(如荷兰、爱尔兰等),部分是出于政策意图上的考虑(如英国)。此外,该部分还归纳和描述了税式支出的主要形式,如税收豁免、税收抵扣、税收抵免、特别税率减免等;并指出,减少应纳税额的税式支出与延期纳税的税式支出不同,前者等同于直接支出,后者则类似于

---

① S. C. Pond and R. Walker: Taxation & Social Policy, London,1980,pp. 46 – 62.

政府的无息贷款。在第二部分中,首先研究了税式支出概念及其不同观点,既给出了税式支出的基本定义,又侧重分析了各种不同观点存在的差异。报告指出,在每个国家里,税式支出的定义都要受一定标准的限定。由于这种标准与各国对基准税制的认识直接相关,而基准税制结构又是一个抽象的概念,因此,报告只是结合不同观点的分析指出了其中应研究的问题,并未在具体定义上强求一致。其次,指出和研究了制定税式支出鉴别标准涉及的最重要的若干要素,如税基与通货膨胀、纳税单位、会计期间、会计核算基础等。再次,研究了税式支出成本估算的技术与方法,特别是对收入放弃法、收入收益法和支出等量法三种基本估算方法的内涵、技术要领,使用中应注意的问题、面临的技术困难及其处理原则等,进行了较全面的论述。第三部分分别介绍了OECD 11 个成员国税式支出实践的过程与经验。该报告作为一部涵盖多国情况的总结性研究文献,不仅为税式支出问题的深入研究提供了指向,而且为税式支出制度的后来实践者提供了多种不同的参照镜鉴。因此,该报告发表虽已 20 余年,但迄今为止,它仍是税式支出领域最具指导性和影响力的研究文献之一。

在已有理论和实践探索的基础上,自上世纪 80 年代初,税式支出问题的研究进入了一个朝着更加切实、更加具体、更具科学性、更具世界性的方向向深、广发展的新时期。这一时期呈现出的突出特点是:

第一,已建立税式支出制度的国家的研究重点由初期的一般问题转向有针对性地研究解决实践中遇到的一些疑难问题,从而大大增进了税式支出制度的实际可操作性。例如,美国财政部鉴别税式支出时,最初是以萨里的鉴别法为基础,即将与"公认的净所得概念"的有意背离作为鉴别标准,而这种"公认的净所得概念"实际并未包括在法典条文中。在遭到批评家们的质疑后,美国财政部对此进行了研究修改,转为以现行税法的基本结构为基线来判别税式支出,并在 1983 年后的税式支出预算中相应增加了据此确立的"参照基准"。在税式支出成本的估算方面,针对原有估算方法的局限性,研究和尝试采用了专门适用于递延纳税条款的现值法。荷兰财政部税式支出工作组则在 20 世纪 70 年代 Halberstadt 和 De. Kam 两教授提出的税式支出定义的基础上,重新勾画了税式支出的特征,并主要用增加"分级因素"的方法,解决了原来认为的建立统一税式支出账户的困难。在研究中,还有人建议参照直接财政支出规定支出上限的做法,限制税式支出的规模。① 据此,荷兰财政部针对不同税式支出的特点,研究实行了分类控制的预算体系,从而形成了区别于美国和其他欧洲国家的具有很强实用性的荷兰税式支出管理制度。此外,加拿大、澳大利亚等国家对税式支出成本计算机预测模型设计和应用的研究,也在这一时期获得了长足的进展。

正是基于各国税式支出理论与实践的新突破、新进展,OECD 财政事务委员会于 1996 年发表了第二个税式支出研究报告:《税式支出:近期的经验》。这是继 1984 年税式支出研究报告之后的又一个富有现实指导意义的研究文献。该报告总结了 14 个成员国税式支出的最新经验。研究内容除各国税式支出的研究背景和概念界定外,还着重论述了税式支出报告的内容范围和编列形式;分析了在生成税式支出账户时引起的概念和定义分歧及有关成员国处理这些问题的方法,如美国的"参照基准",加拿大的"备忘项目"等;阐述了养老金、推定所得、加速折旧等具体项目的鉴别方法与原则;比较了各种税式支出成本估算方法的优缺点和适用性。

第二,税式支出开始成为财税理论体系的正式组成部分,并呈现出更加广泛的国际化研究趋势。一方面,OECD 国家一些重要的、影响较大的财政税收论著,如哈维·S. 罗森的《财政学》、S. 詹姆斯和 C. 诺布斯的《税收经济学》等,都专门讨论了税式支出的概念、社会经济效应和税式支出预算的合理性。另一方面,包括中国在内的一些发展中国家和经济转轨国家的学者与政府,也开始接受税式支出概念,研究、筹划或着手建立税式支出制度。2004 年世界银行出版的《税式支出——通过税制实现的政府支出:来自发达和转型国家的经验》一书,就在评介发达国家税式支出经验的同时,还加入了中国、波兰两个发展中转型国家的经验。

第三,税式支出制度功能理论的研究及其实际运用与税制改革更加紧密地联系起来。虽然税式支出概念和税式支出制度提出伊始就包含着利用其暴露

---

① Leo. Vanden Ende:《荷兰税式支出制度》,楼继伟主编《税式支出理论创新与制度探索》,中国财政经济出版社 2003 年版,第 109 页。

现行税收制度弊端的政策意图，但初期阶段人们的兴趣主要还是集中在希冀以此来增强责任心、控制公共部门及削减公共开支和减少预算赤字方面。① 随着税式支出分析在 1986 年美国以扩大税基、降低税率为基调的税制改革中的作用的显现，理论界和各国政府普遍对税式支出制度与税制改革的关系更加重视，并将规划税收制度改革明确确定为税式支出报告的首要用途之一，从而使税式支出理论和税式支出制度成为近 20 年来研究与助推税制改革的有力工具。这也标志着税式支出分析和税式支出预算的作用与实效性得到了重要提升。

第四，对税式支出问题的研究与公共预算管理改革研究更紧密地结合起来。公共预算管理是公共财政建设的重要内容。近 20 年来，公共预算管理改革的主旨是确保预算的全面性、透明度和绩效导向的，而税式支出制度的精神恰恰与此不谋而合。实现预算的全面性，核心是将政府贷款、政府担保、金融和非金融公共企业服务等消耗或产生公共资源的预算外"准财政活动"纳入预算管理，并确保必要的透明度和效率。由于税式支出与这些准财政活动之间具有可替代性，因此，在性质上亦属于准财政活动。基于这种原因，许多国外公共支出或公共预算管理文献都将税式支出纳入了准财政活动研究范围。② 国际货币基金组织也是将税式支出与政府或有负债及其他准财政活动一并加以分析研究的。③

半个世纪以来，以 OECD 国家为代表，西方国家的税式支出研究取得了骄人的成就，但也还存在一些值得注意的缺憾：一是对税式支出"连带效应"的估计测度、不同税式支出数据的有效相加、税式支出与直接支出的对应统合等技术难题的研究，还未实现或未完全实现富有科学意义的突破。二是在税式支出效益评估研究方面，多是初步或粗浅的，还未能推出一套成形的理论和方法体系。当然，这些问题均与税式支出的内在复杂性直接有关，要真正解决，尚需一个长期探索和积累经验的过程，由此决定了即使是在最先进的国家，税式支出制度也还是不够成熟的。这正如世界银行《税式支出——通过税制实

---

① 参见 OECD 财政事务委员会 1984 年税式支出报告。见国家税务局税收科学研究所：《税收支出理论与实践》，经济管理出版社 1992 年版，第 617 页。

② 参见王雍君：《公共预算管理》，经济科学出版社 2002 年版，第 37～42 页。

③ 参见国际货币基金组织：《财政透明度》，人民出版社 2001 年版，第 22～42 页。

现的政府支出:来自发达和转型国家的经验》一书所指出的,由于税式支出所放弃的收入成本及其收益都因缺乏数据而难以评估,所以税式支出的正确运用和良好管理对任何国家政府都是一个挑战。① 三是从作为一门公共管理科学的要求看,对税收优惠运行的内在禀性、税式支出预算管理的制度机理等问题的理论研究,似乎还欠深化,理论分析工具的运用也似不够充分。

国内对税式支出问题的关注和研究始于上世纪 80 年代中期。

1984 年前后,税式支出思想开始在中国萌芽。它既源于国外研究资料的传入,也源于国内财政经济实践的冲击。当时一种特有的财政经济现象启示了人们:一方面,随着"利改税"的实施,税收已成为财政收入的主要形式;另一方面,减免税的范围和规模越来越大,再加上银行资金高成本地使用,以及国家财政的逐步吃紧,从而把减免税问题突出出来。企业要求减税让利的呼声日益强烈,财政要求控制减免税的态度也越来越显明。这就使人们朴素地想到,财政资金是国家资金,银行资金是国家资金,那么减免税款也是国家资金,而且是无偿和不受财政预算及其运作程序约束的国家资金。因此,当时有人把它称做"第二财政支出"。随着这种认识的发展和国外研究资料的传入,形成了一些学者、专家的税式支出观念。例如,1984 年,东北财经大学马大英教授就在《简论税收的本质及其分配原则》一文中专门论述了税式支出的特点及其对税制的影响,并首次阐述了税式支出概念,指出"和税外负担发生相反作用的情况也是存在的。国家通过税收减免,给予纳税人某些利益,这种减免称为税收支出"②。由此而言,中国税式支出观念的产生和形成,也不完全是一种"舶来品"。但国外研究资料的传入使人们找到了一种新的理论和制度规范,并激发了人们对税式支出问题的持续和深入研究。

这里首先需要说明,税式支出概念传入中国后,曾有两种主要译法:一是"税收支出",二是"税式支出"。③ "税收支出"是开始时多被使用的译法(过

---

① 转引自万莹:《税式支出的效应分析与绩效评估》,中国经济出版社 2006 年版,第 10 页。

② 转引自刘心一:《税式支出分析》,中国财政经济出版社 1996 年版,第 28～29 页。

③ 此外,还有的主张译为"税内支出"、"税类支出"等,但均未能流行。参见孙志伟、赵景华:《中国税务学会国际税收研究会第四次理论研讨会观点综述》,《税务研究》1992(2),第 52 页;朱丽珍:《税式支出政策中的问题及改革》,《洛阳师范学院学报》2003(6),第 140 页。

去笔者在同类研究中也曾使用这种译法），但考虑到将"Tax"直接译为税收有混淆"Tax"与"Taxation"的区别之嫌，将作为收入范畴的"税收"与"支出"直接拼在一起意义上也不够通达，并且"税收支出"的译法很容易使人们将其理解为为取得税收收入而发生的支出，从而混淆其与"税收成本"概念的区别，故"税式支出"的译法似乎更为贴切和恰当。①

国内最早公开发表的较系统评介国外税式支出理论与实践的研究文献是王铁军、郭庆旺合著的论文《税收支出及其控制》（《外国经济管理》1986年第4期）。该文简要介绍了西方国家的税式支出概念、表现形式和税式支出制度的内容与功能，并提出应该"开展对税收支出概念的研究"，"逐步建立具有中国特色的税收支出控制体系"。其作为税式支出概念和税式支出制度在中国系统传播之始，对人们认识这一新鲜事物具有重要的启蒙作用。此后不久，笔者在《财政研究》1988年第1期发表了与齐守印合著的论文《税收优惠预算控制初探》，针对当时税收优惠失控的情况，在进一步从借鉴角度分析国外税式支出理论与实践经验的基础上，首次阐述了建立具有中国特色税式支出预算控制体系的基本设想。

国外税式支出理论与实践信息的传入同愈演愈烈的税收优惠泛滥相遇，引致了上面提及的1994年财税体制改革之前中国历史上第一轮税式支出研究热潮。其间，各财税经济报刊相继发表了为数较多的专题或相关研究论文，有的地方还举办了专题报告会，并有少量的专题研究著作出版。1989年5月，中国税务学会还在全国基础理论工作会议上将其确定为重点科研课题。当时的研究内容主要集中在两大方面：一是对西方国家税式支出理论与实践进行评介，二是结合西方国家建立税式支出制度的做法探讨如何加强和改进减免税管理。由于这一时期属税式支出问题研究的起始阶段，因此，无论是对税式支出理论的认识，还是对建立中国税式支出制度的探讨，都多显简单和浅陋。首先，这一时期虽然初步形成了有关税式支出的一些不同观点，但相当一

---

① 尽管如此，但为了尊重原文，对包括前面在内的所有采用"税收支出"译法的引文，在引述时均不做改动，仍沿用"税收支出"。另外，有的国家，如德国，一般将税式支出反映的内容称为"税收补贴"、"税收援助"或"税收鼓励"。对此，在引文中也同上处理。

部分文章对税式支出概念的理解并未全面把握其思想实质,多是停留在其作为一种特殊政府支出和经济调节工具的浅层次上,有的甚至如本书第2章和第6章将要提到的,有望文生义和片面曲解之嫌:或是将税式支出看成税收优惠的简单替换;或是从支出角度反过来将所有税收收入的减少都归为税式支出;或是有意无意地把税式支出概念提出的意旨单纯理解成要创设一种新的政府支出方式而广泛加以运用,由此部分地使税式支出问题的讨论偏向了税式支出或税收优惠手段运用的必要性与适宜性方面,一定程度上游离了应取的研究重心;或是出于对税式支出和西方国家税式支出实践的浅薄与片面理解,得出了某些否定性结论。其次,对建立中国税式支出制度的讨论多是意向性的,即多是将建立税式支出制度作为解决税收优惠过多、过滥和加强减免税管理的一种根本性举措加以强调或简单论述,真正触及深层次问题和涉及具体制度建设的研究还很薄弱。

　　除上述《税收支出及其控制》和《税收优惠预算控制初探》两篇文章外,这一时期对建立中国税式支出制度具有较突出的理论和实践价值的研究文献还有郭庆旺所著的《税收支出简论》(东北财经大学出版社1990年版)、国家税务局税收科学研究所编辑的《税收支出理论与实践》(经济管理出版社1992年版)、苏中一的论文《关于税式支出形式、计算及分类的探讨》(《税务研究》1992年第2期)、彭何俊的论文《论税收支出及其预算编制方法》(《湖北财政研究》1992年第1期)、邓子基的论文《税式支出理论与实践》(《税务研究》1991年第1期)、高培勇的论文《有关税式支出的几个问题》(《税务研究》1991年第1期)、萧承龄的论文《浅谈"税收支出分析"》(《税务研究》1991年第2期)张贵彬、易凯的论文《借鉴税式支出理论,完善我国税收减免制度》(《税务研究》1992年第2期)、丁淼的论文《从美国税式支出的情况看税式支出理论在我国的运用》(《税务研究》1991年第2期)等。《税收支出简论》一书的主要价值,一是在针对中国实际探讨税式支出的一些基本理论问题的同时,从财政支出总量和结构两个方面提出了税式支出预算控制的理论思路、方法与税式支出规模的数量界限,并根据当时的预算支出分类和减免税政策,模拟了第一个中国税式支出项目表;二是将税式支出制度理念融入税收优惠微观管理过程,提出了税式支出政策运用的原则和管理措施,特别是提出了经济效益系数调整法、资金缺口确定法、方案选择确定法等税式支出额的确定方法。尽管从今天看该书的研究还不够系统和深入,且带有当时财税管理体制的色彩,但其研究思路、框架和一些研究结论还是颇值得肯定和继承的。《税收支出理论与实践》一书由上世纪 80 年代中期国际上有关税式支出理论与实践运用的部分资料翻译整理而成。其较详细地阐述了税式支出的主要理论问题、各主要税种的税式支出鉴别准则和 6 个国家的税式支出表及其项目说明,并附有包括在每一预算职能中税式支出条款的主要类型和 OECD 财政事务委员会 1984 年税式支出报告两个附录,至今仍是我们认识和了解国外税式支出理论与税式支出制度的最全面、最系统的中文参考文献。苏中一的论文对减免税、优惠税率、亏损结转、纳税扣除、加速折旧、缓缴税款等税式支出形式的税式支出量计算方法进行了初步设计。彭何俊的论文仿照直接支出预算探讨了中国税式支出预算管理的程序和方式。邓子基、高培勇、萧承龄、张贵彬、易凯、丁淼等的论文则分别从不同侧面对税式支出概念的含义和税式支出制度的内容进行了梳理,并提出了一些应用设想,这对税式支出理论的中国化和澄清一些认识误区都具有一定意义。

1994 年财税体制改革后至世纪之交一段时间,随着对税收优惠的清理、限制,税式支出问题的研究文献相对减少,但研究的科学性、系统性和深入程度明显提高,研究的重点也进一步集中到了中国税式支出制度的建立上来。这一时期最具代表性的研究文献应首推刘心一所著的《税式支出分析》(中国财政经济出版社 1996 年版)一书。刘心一也是最早关注和研究建立中国税式支出制度的学者之一,《税式支出分析》是其针对 1994 年中国财税改革实际探索建立中国税式支出制度的一部力作。该书不仅以内容全面、理论分析具体见长,而且分别就税式支出的实践,以及税式支出的确定、估算、微观管理和宏观管理,提出了一些前瞻性的见解,特别是鉴别了中国主要税种的税式支出,相应提出了若干具体的鉴别准则和定量公式,设计了建立中国税式支出管理法的基本蓝图。遗憾的主要是:该书在税式支出鉴别、估算及税式支出预算的构建等主要制度建设环节,没能从国外经验与中国实际的有机结合上提出具有全局指导意义的系统而明确的总体思路,以致在一些具体问题的分析和处理上"套用"、"模仿"多于"借鉴";在涉及税式支出评价的内容方面,虽然对税式支出的效率及其对经济和税制的影响进行了较深入的理论与实证分析,并详细论述了税式支出成本效益分析法,但未能从制度建设角度形成完整、系统的税式支出绩效评价理论及程序、方法体系;对税式支出成本效益分析法的论述,也基本属于税式支出与一般成本效益分析法的简单贴合。在这一时期的研究文献中,笔者于 1996 年完成的国家社科基金项目"税收优惠预算控制研究"(研究报告。最终成果题目为"建立我国税收支出制度的探讨"),是一项力图从制度设计方面寻求突破的研究成果。该成果除我国税式支出制度的目标及其基本的建立、实施安排外,重点阐述了建立我国税式支出项目鉴别标准、成本估算方法和税式支出预算体系的总体构想,初步形成了一套简要和较为明晰的制度建设思路。但限于当时的认识,其中未能涉及税式支出绩效评估问题,对其他制度环节具体问题的探讨也是不全面的。刘蓉所著的《税式支出的经济分析》(西南财经大学出版社 2000 年版)也是这一时期较有代表性的税式支出研究文献。该书从税负运动过程与纳税人经济收益角度对税式支出的内涵提出了新的见解和对税式支出制度进行分析,但其仅是将税式支出制度视为税式支出政策体系,系统论述税式支出政策的经济效应和探讨我国税式支出政策体系的改革、完善问题,基本不属于主要意义上的税式支出制度建设研究。尽管这种研究对建立税式支出制度也是十分必要和有益的。另外,这一时期研究中国税式支出问题的著作还有邓子基等的《税收支出管理》(中国经济出版社 1999 年版)。该书除对税式支出管理理论与实践的一般性阐述外,突出亮点是较为充分地探讨了税式支出规模的衡量指标和税式支出规模的适度界限,但其相当一部分内容是侧重讨论税式支出管理与宏观调控的关系和我国税收优惠政策运用的时弊及其改革完善问题,总体上于系统、具体的税式支出制度设计补益不大。

如前所述,上世纪 90 年代后期,建立中国税式支出制度的议题开始进入国家财税改革规划和决策的视野。在其促动下,税式支出问题研究也自 2000 年前后进入了一个再度趋热的新时期。这一时期的特点,一是在学术讨论的同时,政府决策研究的力度明显加大。其突出标志,就是财政部以建立中国税式支出制度为主旨的有组织的国外考察和 2002 年 12 月在山东潍坊举办中外政府官员、专家、学者共同参加的首次税式支出国际研讨会。二是因研究内容更加贴近建立中国税式支出制度的实际需要,所提出的制度建设思路与政策主张也进一步趋于理性和清晰、具体。三是在思想认识上更多地与解决面临的现实问题,如公共财政体系建设、税制优化与税制改革、控制税收流失、加入WTO后的税收政策调整、促进产业结构调整、促进经济增长和区域经济发展、助推科技进步等密切结合起来。此类研究文献数量较丰,但重点多是从某一侧面探讨税收优惠或税式支出政策运用的调整、改革,进而反映或强调新形势下建立税式支出制度的必要性,其中真正从管理意义上探讨税式支出制度建立的内容较少。四是研究视角与分析工具有所创新和扩展。如,王国清主编的《税收经济学》(西南财经大学出版社2006年版)用制度经济学的观点界定、分析税式支出制度的性质与作用;柳明秋的《税收支出的理论解释——一个关于税制选择的模型》(《财经理论与实践》2002年11月)从风险选择、财政幻觉的角度解释税式支出的存在。目前这些研究虽然还是点浅的,但对于深化人们对税式支出的认识和拓宽税式支出制度的理论基础无疑具有新的启迪意义。五是研究视野更加全面。以前研究中多未触及或触及很少的问题,如税式支出评估问题、现值估算法的运用问题、微观模拟模型的构建问题、税式支出预算管理的一些程序和方法问题等,开始被提及和得到重视。这一时期的研究文献中,最具代表性的是楼继伟主编的2002年12月山东潍坊会议的论文集《税式支出理论创新与制度探索》(中国财政经济出版社2003年版)。该论文集汇辑的论文,既展示了国外税式支出制度发展的最新动向和经验,也显现了国内财税界和一些国外专家对建立中国税式支出制度的最新思考、决策动议与政策建议。与之相呼应和承接,其后相继发表的不少研究成果亦都彰显出了更加切实的决策参考意义。比较突出的,如李新辰等的《建立符合中国特色的税式支出分析制度》(《中国财政》2003年3期);笔者及笔者与李丽凤合著的《税式支出分析方法试探》(《财政研究》2004年2期)、《构建我国税式支出制度若干基本问题的设想》(《税务研究》2004年7期);刘立的《论建立我国税式支出预算管理制度》(《西北大学学报》2004年5期);苑新丽的《税式支出管理的国际经验与我国的选择》(《财经问题研究》2005年9期);李志远的《构建适合中国国情的税式支出制度》(《税务研究》2006年3期);万莹的《税式支出的效应分析与绩效评价》(中国经济出版社2006年出版)等。其中,万莹的《税式支出的效应分析与绩效评价》是国内有史以来首部专门研究税式支出绩效评估的著作。该书虽然只是以税式支出效应为切入点,选择出口退税、涉外企业所得税税收优惠、西部大开发税收优惠、下岗再就业税收优惠、福利事业税收优惠、涉农税收优惠等进行个案实证绩效分析,且所采用的计量经济模型还较为简单粗糙,但这种分析及其量化尝试对探索设计税式支出评估的指标与方法不失显著的参考和启示意义。此外,近几年一部分硕士、博士研究生相对集中地以建立中国税式支出制度为研究对象撰写学位论文,也提出了一些有益的研究触点或见解,并折射出学术界对这一问题研究的新的关切。① 不过,在这些近期研究文献中:第一,对建立中国税式支出制度应然性的论证仍不够充分,对税式支出概念的中国化解释也有待根据其原旨和中国的实际进一步斟酌;第二,对西方国家的经验仍缺乏制度安排角度的系统梳理分析,也缺乏明晰而系统的借鉴权衡与取舍意见;第三,对建立中国税式支出制度的探讨仍是基本思路和方向性问题的讨论居多,或者是就某一制度环节的问题进行局部探索,全面和富有指导性、纲领性的理论分析与具体而系统的制度设计都显不足;第四,有关体现中国特色的研究也多是局部和零散的,仍未形成通而贯之的系统逻辑释演。

总体而言,目前国内税式支出理论与实践的研究已在诸多基本问题上取得了肯定性共识和显著进展,但相对于实现建立中国税式支出制度目标的具体需要,在制度构建层面的认知和探索上还有不小的距离。而缩小这种距离,正是笔者想赋予本书的使命。

1.3　本书的内容安排、研究方法与创新之处

本书是一部以制度建设为主题,并以应用性研究为主的论著。围绕这一

---

① 如,财政部财政科学研究所程浩的硕士论文《建立税式支出制度,强化我国企业所得税优惠管理》(2000);中国人民大学李玉芳的硕士论文《建立我国税式支出制度研究》(2002);中国人民大学温彩霞的硕士论文《对建立我国完善的税式支出制度的研究》(2004);西北大学王尤的硕士论文《税式支出评估分析体系研究》(2004);湖南大学李建军的硕士论文《我国税式支出管理研究》(2004);厦门大学黄显福的硕士论文《税式支出管理研究》(2005);东北林业大学李艳的博士论文《我国税式支出制度研究》(2005)等。

研究特点和上述研究目的,全部内容除第 1 章绪论外共分为 9 章。

第 2 章,首先以国内外不同观点的辨析、评价为主线,采用追溯本源和综合的方法,探究税式支出概念的内涵与制度意图。追溯本源,旨在消除一些表面的迷误,使人们更加清楚地认识税式支出概念的本质意义;综合,旨在追求对税式支出概念理解的全面和准确,避免"盲人摸象"或喧宾夺主。循此方法,本章阐述了正确把握税式支出概念的基本原则和要领,提出了具有较强理论概括性和实际解释力的中国化的税式支出定义。在此基础上,主要借助税式支出与直接支出的同异与优劣对比,分析了税式支出的特点和效应,揭示了税式支出的管理要求及税式支出手段选择利用的理论依据。其中,特别指出了国内外研究文献均未曾注意或明示的税式支出的或有性特点与或有负债性质,从而弥补了现有税式支出理论认识的疏漏,也对进一步拓宽税式支出制度建设的视野,丰富税式支出的控制管理措施,具有重要的实践助益。

第 3 章,从税式支出形式和税式支出预算管理两个方面诠释税式支出制度的内容。税式支出形式具体体现着税式支出的实现机理,其既是税式支出政策体系的载体,也是进行税式支出分析和编列税式支出项目表的重要依据。因此,本章在借鉴传统税收优惠分类的同时,依循税式支出概念的内容要素和适应税式支出分析、管理的需要,对不同形式的税式支出进行了新的分类。税式支出预算管理包括税式支出项目鉴别、税式支出成本估算、税式支出预算及报告的编制、税式支出绩效评估等四个基本环节。本章以此为纲,描述了税式支出制度的基本轮廓。然后,作为税式支出制度内容的必要引申,也为了进一步加深对税式支出制度精神的认识,逻辑地归纳和阐述了税式支出制度的财税管理功能。

第 4 章,运用历史和比较分析的方法,考察西方国家税式支出制度的产生及其国际扩展踪迹,透视其主要制度安排。由于各国对建立税式支出制度的主观认识和建立税式支出制度的客观需要与条件不完全相同,具体的制度内容、形式和方法亦不尽一致。也就是说,税式支出制度的具体安排,不存在固定的国际统一模式。中国税式支出制度的构建,也必须立足自身国情,广览他见,博采众长,因己制宜。有鉴于此,本章重点从税式支出分析规范、税式支出报告的期限与内容、税式支出报告的目的与要求等方面,对 13 个国家的税式支出制度实施情况进行了整理和列表式介绍,继而通过一般概括、个案印证的方法,逐一进行比较分析,从中总结、择取了若干带有规律性和启示性的东西,为中国税式支出制度的构建提供了较系统的经验鉴照。

第5章,综合运用公共经济学、新制度经济学及信息经济学的相关理论和方法,从公共管理改革视角,深入讨论税收优惠的特殊机制和传统税收优惠管理模式的缺陷,阐述税式支出制度的积极意义。这在税式支出制度的理论分析中尚属首次。以税式支出制度创新税收优惠管理,必须有深厚的理论根基。但笔者一直认为,现有国内外税式支出理论在对税式支出制度的认识上,视角偏窄,理论分析工具的运用亦不充分,其为深化税式支出理论亟待解决的两大问题。既然税式支出制度一产生就表现为一种新的财政预算分析和控制方法,而良好的财政预算管理又是良好的公共治理的核心和近年来兴起的新公共管理改革浪潮追求的主要目标,那么将建立税式支出制度纳入公共管理改革的大视野进行审视和分析,就是顺理成章的。这将使税收优惠管理改革的方向和建立税式支出制度的宗旨更加明确。如果说税式支出概念和税式支出制度在税收优惠与政府预算之间架起了一座桥梁的话,这一研究视角则进一步沟通了税式支出制度与整个公共管理大政的联系。在公共管理改革研究领域,经济学具有最基础、最广泛的解释能力,公共经济学、新制度经济学、信息经济学的有关理论和方法则是其常用的分析工具。本章将其引入税收优惠与税式支出制度的理论分析,获得了一系列新的发现和结论,如税收优惠的负税收价格效应,税收优惠的特殊机制极易导致变相侵权、“目标取代”及“敲竹杠”和资源配置僵化问题,税式支出制度安排具有弥补法治不足、填补契约缺口及改善制度装置和信号传递意义等。这些都将为人们更加理性地认识税式支出制度的合理性提供新的帮助,为建立税式支出制度的应然性提供新的更深层次的支撑理据。

上述2~5虽各有不同论题,但均是围绕一个中心目的,即为建立中国税式支出制度提供必要的认知、理论基础和经验基础。自第6章开始,沿着由总体到局部和战略规划与战术安排一体化考虑的思路,转向对中国税式支出制度构建的探讨。

第6章,作为总体战略研究部分,讨论了构建中国税式支出制度的若干基本问题。其中,首先与前面有关内容相衔接,针对中国税收优惠失控的具体机理和一些人对税式支出制度的误解,进一步阐明与强调了建立中国税式支出制度的特殊意义。其次,基于对中国现实条件的分析,提出了构建中国税式支出制度的指导思想。最后,以现实需要为主,兼顾长远发展,提出了中国税式支出制度的目标与实施战略,勾画了构建中国税式支出制度战略部署的基本蓝图。

第7章至第10章是本书制度构建研究部分的重点内容。该部分按照税式支出预算管理的四个基本环节及其逻辑顺序,分别论述各环节制度构建的总体设想和进行相应的具体制度设计。在研究中,各章均贯彻借鉴与创造并重的设计思想,力图既尽可能地靠近国际先进范例,又优先考虑中国现实条件下的可操作性,力避不切实际的过分理想化和不合国情的简单模仿。其中的创新性见解,有些是在过去的前期研究成果中已经提出的,有些则是本书在对前期研究成果进行系统整合和进一步补充、拓展、深化和完善的过程中提出的新思想与新观点。

第7章,探讨中国税式支出项目鉴别的方略,并尝试建立中国税式支出鉴别准则体系。本章首先从纷繁复杂的税式支出鉴别问题中总结抽取了四个需要权量的主要关节,陈述了各国实践中的一般做法和不同的权衡意见,而后分析了中国税式支出鉴别面临的主要问题,据此提出了系统的对相关国际经验的借鉴意见和中国税式支出鉴别的若干基本选择,形成了初步完整的税式支出鉴别方略。其中的突出创新之处如:主张在税式支出鉴别方法的总体定位上采取折中策略;在税式支出与基准税制的界分上主要以实用性标准为判别基线,同时辅之以政策目的性标准和适用范围有限性标准;对那些实际存在,但超越税收管理体制和税收优惠管理权限的"土政策",不论其税收效应如何,一律视为税式支出等。按照这些鉴别方略,本章采取"例示"方式,选取企业所得税和增值税两个最具代表性的税种,就其主要税制条款进行了具体的税式支出鉴别,由此初步建立了两税的税式支出鉴别准则体系。在鉴别分析中,根据我国的税制精神和税式支出控制的实际需要,对多档税率结构、出口退税等税制条款,提出了不同于国内一些模仿性研究结论的鉴别意见。

第8章,探讨中国税式支出成本估算的策略,并尝试建立中国税式支出成本估算方法和运作体系。本章在分析、把握各种税式支出成本估算方法的特点与运用要领的基础上,根据中国财税管理的某些特殊性和相关条件,对国际经验进行甄别取舍,提出了主要采用收入放弃法和收入收益法的基本原理,并适当变通改造,灵活运用,以及以"粗"弥"短",舍繁就简,尽力而为等基本的策略设想。在微观层面税式支出成本估算方法体系的构建方面,本章以税基估测为基点,设计了五大类别、十三种具体形式的税式支出的成本计算公式。特别是对国际公认比较繁难的现值法的研究,改变了国内文献浅尝辄止或与一般经济分析中的现值法简单贴合而无济于实际操作的做法,就其在加速折旧成本估算中的应用程序与方法做出了详细、可资实际操作的设计。同时,还借鉴国际经验,对建立中国税式支出成本估算微观模拟模型的前期准备与指导思想提出了一些方针性的建议。在宏观层面税式支出成本估算方面,本章立足现有相关工作和研究基础及可能获取的数据资料,设计了三种现实可用的测算方法。此外,本章对税式支出成本估算所需数据资料体系的建设,也提出了若干前瞻性意见。

第 9 章,探索建立中国税式支出评估的理论、程序与方法体系。目前国内外研究文献对税式支出绩效评估均有所涉及,一些西方国家在实践中也取得了一定的经验,但系统研究,特别是针对中国情况的制度安排意义上的系统研究,尚属空白。① 鉴于税式支出属公共政策范畴,且是财政支出的一种特殊形式,本章按照从一般到特殊的分析路径,借助公共政策评估和直接财政支出评估理论,全面阐述了税式支出评估的内容及中国现阶段税式支出评估的重点、目标与方式,并鉴于税式支出的或有性特点和中国体制转轨期的特殊情况,将税式支出风险评估纳入了税式支出评估范围。相应地,在税式支出评估方法的探讨中,除吸收现有研究文献提出的评估方法和借鉴公共政策与直接财政支出评估采用的一些方法外,专门增加了适用于税式支出风险评估的摊提计算评估法。此外,本章对税式支出衡量评价的目标依据、具体标准,以及税式

---

① 在现有文献中,王尤的硕士论文《税式支出评估分析体系研究》从题目上看似对税式支出评估的系统研究,但实际内容仍是主要研究税式支出鉴别、税式支出成本估算及中国税式支出体制的优化问题,真正涉及税式支出绩效评估的东西很少。

支出衡量准值的取值方式、取值基础等问题的系统论述,也都具有填补空白和为相应的进一步研究与制度设计奠基的意义。

第10章,研究设计中国税式支出预算的基本架构、税式支出预算规模的确定方式及税式支出预算管理的主要程序与措施。对于中国税式支出预算的基本架构,本章集中讨论了税式支出报告的内容构成、税式支出预算与一般财政收支预算的联系方式、税式支出项目分类方法与税式支出表的编列形式等关键问题。讨论中进行了较充分的科学性与现实合理性比较,并注重统筹短期安排与长远发展,考虑与现行预算管理及预算改革方向的协调关系,从而大大突出了所给出的方案选择的中国特色。在税式支出预算规模确定方式的设计上,综合税式支出规模的各种财政经济制约因素,分别论及了三种反映指标和三种理论与经验确定途径,力图多角度地为税式支出规模预算控制提供科学的界限依据。在税式支出预算管理的程序方面,分别讨论了税式支出预算的编制机构、时间,编制与执行管理工作流程和职责划分,特别是开拓性地探讨了税式支出预算管理与已经实行的优惠退税预算管理、现行税收优惠政策规定方式及现行税收征管方式的衔接统合等一系列细节问题。其中,最具制度创新意义的是将包括税收优惠管理在内的现行税收征管方式纳入税式支出预算管理过程,并加以改造、补充、完善,构建了一套两者有机对接、融合,具有系统性、封闭性特点的税式支出预算管理程序和能够贯彻税式支出预算管理要求,具有全面性特点的新的税收征管及税收优惠管理制度模式。在税式支出数量控制问题上,笔者主张中国的税式支出制度一开始就应赋予税式支出预算一定的直接约束力。基于这种主张,本章借鉴荷兰和加拿大的经验,结合中国税式支出政策管理的类别特点、税式支出政策的部门指向特点和预算分配与管理方式,设计出了较详细的税式支出数量控制措施体系。最后,本章还就税式支出风险控制的途径与方法提出了原则设想。

2 税式支出的基本理论探究

2.1 税式支出概念:国外观点鉴析

税式支出概念是税式支出制度的灵魂和理论支柱。从国外税式支出概念产生的本源及其发展过程中准确把握和理解税式支出概念的内涵与精神实质,是构筑中国税式支出制度理论基础和构建中国税式支出制度体系的基本前提。

2.1.1 国外的税式支出定义

税式支出概念从一开始产生,一直是沿着其与"基准的"、"正规的"、"正常的"、"基点的"、"基本的"、"标准的"或"广为接受的"、"普遍可接受的"税制结构的区别和与政府直接支出计划的相同性质两条基本线索来定义和阐发的。①

萨里在针对所得税税收优惠问题首倡税式支出概念时,将所得税税制结构分为两个相互对立的组成部分。"第一部分包括实施正常所得税所必需的税收结构条款,诸如所得的确定、年度会计时期的利用、应课税实体的确定、税率表及减免水平。第二部分包括每种所得税中的特殊优惠。这些特殊优惠通常称为税收鼓励或税收补贴,它与正规税制结构相背离,旨在鼓励特定的行

---

① "基准的"、"正规的"、"正常的"、"基点的"、"基本的"、"标准的"或"广为接受的"、"普遍可接受的"税制结构等不同提法都曾被国外的税式支出研究文献所使用,但其意思基本相同或相近,只不过"广为接受的"、"普遍可接受的"税制结构更多地与税式支出的具体鉴别标准相联系。为统一起见,本书后面一般采用基准税制的提法。

业、活动或阶层。"①据此，萨里给出了税式支出的基本定义：在税制结构正常部分之外，凡不以取得收入为目的而是放弃一些收入的各种减免税优惠的特殊条款即为税式支出。同时，萨里又进一步指出，"税式支出概念确认，在税收制度中，存在着概念和功能上都彼此区别的两个部分，尽管它们在税法中交织在一起。一部分包括为实施规范的税收结构所必需的安排，另一部分包括那些安排，即税式支出安排，它们的功能和效果都是在执行政府的支出计划"②。

西方国家的学者、政府和有关国际组织在定义税式支出时具体表述各有不同，但无一例外地都是遵循了萨里采取的思想逻辑和方法。

S. 詹姆斯和 C. 诺布斯认为，"税收支出，主要是指通过减少纳税人的纳税义务，而不是用现金补助的方式，把财政上的利益给予某些人或某些行为"。③

M. 威森斯指出："税式支出说明统一的税基和税率制定的一种例外情况，即某些项目部分地或全部地划出税种之外，课征比其他项目较低的税收。税式支出结果使某种收入来源或作用的个人与企业得到较低的税收负担。"④

美国1974年国会预算法案将税式支出定义为"由于有些联邦税法条款允许一些特殊的不征税、免税或计税扣除，以及特殊的税收抵免、优惠税率、延期纳税，从而造成的财政收入减少"。美国财政部长关于税式支出的第一份报告将税式支出描述为记录"现行所得税基与普遍所接受的所得定义和企业会计准则的背离，以及与普遍接受的所得税制结构相背离的主要方面"。同时，该报告还从实际应用的观点出发指出，在归纳税式支出时，有些项目由于缺乏数据，或者由于相对不重要等而被排除在外，而其他项目则按相对的理论和技术性的税收依据被列入，则是完全合理的。1982年，美国政府又对税式支出定义作了修改，进一步申明税式支出即"与现行税法的基本结构相背离而通

---

① OECD财政事务委员会1984年税式支出报告。见国家税务局税收科学研究所：《税收支出理论与实践》，经济管理出版社1992年版，第627页。

② 转引自胡浩：《"税式支出"概念探析》，《辽宁税专学报》1998(2)，第4页。

③ S. 詹姆斯、C. 诺布斯：《税收经济学》，中国财政经济出版社1988年版，第43页。

④ Michael Veseth：Public Finance，Reston，Virginia：Reston Publishing，1984，p. 22.

过税收制度实现的支出计划。它适用的范围有限,仅仅适用于交易和纳税人,因此它们对特定市场的影响可以鉴定和衡量"。

加拿大政府在界定基准税制时更强调税制"中性"。其认为:"基点税制是不会基于人口统计的特点、所得的来源与用途、地理位置或者仅适用于某些纳税人或纳税集团的其他任何特殊情况而给予纳税人优惠待遇的税制。"但是,在定义税式支出概念时,加拿大政府也采用了与美国1982年定义类似的定义,即认为基准税制结构不应明显背离"大众所理解的"现行税制,而税式支出则构成"一项等同于直接支出计划的净支出"。

前联邦德国在第一个补助报告中使用的定义是,"税收鼓励是与主要税收准则概念的特殊偏离,从而减少的收入"。在1977年公布的报告中,该定义只限于税制中规定的补贴,这些税收补贴在于"维护或适应新的情况,促进私人企业的生产和增长,降低某些商品和劳务的价格或鼓励储蓄"。

奥地利对税式支出的定义与前联邦德国相似,即税式支出是为了给予特定个人和法人以财政福利,偏离基准税制而引起的政府收入损失。

西班牙将税式支出定义为与基准税制相背离的任何税收鼓励或者补贴。

法国的定义是,"与在正规税制即法国税法的一般原则之下产生的结果相比,如果某项法律或者管理措施的使用会导致政府收入的损失和纳税人负担的减轻,就可以称为税式支出。"

荷兰的税式支出定义为,税式支出是偏离法律规定的基本征收条款而导致的政府支出,这种支出可以是税收收入的损失或延迟。

澳大利亚把税式支出定义为税法中针对某些特定纳税人及某些特殊活动制定的偏离既定基准税制结构的条款和原则上可以由直接支出代替的税收措施。

OECD财政事务委员会1984年对部分成员国税式支出的比较研究报告将税式支出概念表述为:"为了实现一定的经济和社会目标,通过税收制度而发生的政府支出"。[①]

---

① 此与上述各国政府的税式支出定义均参见国家税务局税收科学研究所:《税收支出理论与实践》,经济管理出版社1992年版,第627~629页;楼继伟主编:《税式支出理论创新与制度探索》,中国财政经济出版社2003年版,第356页。

2.1.2 国外税式支出定义的内涵透视

综观上述国外的税式支出概念定义,尽管表述方式不同,但都不外乎对三种基本事实的确认,并涉及五个方面的含义。

这三种基本事实是:(1)从税收角度来看,税收制度或法规是由两类不同性质、不同功能的相互对立的要素所组成:一类是一般性条款,即基准税制结构,如征税范围、课税对象、纳税主体、计税依据、税率等税制要素的一般适用性规定。这些条款组成了税收收入的征集方面,以借此有效地取得收入;另一类是与基准税制结构相背离的特殊条款,即政府为了特定目的而制定的旨在优待特定行业、特定活动或特定纳税人的各种税收优惠措施,其构成税收收入的放弃、损失或减少(但需要说明,如果单从与正规或基准税制结构相背离的角度看,这种背离的结果不仅仅是减少税收收入,也可能因此而增加税收收入,如对某些费用不允许从毛所得中扣除等。与税式支出减少税收收入和给予纳税主体优待的意义相对,后者在西方国家被称为"负税式支出"或"税收惩罚")。① (2)从政府支出角度看,政府在实施财政支出和以财政支出干预经济及实施社会政策的过程中,实际有两种方式:一种是通过政府预算的直接支出,表现为预算拨款和现金支付;另一种是通过税收制度规定的各种减免优惠条款,表现为放弃的税收收入。对于实现既定的政策目标来讲,减少或放弃纳税人应缴税款与先将这部分税款上缴国家,然后再通过预算支出的方式拨付给纳税人,其性质和作用基本相同。减少了多少税款,就等于国家支出或补贴了多少钱。② 其对于国家财政的影响,也与直接支出计划无异,同样会减少财

---

① 全面地讲,税式支出问题的研究也应该包括税收惩罚问题,西方国家的一些税式支出研究文献就在列出税式支出表的同时,给出了税收惩罚表。但鉴于本书研究的主要目的是通过建立税式支出制度加强对税收优惠的管理,估算和控制政府通过税式支出对纳税人进行的援助,所以,除在后面第7章的税式支出鉴别准则中指出某些税制条款的税收惩罚性质外,对此不予专门分析。

② 国外也有人从特定意识形态化的政治哲学理念出发,否定税式支出概念的这一寓意,认为"人民挣得的收入应该属于人民本身,而不应该属于政府……那些没有作为税收支付出去的收入绝对不应该视为政府给予的某种补贴"。但这显然已超出了一般财政经济意义上的讨论范围。参见哈维·S.罗森:《财政学》(第四版),中国人民大学出版社2000年版,第339页。

政盈余或增加财政赤字。(3)从受益人即纳税人的角度看,政府给予的财政补助,无论是直接支付现金,还是给予税收优惠,其财务效果也是一样的,都可以减少纳税人的经济负担或增加其经济收益,进而影响纳税人的经济行为。因此,税收优惠作为一种通过税制体系进行的财政补助的特殊形式,也应视为一种政府支出,并与正规税制结构相对和与直接预算支出相区别,称之为税式支出。

上述税式支出定义涉及的五个方面的含义是:(1)税式支出是对基准税制结构的一种背离。(2)税式支出造成税收收入或政府收入的减少或延迟。(3)税式支出是一项特殊的政府支出或财政支出,具有与直接预算支出相似的性质与作用。既然如此,其就可以为直接支出所替代。(4)税式支出的目的在于实现特定的社会经济政策目标。这种政策目标属于非一般意义上的宏观财政政策目标,即西方国家所谓的"非财政政策目标"。(5)税式支出仅限于有限的受益纳税人。

比较各种税式支出定义的具体表述,其共同点是一致认定前两个方面的含义应是税式支出概念的基本内涵。不同税式支出定义的主要区别,一是涵盖的内容因素不同。即在上述五条内容是否都应包括在税式支出定义之中问题上,各国观点不一。例如,荷兰税式支出工作组1987年的报告就曾认为"非财政政策目标"不应包含在税式支出定义之中,理由是其已经包含在基准税制定义之中了。二是表述的详尽程度、强调的重点及规范程度不同。只涉及前两个方面含义的定义只是一种最基本的税式支出定义。但由于各国对税式支出的定义均是在确认前述三种基本事实的基础上做出或是在政府财政预算文件中规定的,因此对后三个方面的含义实际也不是都不承认和绝对不承认的。再者,各国政府在财政预算文件中表述税式支出概念时都有其特定的内容环境,并非都是非常严格和全面的界说,而且一般都是根据本国税制和税收优惠政策的特点,定义出适合本国国情的税式支出,并随着时间的推移在具体内容上有所变化,故也不能仅从一国、一时的字面表述就简单地断定其存在什么根本性的实质差别。三是各条含义涉及的具体内容范围宽窄不同。如,由于税收管理上的自由裁量造成的税收收入损失是否构成税式支出?法国的税式支出定义与其他定义的重要不同点,就是明确包含了管理的因素。四是对一些问题的内在认识与肯定程度不尽一致。如,在税式支出是可"灵活地"、

"轻易地"或可全部由直接支出替代的税收措施,还是"原则上"或一定情况下可由直接支出替代的税收措施问题上,不同国家之间就存在着分歧。

各国的税式支出定义之所以存在区别,究其原因,主要不是由于纯粹或基本理论认识上的不同,而首先是出于各国建立和完善税式支出制度的具体需要,并与基准税制判断上存在的一定模糊性和各国对税式支出进行估算分析与预算控制面临的不同问题及困难直接有关。这说明,西方国家对税式支出概念的研究,始终是与建立税式支出制度的实践紧密联系在一起的,或者说其本身就是建立税式支出制度的一个步骤。相应地,如何定义税式支出概念也主要不是一个纯学术问题。申明这一点,对于我们正确把握税式支出概念和在此基础上建立中国特色的税式支出制度,是非常必要和重要的。

2.1.3 税式支出与税收优惠的联系与区别

由于税式支出概念脱胎于税收优惠,因此,搞清楚税式支出与税收优惠的联系与区别,就是准确把握税式支出原本内涵的关键。

首先应当肯定,税式支出与税收优惠"同根"。税式支出基源于税收优惠,税收优惠是税式支出产生的原因和基础。没有税收优惠,也就根本无所谓税式支出问题。这是两者之间的基本联系。并且,单从对基准税制的背离和税收收入减少的角度看,两者是可以等同使用的。这就是为什么西方国家有关税式支出的文献在对一些税式支出项目的效应进行定性分析等特定场合下,也常有将税式支出与"税收优待"或"税收优惠"、"税收减免"、"税收宽免"之类的概念混用的情况。但是,从西方国家提出税式支出概念的原本动机和税式支出概念的全部含义及核心要旨看,税式支出与税收优惠并不"等身"。其区别主要在于:

第一,税收优惠只是一个税制要素,仅被视为政府对纳税人的一种收入让渡,而税式支出不仅是一个对纳税人让渡收入的税制因素,更主要的是作为财政支出的一种形式和一个新的财政预算范畴,是税收优惠在特定领域和特定目的下的再现,其内涵比税收优惠更为复杂、宽广和丰富,也在更深层次上揭示了税收优惠的实质。

第二,国外的税式支出实践表明,税收优惠一般在基准税制之外,但也有的可以包含在基准税制之中。否则,基准税制和源于税收优惠的税式支出就不会出现界限上的模糊性,对基准税制与税式支出的认定也不会出现实际存在的那么多争议。

第三,也是最重要的,税式支出的实质意图,是在确认税收优惠作为一种政策手段和特殊财政支出的基础上,赋予税收优惠同直接支出一样的预算管理程序,借以解决财政税收领域的某些问题,而绝非只是对税式支出概念建立之前早已存在的税收优惠概念进行简单的替换。正如 OECD 财政事务委员会在 1984 年税式支出报告开篇所指出的:"一些时间以来,人们业已认识到税收减免可以贯彻国家政策,并且可以经常用来取代直接支出"。"用来实现政府计划的税收减免,已逐渐被称为税式支出,这一方面是强调它们与直接支出相似,另一方面是确认它们和其他政府支出一样,也要服从预算控制程序。"实际上,萨里首次提及税式支出问题时,就是和他应把税收优惠列入政府预算加以评估和控制的对策主张联系在一起的。"税收支出概念以预算的形式获得了最初的具体表达方式。"①各国政府和有关国际组织在接受和倡导税式支出概念时,也都是以实施税收优惠预算管理和控制为其实践目标的。因此,也正主要是这一点,才使税式支出概念成了财政和税收上的一个公认的新"发明"。否则,税式支出也就失去了独立存在的必要性。

第四,税收优惠可以是一个不能量化或只能定性的税收措施,而税式支出应该是可以计量的。否则,就无从对税式支出进行预算管理和控制,税式支出也就失去了独立存在的实际价值。

2.2 税式支出概念:国内观点考辨

2.2.1 国内税式支出概念的不同观点及其评价

自税式支出理论传入中国以来,几乎所有研究税式支出问题的文献都涉及了税式支出概念的定义。观其表述和内容,大致有五类不同观点。

---

① 国家税务局税收科学研究所:《税收支出理论与实践》,经济管理出版社 1992 年版,第 25 页。

第一类观点是基本沿用西方国家较概略的税式支出定义。如,邓子基将税式支出概述为"国家为实现特定的政策目标,通过制定与执行特殊的税收政策、法规,给予特定纳税人与纳税项目以各种税收优惠待遇,使纳税人减少税收负担,促进和扶持经济发展的一种特殊的政府支出"①。项怀诚编著的《中国财政管理》一书将税式支出定义为,"各国政府为了实现政治经济及社会发展目标,通过采取与现行税法的基本结构相背离的税收制度来鼓励特定经济活动(如投资、扩大内需、购房、市政债券发行和慈善捐赠等),减少纳税人的特定负担而发生的政府支出"②。刘心一认为,税式支出"就是不属于某税的基本结构的税收放弃"③。宋光辉更为详细的描述是,"税式支出是指国家为达到一定的政策目标,在税法中对正常的税制结构有目的、有意识地规定一些背离条款,造成对一些特定纳税人或课税对象的税收优惠,以起到税收鼓励或税收照顾作用。这种对正常税制结构的背离条款所导致的国家财政收入的减少、放弃或让与就构成了财政上的税式支出"④。陈共等认为,税式支出"是以特殊的法律条款规定的、给予特定类型的活动或纳税人以各种税收优惠待遇而形成的收入损失或放弃的收入"。"税式支出是政府的一种间接性支出,属于财政补贴性支出"⑤。这些表述在说明税式支出与基准税制相背离和其特定政策性的基础上,有的强调"特殊支出",有的强调"收入放弃",有的同时强调两者,但大同小异,并且都是与税式支出预算管理研究相联系的,因而基本上是以中国化的语言再现了西方国家税式支出定义的一般原旨。其中,邓子基的定义还突出了"执行"特殊的税收政策或税收条款,这对于反映我国更多的税收优惠措施都是通过税法执行中的规定出台实施的情况来说,不乏实际意义。

第二类观点是吸收了西方国家税式支出定义的某些说法,但根据某些特定研究的需要作了改造。如,樊丽明等将税式支出定义为"一国政府通过法

① 邓子基:《税式支出理论与实践》,《税务研究》1991(1),第57页。
② 项怀诚编著:《中国财政管理》,中国财政经济出版社2001年版,第256~257页。
③ 刘心一:《税式支出分析》,中国财政经济出版社1996年版,第7页。
④ 宋光辉:《浅谈税式支出及其管理》,《财税与会计》2002(1),第19页。
⑤ 陈共主编:《财政学》,中国人民大学出版社1999年版,第129页。

律,将一部分按标准税制结构规定应收的税款无偿地折让给纳税人,借助该种特定的税收照顾和激励实现其特定的社会、经济目标的特殊调控工具"①。刘蓉将税式支出定义为"国家为实现社会经济目标而放弃征税给纳税人带来的经济收益"②。前者是在研究税制优化问题中定义税式支出的,后者则是为"找到税式支出影响国民经济的着力点"或"税式支出影响和改变国民经济运行过程的动力机制"而从税负运动的全过程考察和定义税式支出的。相对于特定的研究需要来说,如此定义税式支出无可厚非,但从个别研究需要出发定义税式支出的一般概念,难免以偏概全,从而偏离税式支出概念的原旨。特别是定义者将这种定义与国外经典的税式支出定义相比较提出,其中不能不说隐含着某种对税式支出概念理解的误差。

第三类观点是或明或暗地将税式支出等同于税收优惠,简单地把税式支出看成是税收优惠的一个新的代名词。比较典型的,如有的学者认为,"税式支出是对一组税收优惠的概称,包括免税、减税、退税、税收抵免等等。"③马国强则明确说明,"税收优惠与税式支出是用于表述同一概念的两个不同词语,对税收优惠的研究同时就是对税式支出的研究"④。显而易见,这种观点完全抹煞了税式支出与税收优惠的区别,并没有真正理解和接受税式支出概念。其不仅泯灭了税式支出概念的特殊实际意义,也从根本上忽视了税式支出概念的理论特性。另外,国内有些文献所言"我国目前的税式支出",也是自觉不自觉地将税式支出等同于税收优惠的不妥当表现。因为,单从税收优惠对基准税制结构的背离与税收收入减少角度将其称为税式支出暂且无妨,但严格说来,我国目前在实践上还没有真正将税收优惠作为一个特殊的支出范畴来对待,还未像直接支出那样将其纳入预算管理与控制程序,故国外那种确切意义上的税式支出,目前在我国还是不存在的,因而不应笼统和生搬硬套地将现行的税收优惠都冠以税式支出之名。

---

① 樊丽明等:《税制优化研究》,经济科学出版社 1999 年版,第 126 页。

② 刘蓉:《税式支出的经济分析》,西南财经大学出版社 2000 年版,第 4 页。

③ 转引自胡浩:《"税式支出"概念探析》,《辽宁税专学报》1998(2),第 5 页。

④ 马国强:《中国现行税收优惠制度及其改革》,楼继伟主编《税式支出理论创新与制度探索》,中国财政经济出版社 2003 年版,第 228 页。

第四类观点是不仅将税式支出等同于税收优惠,而且进一步广加泛化。例如,周元成指出:"我国税收支出之实早已存在,只不过没有使用'税收支出'这个名词而已。我国客观存在的'税收支出'的内涵,比西方一些国家'税收支出'的内涵更为广泛。美国预算法案规定的'税收支出'是指'由于采取偏离正常税收结构的特殊措施而引起的收入损失'。而我国的'税收支出'不仅包括了减免税款的支出,而且还包括:出口产品退税、代征代扣税款手续费、奖励检举偷漏税案件的奖金,以及按规定提取的集贸税收提成。在实际工作中对多征误征的退税、企业销货退回的退税、税收政策变化引起的退税,也作为税收支出处理。"①可以说,在所有对税式支出概念的偏颇理解中,这种观点的问题是最大的。因为,它不仅将税式支出等同于税收优惠,而且将税式支出混同于征税费用。更为甚者,多征误征的退税、企业销货退回的退税、税收政策变化引起的退税等,本来就不属于应征的税收收入,当然也就根本不存在应征税收收入减少或不减少的问题,将其看成税式支出则纯属"歪批三国"式的误解或曲解。

第五类观点是在领略税式支出的其他含义的同时,注重从税式支出作为一种特殊政府支出的预算管理要求方面认识和定义税式支出概念。笔者早在上世纪80年代后期税式支出概念传入中国不久时的研究中就指出:"建立税收支出概念,并非只是给现存的各种税收减免措施换个名称,而是从加强国家对国民经济的宏观控制出发,把过去互不联系的税收优惠与国家预算联系起来,对税收制度产生的收入减损,从支出角度估计一个数字方案,并将以前顺着税制暗渠流逝的资金公开化,使之纳入国家财力分配的统筹计划。"②曹立瀛也曾指出,"税收支出是在现行税制结构不变的条件下,对于某些纳税个人、企业或其特定经济行为,实行激励性的区别对待,给予不同的税收减免的税收优惠(不给予直接现金补助)。所以称之为'支出',是因为这类优惠和其他政府支出的项目一样,作为开支,列入预算"③。王浩川认为,"税式支出是

---

① 周元成:《对"税收支出"理论的刍议》,《财政研究》1990(10),第49页。

② 见笔者在《财政研究》1988年1期发表的论文《税收优惠预算控制初探》。

③ 曹立瀛:《西方财政理论与政策》,中国财政经济出版社1995年版,第369~370页。

指国家预算支出中以间接支出方式表示的因实行各种税收优惠措施而减少的税收收入。这种间接支出不同于预算直接支出的现金补助方式,表现为'放弃'税收收入"①。毫无疑问,这种观点反映了税式支出概念的原本意图,无论对于我们传播、接受西方国家的税式支出概念,还是对于我们鉴此建立中国的税式支出理论,都具有正确的指导意义。

2.2.2　正确把握税式支出概念的基本原则和要领

基于上述对西方国家税式支出概念的分析和中国税式支出概念研究中的问题,本人认为,正确借鉴和运用税式支出概念必须坚持两大基本原则,并把握三个基点、一个视角和两个区别。

两大基本原则:一是必须遵循西方国家税式支出概念的原旨,不能凭主观臆断和个别的研究需要随意变通。二是必须考虑建立中国税式支出理论和税式支出制度的基本需要,使其具有较强的理论概括性和实际解释力。

所谓三个基点:第一,税式支出是政府通过税收制度实施的一种税收收入放弃或让渡。由此而言,税收制度首先是作为政府取得财政收入的基本工具而存在的,但它同时也构成政府在直接支出之外花费资金的另一条渠道。第二,税式支出是政府为达到特定的社会经济政策目标,以减少或消除纳税人纳税义务的方式,有意识地放弃税收收入,从而向特定的纳税人或社会经济活动提供财政援助。换言之,税式支出不仅是政府安排支出的另一条渠道,而且是旨在以另一种形式体现政府偏好。第三,税式支出是政府利用预算形式加以计划、评估和控制的一种财政支出行为。其不仅脱胎于税收优惠,也是财政预算范围进一步扩展的产物。

一个视角,即税式支出也是一种特殊形式的财政支出,与直接预算支出之间具有同质性和财政可替代性。税式支出的款项与直接预算支出的款项一样,属于财政资源或公共货币财富。税式支出与直接预算支出都是政府安排财政支出和实施财政政策的工具,且都是对政府财政资金的无偿使用,对政府

---

① 转引自徐瑞娥:《关于税式支出管理制度的研究综述》,《中国财经信息资料》2003(27),第17页。

和受益人都具有相同的影响效果。

两个区别：一是税式支出与税收优惠的区别。如前所述，税式支出与税收优惠"同根"，但并不"等身"。两者最大的区别在于，税收优惠与财政预算和预算支出没有直接联系，税式支出则与直接预算支出一同处于预算计划控制之中。二是税式支出与税收收入减损的区别。税式支出表现为税收收入的减损，但这种减损是有特殊性质、特殊规定和特殊目的的，不能反过来说所有的税收收入减损都构成税式支出。

从上述原则和要领出发，笔者将税式支出定义为政府为达到一定的社会经济政策目标，通过税收制度及其执行中规定的某些与基准税制相背离的条款，以有意识地放弃一部分税收收入的形式实现的一种旨在优待一部分纳税人和特定社会经济活动的特殊财政支出，其具有与直接支出相同或相似的预算管理和控制程序。这一定义的特点是：第一，全面概括了前述西方国家不同税式支出定义分别涉及的五个方面的含义，有利于人们完整地理解和把握税式支出概念的内涵与精神实质。第二，没有涉及西方国家一些税式支出定义中存在明显争议的过于具体的说法，具有较强的一般性，从而为我们对税式支出概念的实践运用提供了一定的灵活余地。第三，其中包括了税收制度"执行"中规定的特殊条款和与直接支出"相似"的预算程序。之所以如此，前者如国内有些税式支出定义那样，是为了反映我国由于税收法制不完善，更多的税收优惠措施是在税收法规执行过程中出台实施的实际情况；后者主要是考虑到在我国建立税式支出制度的进程中，短时期内还不可能做到对税式支出采取与直接支出一样严格和高度规范的预算管理。

2.3 税式支出与直接支出的比较及其特点

税式支出与直接预算支出具有同质性和财政替代性，但也具有与直接预算支出不同的具体性质和特点。惟其如此，才使得税式支出有了在直接支出之外独立运用及对其专门加以研究和管理控制的必要，并构成了政府在税式支出与直接支出之间进行选择的基础和依据。与直接支出相比较，税式支出主要具有财政转移性、间接性与隐蔽性、法定性与相对稳定性、即时性与灵活性及或有性等五个方面的突出特点。

2.3.1 税式支出的财政转移性

根据财政支出实现过程中是否与商品和劳务相交换,直接支出可以分为购买性支出和转移性支出两部分,即直接支出整体上具有财政购买性和转移性。而全部的税式支出都同直接支出中的转移性支出一样,支出后无须收回,也不能取得相应的商品和劳务补偿,纯属一种不存在支出转移过程的特殊财政转移支付和一种特殊形式的政府财政利益净损失。这就是为什么有的国家和学者将税式支出定义为"一项等同于直接支出计划的净支出",或者将税式支出视为一种"财政补贴"、"财政补助"、"财政福利"或"公共福利"的缘故,也是为什么世贸组织规则将有关的税收优惠政策视同政府补贴加以规制的原因所在。由此而言,财政转移性支出既可以采取直接预算支出的方式,也可以采取税式支出的方式,而财政购买性支出只能采取直接预算支出的方式。

2.3.2 税式支出的间接性与隐蔽性

所谓间接性是指,税式支出是通过税收制度规定和在税制实施过程中实现的一种税前支出或"坐支",其在政府收入实现之前就已经发生,不具有直接支出那样的先收后支和按照预算由国库账户直接划拨的支出实施程序。税式支出的这种间接性,使得它在没有建立税式支出预算之前,无须经过立法机关的支出审查和同意,而是径直利用税收制度的特殊条款达到政府所要实现的目标。如果说直接预算支出中的财政补贴是"明给"的话,税式支出则属于一定意义上的"暗予"。因此,税式支出又表现出很强的隐蔽性,很容易导致政府出于某种原因对它的特殊偏爱(如为避免招致公众舆论对企业补贴或社会救济的尖刻指责和非难。因为直接的企业补贴或社会救济的再分配性质过于外露),造成税式支出过多的现象。更何况许多国家不仅税收与预算支出的管理分属不同政府部门,而且税法的起草、修订与支出预算的编制也分属不同的权力机关。由于各自的政治利益及认识和政策偏好不同,往往使得税式支出变得更加复杂,并难以与财政支出预算公开协调。故其又被比喻为政府的"隐蔽性预算"、"看不见的预算"。[①] 这实际上也是传统税收优惠及税收优惠管理模式的主要弊端和其遭遇强烈改革之声的主要根源。正因为如此,才有必要将其纳入财政支出预算加以公开化和明晰化。不过,即使建立了税式支出预算,也主要由于以下两条原因,使得税式支出不尽像直接支出那样透明。一是税式支出分散附加在众多具体的税收制度条文中,再加之十分严格地界分基准税制与税式支出存在一定困难和分歧,其在内容上远比预算中的直接支出条款曲折复杂。二是非常准确地估算一项税式支出的数额也存在一定技术上的困难,它更多地表现为政府因一项税式支出放弃的收入总和。税式支出的这种相对模糊性往往使得税式支出法案更容易为立法机关所通过。当然,出于特定的政治需要,税式支出的这种透明度相对较低的特点,有时也被有些国家的政府看成是一种优点,因为采用税式支出可能比采用直接支出更能得到作为纳税人的选民的拥护,或者可以更便利和容易地帮助政府把直接支出保持在一定的限额之内。另外,有些国家税式支出与直接支出的法律程序或通过规则(选票要求)不一致,也使政府省却了一定的政治麻烦。例如,有的国家税式支出立法(除去一些紧急措施)只要求立法机关中的简单多数同意就可以,而预算拨款立法则要求三分之二的多数通过。

2.3.3 税式支出的法定性与相对稳定性

在税收民主与税收法制比较完善和奉行税收法定主义的国家[②],税式支出条款一般都是其正式税法的组成部分,因而具有法律意义上的相对持久性和固定性,不像直接支出项目那样要受每年支出计划调整变动的左右。即使税式支出预算要进行调整,也还要受到税收立法程序的钳制。在税收法制不健全的国家,例如中国,尽管税收优惠措施(这里暂且仅从与基准税制背离和税收收入的减少角度将税收优惠与税式支出做等同理解)更多的是在正式税

---

① 孙钢、许文:《关于我国实行税式支出预算管理的初步研究》,楼继伟主编《税式支出理论创新与制度探索》,中国财政经济出版社 2003 年版,第 260 页。

② 税收法定主义的含义目前尚无定论,但大致分为两种看法:一种认为税收法定主义是指税收的征收,包括税收征收的程序必须由法律明确加以规定;另一种认为税收法定主义是指税收的征收与优惠及其程序必须由法律明确加以规定。笔者倾向于第二种观点。

收法规之外,通过税收法规执行中的"通知"、"补充规定"等灵活形式出台实施的,并且税收法规本身的法律层次也普遍较低,多是以政府行政部门的"条例"及其"实施细则"形式颁布的,但也同样具有一定法律意义上的固定性和约束力,与直接支出相比,还是具有一定时期内的更强的稳定性。税式支出的这种稳定性,意味着某种税式支出一旦由某项税制条款规定下来,就可在该税制规定存续期间内连续实施,从而可为纳税人提供更多政策和受益上的确定性,有利于纳税人在生产经营和其他行为选择方面进行更可靠的计划安排及整体和长远决策,这就使得税式支出的政策诱导势能比直接支出更为突出。

2.3.4 税式支出的即时性与灵活性

税式支出是在纳税人履行纳税义务时直接从应缴纳的税收收入中扣除,无实际的支出程序,因而省却了纳税人支付税款和财政部门再拨付资金两个环节,消除了所支出资金在缴拨过程和政府手中停留的时滞,使得纳税人可以在履行纳税义务的同时"自动"受益(个别先征后退的税式支出形式除外)。如果纳税人是企业的话,税式支出的资金在支出实施时仍留在企业,就像企业取得销售收入一样,直接增加企业的收入或利润,直接加入企业的资金周转,能够更便捷地与企业的资金需求相衔接,特别是对满足企业的短期或临时性资金需求极为有利。如果纳税人是个人的话,税式支出则是以少收的方式直接增加了个人的即期可支配收入,尤其是对满足个人的即期或短期消费与投资需求极为有利。而直接支出则需经过较长时间的收、支程序和预算编制、执行等过程,往往与受益人的投资与消费需要在时间上脱节。税式支出的灵活性主要表现在两个方面:一是与直接支出相比,税式支出允许个人或企业自我确定出将有多少特定活动能够得到资助,从而具有纳税人自我选择的灵活性。二是与直接支出不同,税式支出的实施手段是多样化的,可以针对不同的支出需要灵活运用,从而使其更具适应性。例如,若希望某些鼓励发展的企业或行业加快成长,使用减免税手段更具效力;若想促进企业加快设备改造和加大设备投资,使用加速折旧和投资抵免的方式更为便捷;若想吸引外国企业的直接投资,则采用优惠所得税率更具优势。

2.3.5　税式支出的或有性

税式支出是政府为了达到特定的政策目标而给予特定纳税人和特定社会经济活动以优惠的特殊支出。在税式支出实施过程中，不仅谁或什么样的活动能得到税式支出的好处有一定的资格和条件要求，而且谁或什么样的活动在什么时候、什么情况下才能得到税式支出的好处，以及在什么情况下能得到多少税式支出的好处，也是被事先具体规定的。由此而言，在税式支出政策内容既定的情况下，一个纳税人能否得到税式支出和能够得到多少税式支出，以及有多少纳税人能够得到税式支出和能够得到多少税式支出，就取决于两大方面：一是每个纳税人适应税收制度规定并基于自身利益最大化的主观选择，二是这种选择得以实现的主、客观条件。而在实际社会经济生活中，纳税人的主观选择和其选择得以实行的条件都具有不确定性，由此便又导致了税式支出的不确定性特点。一方面，某项税式支出何时发生是不确定的；另一方面，税式支出发生多少也是不确定的。这种不确定性特点表明，税式支出具有或有支出的性质。从支出预期角度看，其也是一种通过税收制度产生的特殊的政府或有负债，并且是现代财税制度下政府或有负债的主要组成内容之一。单从理论上讲，税式支出发生的数量有可能比预期的少，但实际上，由于经济理性的驱使，纳税人总是要千方百计地将政府的优惠政策"用足"，甚至"打擦边球"或违规作假套取优惠税款。因此，税式支出的范围和数量总是呈强烈扩张之势。

或有负债是与直接负债相对的债务和会计概念。直接负债是在任何情况下都存在的负债，或有负债则是指只有在特定事件发生时才产生的负债。根据世界银行 Hana Polackova 提出的政府债务矩阵①，政府或有负债可分为两种：一种是显性政府或有负债，即为法律或合同确认的政府负债；另一种是隐性政府或有负债，即主要反映公众期望和利益集团压力的政府道义上的负债。与此对照，税式支出显然具有一定意义上的显性政府或有负债性质。政府或

---

① 参见赵志耘、张德勇：《地方政府或有负债问题研究》，《中国财政理论前沿Ⅲ》，社会科学文献出版社 2003 年版，第 288 页。

有负债属于财政风险的范畴,其基本特点是不确定、不透明,如不加以科学管理和控制,极易引发政府财政危机,影响财政和社会经济的稳定。因此,近年来,世界各国政府都非常重视政府或有负债问题的研究,并着手对政府或有负债进行数量估算、统计分析及信息披露,建立政府或有负债风险预警体系和尝试将其纳入政府预算管理。随着政府担保、银行不良资产、地方政府变相举债等问题的凸现,我国近几年也对政府或有负债问题进行了大量研究,并采取了一些管理措施。但是,令人遗憾的是:第一,无论国外还是国内,都未将税式支出或税收优惠纳入政府或有负债的研究视野。第二,无论国外的税式支出理论,还是国内的有关研究,都未揭示税式支出或税收优惠的或有支出或或有负债属性。笔者认为,明确揭示税式支出的或有性是十分必要的。这样起码有三个好处:一是可以为观察税式支出提供一个新的视角,有利于更加全面地了解和把握税式支出的性质与特点;二是有利于从财政风险的角度,进一步深化对税式支出实行科学管理和预算控制必要性的认识,并进一步扩展税式支出管理的视野与举措;三是有利于在财政预算和其他相关管理领域中将税式支出管理与政府或有负债管理结合起来,相互借鉴,相辅相成。

2.4 税式支出的效应

税式支出的效应是指税式支出作用于社会经济的效能和影响结果,其也是显示税式支出的长处与缺点,决定对其如何选择利用的重要理论基础和判断依据。

2.4.1 税式支出的财政税收效应

首先,税式支出缩小了税基、降低了税率或者减少了税额、延迟了纳税时间,从而减少了税收收入,增加了政府的实际财政支出。此本是税式支出的题中应有之义,自然无须赘述。这里需要进一步说明的是:第一,从静态角度分析,某些税式支出具有与直接支出相比的缩减效应和放大效应。所谓缩减效应,即在支出目标一定的条件下,税式支出要比等额直接支出对财政支出的影响小。例如,若对企业接受的直接补贴一并征收所得税,且假定税率为20%,

那么,要实现对企业实际支出 100 元的目标,采用税式支出只需 100 元,采用直接支出则需 125 元。所谓放大效应,即在支出目标一定的条件下,税式支出要比等额直接支出对财政支出的影响大。例如,在所得税实行累进税率的情况下,通过缩减纳税人应税所得的优惠措施实施税式支出,则不仅损失了所得缩减部分的应征税款,而且可能因此而降低剩余所得适用的税率档次,从而损失更多的税收收入。第二,从动态角度分析,税式支出具有反馈效应。即由于税收政策是经济运行的重要参数,实施一项税式支出会在一定程度上影响经济活动的总体水平,这种影响必然会反馈到税收收入上。一般而言,大部分税式支出,特别是各种生产性的税式支出措施,都具有直接的收入"自偿"功能,即通过其激励作用,促进经济活动总体水平的提高,进而促进未来税收收入的增长。第三,从税制体系角度分析,税式支出具有互动效应。在现代复合税收制度下,每一个国家的税收制度都是由多种税匹配组合的有机整体。某些税种税制结构中的优惠条款所影响的不仅仅是自身的税收收入,而且还要影响到其他相关税种的税收收入。例如,在其他条件不变的情况下,对商品课税的减免必然导致纳税人亏损的减少或利润的增加,进而使其亏损抵补减少或上缴的所得税增加;旨在保护能源的税收抵免,将会影响到来自能源产品的消费税收入。

其次,税式支出从不同方面影响着财政运行成本和税收制度的财政效能。一方面,一般认为,税式支出节约了预算成本,因为其不需要像直接支出那样对资金进行专门的收支、保管,也避免了收支过程中的资金沉淀和流失。但也有的学者从其他角度认为税式支出不及直接支出的执行效率高。因为税式支出既然是税收政策,故其主管部门为财税机构。政府若用直接补助办法,则主管部门为政府各个不同政策的专门执行机构,其执行效率后者自然要大于前者。① 另一方面,税式支出又增加了税收成本,包括增加税务机关的征管成本和纳税人的奉行成本。所谓奉行成本,系指纳税人按某种税制的要求办理纳税事务所花的费用。有人认为,这笔费用是相当大的。例如,桑福德估计,1976 年英格兰和威尔士征收各种个人税可统计的执行费用占其税收收入的

---

① 参见张则尧:《财政学原理》,(中国台湾)中国经济月刊社 1984 年版,第 541 页。

比例为 2.5% 到 4.4%。① 此外,税式支出还导致了对其进行预算管理的成本支出。再一方面,税式支出的存在使税收承担了更多的经济和社会职能,进而使税收制度和征收管理变得更加复杂,不利于税制简化和按税制计划税收收入,并且诱致了纳税人对税式支出的不懈追逐,为其避税甚至逃税提供了可利用的机会,也为国家之间、地区之间以牺牲税收收入为代价进行不正当竞争提供了可利用的手段。

再次,税式支出影响了税收中性和税收公平,具有非中性和非公平效应。下面,我们以消费品课税为例,先考察图 2-1。

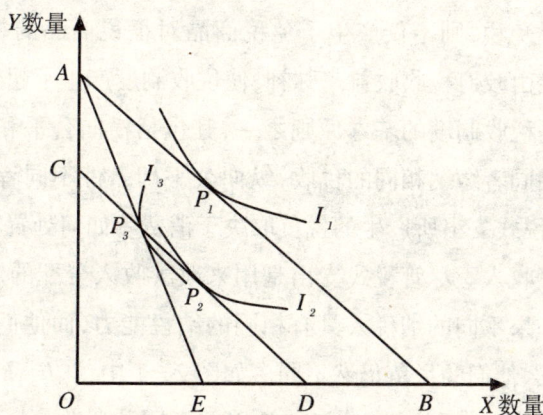

图 2-1

图 2-1 中,AB 为某消费者征税前的预算约束线,该线的斜率为 X 和 Y 两种商品的价格比,I_1、I_2、I_3 为衡量消费者福利水平的不同无差异曲线。现在,由于对两种商品课征了一次性税收,使得预算约束线由 AB 平行下降到 CD,该消费者对两种商品的需求同时减少,且福利水平降低,但两种商品的相对价格和消费组合均未改变,仍满足资源最优配置的条件。如果政府针对 Y 商品实施免税形式的税式支出,若该消费者将全部收入都用于购买 Y 商品,则不

① 参见 S.詹姆斯、C.诺布斯:《税收经济学》,中国财政经济出版社 1988 年版,第 41~42 页。

负担任何税收,且可以购得 OA 数量的 Y 商品,与税前最大购买量无异;若该消费者将全部收入用于购买两种商品时,则预算约束线移至 AE,两种商品的消费组合从 P_2 点移至 P_3 点。由此,就可得知税式支出对税收中性和税收公平的影响。

税收中性是市场经济下税收制度一贯追求的目标。所谓税收中性,即税制应不影响市场上各种商品的相对价格,进而保证生产者或消费者纳税前后经济行为的一致性,并且不发生除税收负担以外的超额负担。在图 2 - 1 中,原先对两种商品课征具有中性的一次性税收,虽然消费者的福利水平降低了,但其选择偏好未变,并且损失的福利由政府的税收收益弥补,故不产生超额负担。而对 Y 商品免税,则不仅产生了免税商品对征税商品的替代行为,而且损失的福利不能由政府税收收益来弥补,使税收制度产生了超额负担。

税收公平是税收制度的基本原则之一,其包括横向公平和纵向公平。横向公平即条件相同者缴纳相同的税收,纵向公平即条件不同者缴纳不同的税收。根据本例,税式支出所产生的税负取决于消费者如何处置其收入,而不是取决于他有多少收入。尽管税式支出是用来改善收入分配的,但它还是扭曲了横向公平。如果不同的纳税人具有相同的纳税能力,而他们各自享受不同的税式支出,那么他们的税负仍然不同。如图 2 - 1 中,A、P_3、E 三点均在同一预算约束线上,具有相同的收入,但却负担着不同的税收。R. 马斯格雷夫和P. 马斯格雷夫曾经指出:"如果因优惠引起的税基缩小对所有纳税者来说都是固定比例的话,那么优惠的存在是无关紧要的。在这种情况下,相应提高税率就能使这种优惠中性化。但实际上,优惠的影响相当不同,这既表现在对不同收入级别中的普通纳税者的影响,也表现在对同一收入级别中特定纳税者的影响。因此就产生了横向不公平和纵向不公平的问题"。"在纵向公平方面,优惠使得在收入级别两端的纳税者的应纳税额大大减少了,而广大中等收入者减少部分的比例则相对较小"。"优惠也在全部收入级别中产生了巨大的横向不公平,但这一不公平主要存在于高收入级别中"。[①]

---

① R. 马斯格雷夫和 P. 马斯格雷夫:《美国财政理论与实践》,中国财政经济出版社 1987 年版,第 269 ~ 270 页。

2.4.2　税式支出的微观受益效应

（1）税式支出具有与直接支出相比的受益放大效应。如，在对纳税人接受的直接补贴—并征收所得税和实行累进税率的情况下，税式支出比等额直接支出导致的纳税人最终实际受益要比直接支出多。

（2）税式支出具有受益局限效应和自选择效应。所谓受益局限效应，是指税式支出可能对于实现某些受益目标无能为力或收效甚微。例如，税式支出对于减轻贫困的效果就存在问题。因为除非税式支出采取罕见的"无剩余抵免"形式，否则其对那些因贫穷或低收入而仅负微小纳税义务或干脆不负有任何纳税义务的人来说，受益就不大，甚至丝毫不能受益。所谓自选择效应，是指在税式支出政策既定情况下，纳税人可以自主选择和决定受益程度。例如，利用税式支出可以刺激企业进行新的投资，而且税式支出比直接支出可以使纳税人更灵活和获利更多。直接补贴给与不给、给多给少只能由政府说了算，而税式支出可使企业处于主动地位。其对税收政策的适应意识越强，自身努力和经济规模越大，来自税式支出补助的得益就越多。

（3）税式支出具有较强的受益感知效应。与传统税收优惠相比，税式支出明确表明了其是政府从公共资源中给予纳税人的一种财政补助或财政福利。在传统税收优惠观念下，对税收政策给予的优惠，纳税人可能认为本来就是自己应得的钱，从而无感恩回报意识，甚至稍不如意就可能出现"端起碗来吃肉，放下筷子骂娘"的情况。而税式支出则从观念上提高了纳税人的受益感知程度，进而有利于增强优惠政策的刺激效能。

（4）税式支出具有受益偏离效应。受益偏离效应是指实际受益偏离政策预定的受益目标及其主体的情况。其原因有二：一是由于税式支出客观上为纳税人避税提供了一种可利用的手段，尽管大多数税式支出开始实施时只适用于特定的纳税人群体，范围很窄，但其他的纳税人通过一定的避税措施往往也可以受益。一些跨国公司利用其关联企业享受的税收优惠政策进行转移定价避税就是一个最常见的例子。二是由于税式支出会改变价格与要素的报酬，一些税式支出同税收负担一样，存在转嫁问题，进而造成税式支出的经济归宿可能与法定归宿不一致。通常一般都认为税式支出的利益是归纳税人所有,但实际上,商品的供求弹性才是决定某些税式支出利益归属的主要因素。对此,假设对作为纳税人的某产品生产者给予实施减免税优惠,由图 2-2 可以得知。图中 S 代表减免税前供给曲线,S_1 代表减免税后供给曲线,D 代表需求曲线,P 代表价格,Q 代表供给或需求量。在图 2-2(a)中,由于供给弹性大于需求弹性,减免税后的购买者支付价格由 P_1 下降到 P_3,供给者所得价格由 P_2 上升到 P_3,P_1P_2 为全部减免税款,且 $P_1P_2 = P_1P_3 + P_2P_3$,则该生产者只得到了一小部分税式支出利益,而大部分减免税款为购买者所分享。在图 2-2(b)中,由于需求弹性大于供给弹性,减免税后的购买者支付价格由 P_1 下降到 P_3,供给者所得价格由 P_2 上升到 P_3,则该生产者得到了大部分税式支出利益,一小部分减免税款为购买者所分享。据此,可推知,只有在需求完全无弹性时,该纳税人才可得到全部减免税款,而这实际上是不可能的。

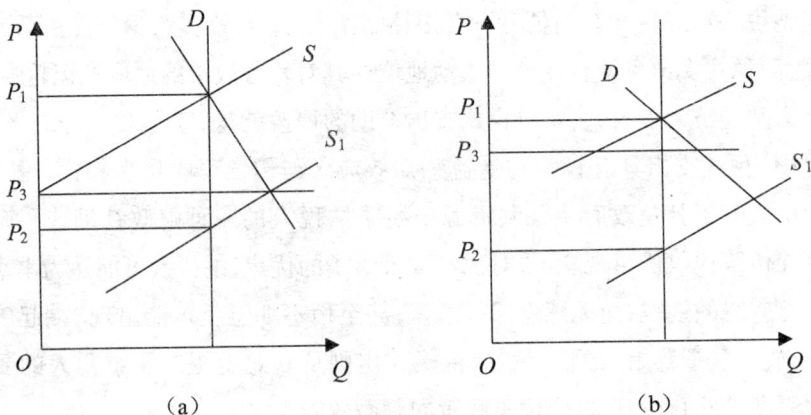

(a)　　　　　　　　　(b)

图 2-2

(5)税式支出具有逆反效应或颠倒效应。其主要体现在所得税税式支出中。所得税的一些税式支出,如税收扣除、税收抵免、特别税率等,其本意是界定纳税人的负担能力,改善所得分配,以税式支出去援助低收入者,然而在实施中却恰恰相反,绝大多数税式支出措施都不同程度地给高所得者更多利益,最需得到补助的低收入者却收益甚少。结果是需要补助的低收入者或绝对贫困者未得到补助,不需要补助者又得到了补助,从而产生了颠倒或逆反的受益效果。之所以如此,原因有两点:一是高收入纳税人有更多的收入可供减免或扣除,而那些低收入者或绝对贫困者可能根本就达不到起征点,更谈不上享受扣除、抵免等税式支出利益。二是税率是累进而非等比例的。在累进税率下,纳税人享受的税式支出额是由纳税人的应税所得及其适用的边际税率决定的。由于高收入纳税人的边际税率更高,每一单位的收入享受的税式支出也就越多。这种"锦上添花"而非"雪中送炭"的逆向效果是直接补助支出所不可能出现的。

2.4.3 税式支出的社会经济效应

首先,税式支出具有收入效应、福利效应和替代效应。这三种效应通过图2-1可以观察得很清楚。图中,预算约束线从 CD 平行移至 AB,使消费者可以同时消费更多的 X 和 Y 商品,其实际收入增加,此即税式支出的收入效应;无差异曲线由 I_2 提高到 I_1 即表明税式支出的福利效应;AE 线较之 AB 线和 CD 线发生的斜率变化,即表明税式支出的替代效应。这里需进一步指出的是:第一,流转税的税式支出产生的替代效应较强,而所得税的税式支出产生的替代效应较弱,收入效应和福利效应比较突出。第二,虽然税式支出的替代效应有损税制中性,但在考虑以税收手段弥补市场缺陷的情况下,具有替代效应的税式支出也会带来额外收益。第三,税式支出的收入效应和替代效应是其对市场活动和社会经济生活发挥调节作用的重要基础,其他效应都与这两种效应存在直接或间接关系。

其次,税式支出具有微观激励效应。微观激励效应是指税式支出对生产单位的生产经营活动和个人劳动具有鼓励作用。这种作用的机制在于降低生产单位的综合成本或增加利润,增强市场竞争能力,或壮大企业资本与发展能力,以及增加个人的劳动力要素报酬,提高个人劳动或工作的积极性。具体而言,商品课税方面的税式支出,直接作用主要是降低生产单位的综合成本,提高价格竞争优势。所得课税方面的税式支出,对生产单位来说,直接作用是增加利润,进而改善财务状况,提高生产要素集聚能力和抗御风险能力,或者增加流动资金和再投资的垫支资本,增强发展实力;对个人来说,直接作用是提高实际收入水平,进而鼓励劳动、储蓄和增进社会公平感。

再次,税式支出具有宏观刺激效应。宏观刺激效应系指税式支出通过给予特定纳税人或经济活动一定的优惠待遇而对整个国民经济产生影响,其作用机制是增加总供给和总需求。具体而言,商品课税方面的税式支出,可以对生产产生刺激作用,增加特定纳税人或特定产品的生产。因此,这种税式支出一方面具有膨胀性效应,而且按照供给经济学的观点,这种膨胀性主要表现在供给方面。另一方面,通过刺激目标纳税人和目标产品的生产,也有助于改善整体经济结构。所得税税式支出的宏观刺激效应比较复杂。对于公司所得税或企业所得税的税式支出来说,一方面,由于其对纳税人的激励作用增加了生产,扩大了产出规模,将产生供给膨胀性效应;另一方面,由于其刺激了纳税人增加投资的意愿和能力,将产生需求膨胀性效应。对于个人所得税的税式支出来说,其实施的最终结果是降低边际税率和增加个人可支配收入。如果降低的是最低边际税率,将提高低收入阶层可支配收入在社会总收入中的比重。由于低收入阶层的边际消费倾向是最高的,从而也就提高了整个社会的消费倾向,即产生需求扩张效应。但如果降低的是最高边际税率,由于拥有适用较高边际税率的较高应税所得的富有阶层的边际消费倾向较低,因此,主要对这部分人实施税式支出,将降低整个社会的消费倾向,从而产生需求紧缩效应。如果个人可支配收入提高后边际消费倾向大于边际储蓄倾向,即产生需求扩张效应。但如果个人可支配收入提高后边际储蓄倾向大于边际消费倾向,则产生需求紧缩效应。

复次,税式支出具有矫正效应。税式支出的矫正效应即税式支出对某种客观自发性偏向的抑制或纠正作用,其主要针对的是市场失灵。这突出表现在两个方面:一是矫正由于经济人理性和市场价格不能完全反映资源最优配置要求而产生的外部性。例如,研发投资的社会效益远远大于其个人回报,如果政府不加任何干预,企业就不会积极地进行研发投资,而只会选择能提高私人回报率的投资项目。政府对研发活动提供的税式支出,无疑对此有直接的矫正效能。二是矫正市场分配规则产生的社会分配不公。市场分配规则是按要素价格分配,而要素价格高低又主要取决于个人的要素禀赋。要素禀赋不同造成的收入分配差距往往是十分悬殊的,如不加以抑制,必然会影响社会和谐,甚至会严重危及社会政治稳定。政府对低收入者的税式支出补助,无疑将对其产生直接的矫正效应。

最后,税式支出具有社会经济政策实施的速达效应。税式支出作为政府为达到特定社会经济目标而采取的一种政策手段,其生效快慢也是体现其对社会经济影响的一个重要方面。一般来说,财政政策的实施可能产生五种时滞。它们依次为:认识时滞、行政时滞、决策时滞、执行时滞、效果时滞。认识时滞是指从经济现象发生变化到决策者对这种需要调整的变化有所认识所经过的时间;行政时滞是指财政当局在制定采取何种政策之前对经济问题调查研究所耗费的时间;决策时滞是指财政当局将分析结果提交立法机构审议、通过所占用的时间;执行时滞是指政策议案在立法机构通过后交付有关单位付诸实施所需要的时间;效果时滞是指从政策正式实施到对经济产生影响所经历的时间。与此对照,可以肯定,在税收制度既定的情况下,税式支出起码没有政府直接支出政策的前四种时滞。至于第五种时滞,由于纳税人对税收制度包含的税式支出条款早已心中有数,并且由于税式支出受益的自选择效应所决定,税式支出肯定也要比直接支出政策小得多。税式支出的这种政策速达效应使得税式支出能够及时发挥"自动调节器"的功能,从而大大地提高了政策实施效率。所以,许多国内外专家学者都将其看成是税式支出与直接支出相比较的突出优点,并与此相关,将税式支出视为一种节约支出成本,以有效而顺利地实现既定目标的佳好选择。①

---

① 国内学者如郭庆旺、孙钢等,国外学者如美国的 M. 费尔德斯坦。参见郭庆旺:《税收支出简论》,东北财经大学出版社 1990 年版,第 38～39 页;孙钢、许文:《关于我国实行税式支出预算管理的初步研究》,楼继伟主编《税式支出理论创新与制度探索》,中国财政经济出版社 2003 年版,第 259～260 页。

3 税式支出制度的基本内容诠释

3.1 税式支出的表现形式及类别

税式支出制度就其本质来说,主要是一种在税式支出概念基础上对各种税式支出所放弃的税收收入进行统计、分析、测算、评估、报告和计划控制的预算管理制度。但一个完整的税式支出制度包括两个方面,一是政府为实现一定的社会经济目标在税收上规定的各种优惠条款,二是为管理和控制已有的税收优惠采取的各种制度措施。① 这些优惠条款实际就是税式支出的具体表现形式。各种优惠条款具有不同的政策功能和不同的适用对象,具有不同的与基准税制背离方式,亦具有不同的支出特点,其间相互配合,共同组成国家的税式支出政策体系和税式支出预算管理控制对象。阐明税式支出的表现形式及其类别,不仅是进一步具体理解税式支出概念的必要途径,也是诠释税式支出制度基本内容首先需要说明的问题。

3.1.1 税式支出的表现形式

税式支出条款的具体内容、结构十分复杂,但其一般形式大致有以下几种:

(1)税收豁免。税收豁免也即免税或不予计列,是指在一定时期内将某些所得项目或所得来源排除在税基之外,或对某些活动不列入课税范围,以免

---

① 解学智:《关于税式支出制度建设的几点意见》,楼继伟主编《税式支出理论创新与制度探索》,中国财政经济出版社 2003 年版,第 9 页。

除纳税人的税收负担,是直接减小税基的一项优惠措施。税收豁免的应用范围较广,是世界各国及各个税种普遍采用的一种税式支出方式。例如,从治理污染中取得的所得不计入应税所得;对慈善机构、宗教团体、专业俱乐部的收入不予课税;免除原材料和半成品的进口关税;对农林销售收入不征增值税;对捐赠公益事业的不征财产税等均属于这种类型。

(2)税收减征。税收减征又称减税,即按照税收法规减除纳税人的一部分应纳税款,是直接减少纳税人应纳税额的一种优惠方式。减税应用的税种范围也很广。其具体办法主要有税额比例减征法和税率比例减征法。税额比例减征法是对按规定计算出来的应纳税额减征一定的比例。税率减征法是按照规定的法定税率或法定税额标准减征一定的比例,如我国对生产销售达到低污染排放极限的小轿车、越野车和小客车有按法定税率减征 30% 消费税的规定。

上述减税和免税主要指的是法定减免税。除此之外,有些国家还有特定减免税和临时减免税。前者是根据社会经济形势变化,对个别、特殊情况专案规定的减免税。这类减免税一般在税法中不能或不宜一一列举。后者是对个别纳税人因一时的特殊情况而减少或免除其纳税义务的优惠规定。这类减免税一般在税收法规中只做出原则规定,并不限于哪类行业或项目。特定减免税和临时减免税是中国传统税收优惠中惯常使用的优惠措施。另外,由于减税和免税在税法中经常结合使用,所以人们习惯上将其统称为减免税或税收减免。[1]

(3)纳税扣除。纳税扣除又称税收抵扣,常见于所得税。其是指在计算应税所得时,准许纳税人将某些合乎规定的特殊支出从毛所得额中扣除一定的数额(即定额扣除)或一定的比例(即比例扣除),以减轻纳税人的税收负担。换言之,就是从课税对象的全部数额中做一定的扣除,只对超过扣除的部分征税。因此,其也是缩小税基的一种措施。[2] 纳税扣除的方法有两种:一是

---

[1] 此即狭义上的"减免税"或"税收减免",而非与"税收优惠"或"税式支出"概念等同使用的广义的"税收减免"。

[2] 税基是指建立某一种税制的经济基础或依据。它包括两个方面的问题:一是一种税以什么为税基;二是税基的宽窄问题。如果从税基的宽窄角度考虑,税基也就是指征税范围,本书的税基即取这种涵义。由于课税对象数量的大小(如所得税的应课税所得、流转税的应课税收入)直接决定于征税范围的宽窄,故本书也将课税对象的数量视同为税基。

直接扣除法,二是间接扣除法或费用加成法。前者是直接减少计税所得,即允许纳税人对某些规定项目所发生的费用全部或部分扣除;后者是用增加费用的办法来减少计税所得,即准许纳税人对某项费用的列支数超过实际支出数。在累进税制条件下,纳税人的所得额越高,纳税扣除的实际价值就越大。因为,一方面,如果是比例扣除,扣除比例一定,则纳税人的所得额越高,其扣除的绝对额也就越大;另一方面,纳税人的所得额越大,可能适用的边际税率就越高,如果作定额扣除,就使得原本应适用较高的税率档次降低到适用低一级或低几级的税率档次。这不仅减小了税基,而且等于较多地降低了对某些高所得者征税的税率。

(4)税收抵免。税收抵免,即允许纳税人对其某种合乎规定的支付项目的一部分或全部支出数额,从其应纳税额中扣除。它是直接减少纳税人应纳税额的一种优惠措施,常用于所得税。对于从应纳税额中抵免的数额,可以不允许超过应纳税额,也可以允许超过应纳税额,即将没有抵尽的抵免额返还给纳税人。前者称为限额抵免或有剩余的抵免,后者称为无限额抵免或没有剩余的抵免。税收抵免的形式多种多样,其中最主要的是投资抵免和国外税收抵免。投资抵免是指对可折旧性资产的投资者,允许其从当年应纳公司所得税或企业所得税的税额中扣除相当于新投资设备购入价格的一定比例的税额。扣除了多少钱,就等于纳税人在购置设备时少花了多少钱,因此,其实际上是政府对私人投资的一种激励性补助,故亦称为投资津贴。例如,美国1962年的公司所得税法规定,凡购买新的资本设备,使用期限在3年以上的,可按购价的6%抵扣当年税款;使用期限在5年以上的,可按购价的10%抵扣当年税款。中国税法也有类似的规定,如对在我国境内投资于符合国家产业政策的技改项目的企业,其项目所需国产设备投资的40%,可从设备购置当年比前一年新增的所得税中扣除。国外税收抵免常见于国际税收业务,即一国政府在对本国居民的国外所得与国内所得合并计算征收所得税时,允许其以国外已纳税款冲抵在本国应缴纳的税收,是各国为实现税负公平普遍采用的一种免除国际双重征税措施。

(5)税率优惠。税率优惠是通过对某些特殊的纳税人或征税项目在征税时采用比一般法定税率为低的税率或通过降低税率实施优惠的一种措施。税率优惠的适用范围,可视实际政策需要而伸缩。这种方法,既可以有期限上的限制,也可以是长期优待。一般说来,长期税率优惠的鼓励程度大于有期限的税率优惠,尤其是那些需要巨额投资且获利较迟的企业,常可从长期税率优惠中获得较大的利益。在具体实践中,税率优惠最一般的运用方式就是直接降低税率,如中国对高新技术开发区的高新技术企业减按 15% 的税率征收所得税。但优惠税率也有其他的表现形式,如纳税限额,即规定总税负的最高限额,事实上也是税率优惠的一种特殊运用方式。

(6)延期纳税。延期纳税又称税收递延、税收延后或税负延迟缴纳,其是允许纳税人在规定的年限内超过税法规定的纳税期限延迟或分期缴纳应付税款。这种办法可适用于多类税种,且一般用在数额较大的税收上。在延期纳税条件下,名义上纳税人未少缴应纳税款,政府也未少收应征税款,双方分别得到和损失的只是纳税延迟期间纳税人应纳税款的利息或时间价值。因此,其相当于政府给纳税人提供了一笔无息贷款,是一种类似于优惠信贷形式的税式支出措施。

(7)加速折旧。加速折旧系固定资产折旧计提办法之一,是指固定资产每期计提的折旧费用,在使用初期计提得多,使用后期计提得少,随着使用时间的延长,提取的折旧额呈逐年递减状态,因此,又称递减折旧费用法。其一般使用的具体方法有双倍余额递减法、年限总和法、定率递减法等。在加速折旧条件下,大部分折旧基金集中计提于固定资产使用初期,固定资产的折旧期限和名义折旧总额并不比实行一般直线折旧办法缩短和增加。税收政策上允许加速折旧,旨在使纳税人得到所得税方面的优惠和尽早收回投资。因为,所得税是对扣除了税法规定的税前扣除项目后的净所得课税,折旧则是税前扣除的一个重要费用项目。每期折旧额越大,应税所得额就越小,税负就越轻。实行加速折旧,对纳税人来说,虽然在整个固定资产折旧期间名义折旧总额不变,应税所得亦不变,但在固定资产使用前期折旧费用大,从而应税所得额和应纳税额相应减少,固定资产使用后期应纳所得税相应增加,实质上等于推迟了固定资产使用前期一部分应纳所得税的缴纳时间,可获税收延迟之利。对于政府来说,虽然整个固定资产使用期间的应征所得税名义税额未变,但税收前少后多,有收入延滞之失,即减损了一部分税收收入的利息或时间价值。因此,加速折旧也相当于政府给纳税人提供了一笔无息贷款,是一种变相的延期纳税措施。

(8)盈亏互抵或结转。所谓盈亏互抵,是指允许纳税人将某一年度的亏损结转到其他年度,即以某一年度的亏损(这种亏损不是企业财务报表中反映的亏损额,而是经税务机关按税法规定核实调整后的亏损额),去抵消以后年度的盈余,以减少以后年度的应课税所得额和应纳税额,或是转而抵消以前年度的盈余,冲减以前年度的应课税所得额和申请退还以前年度已纳的相应部分的税款,是一种以跨期缩小税基的方式实施的所得税优惠措施。一般说来,采用这种方式,无论是向前冲抵以后年度的盈余,还是转后冲抵以前年度的盈余,都有一定的时间限制,并且抵补年限内无论是盈是亏,都作为实际弥补期计算。例如美国税法曾规定,可以冲抵的时间范围是以前 3 年和以后 7 年。中国台湾则有前 4 年后 5 年的规定。中国现行所得税制度的规定是可以后抵 5 年。由于这种优惠措施的实现机制在于以盈补亏,所以,纳税人受益自然要以发生亏损为前提。其对于那些从未发生过亏损或长期连续亏损的企业来说,不能从中得到任何好处,抵补期内利润很小的企业从中得到的好处也很少,而越是从事风险较大的投资或经营项目的纳税人,越是有可能由此获得较大的收益。

(9)优惠退税。优惠退税,是政府为鼓励纳税人从事某种经济活动而将其已纳税款按规定程序予以退还,是一种直接减少已纳税额的优惠措施。优惠退税一般适用于商品课税和所得课税,包括出口退税和再投资退税两种形式。出口退税适用于商品课税,是为鼓励出口而对纳税人的税款退还。其又包括两种具体措施:一是退还进口税,即用进口原料或半成品加工制成成品后,在出口时退还已纳的进口税;另一种是在商品出口时退还已纳的国内销售税、消费税、增值税等。再投资退税适用于所得课税,是指为鼓励纳税人将分得的利润进行再投资而退还其再投资部分已缴纳的税款。另外,中国流转税中实行的即征即退、先征后返等,在形式上也属于优惠退税的范畴。

此外,税式支出的形式还有税收饶让、特定准备金制度等。税收饶让是指一国政府对本国纳税人在国外得到减免的那部分所得税,视同已经缴纳,同样给予抵免待遇,即允许纳税人用这部分被减免的外国税款抵免在本国应缴纳的税收。实际上,税收饶让是国外税收抵免的一个特殊部分,是税收抵免的延伸或扩展。实行税收饶让,可以使资本输入国政府为吸引外资实施优惠政策而放弃的税收收入真正成为投资者的实惠,意味着资本输出国同时为资本输入国的税收优惠政策承担义务。特定准备金制度是指在计算应纳税所得额时,允许纳税人将未来用于一定用途而提取的准备资金视为费用,从当期应税所得中扣除。如对重要产业的投资准备金,就是将专为购置或重置用于该产业的资产所需资金列为损益。这种将投资准备金视做当期费用的行为并不符合会计核算的要求,因此,其实际是一种促进特定投资的税收激励政策。

需要指出的是,上述税式支出形式及其具体条款绝大部分都是通过各个国家的国内税收法规规定的,但涉及国际税收关系的税式支出措施,如税收饶让等,一般都须通过相关国家之间签订税收协议加以确定。

3.1.2 税式支出的内容分类

在了解税式支出表现形式的基础上对各种税式支出进行分类,目的在于更清晰地观察不同税式支出形式及其实施办法之间的某些共通性和具体差别,为税式支出的运用提供可供选择的政策与支出手段集合。目前国内文献对税式支出类别的划分,大多都是沿袭税收优惠的分类方法,即只关注不同税式支出政策目的、政策功能及实施方式上的区别,未能体现税式支出概念和税式支出分析的要求,这实际也是在一定程度上未将税式支出与税收优惠真正区别开来的反映。刘蓉在《税式支出的经济分析》一书中采取了一些新的税式支出分类标准①,但其出发点也非确切的一般税式支出概念定义。为此,这里拟在对现有税式支出分类方法有所借鉴的同时,严格依循税式支出概念所包含的基本内容要素,侧重从理论角度对税式支出的内容类别做出新的划分。

(1)按照税式支出与基准税制的直接背离方式,可将税式支出分为税基式支出、税率式支出和期限式支出。

税基式支出是指直接与税收制度规定的标准税基相背离而形成的税式支出。如税收豁免、纳税扣除、加速折旧、盈亏互抵、准备金制度等,均属此

---

① 见刘蓉:《税式支出的经济分析》,西南财经大学出版社 2000 年版,第 69~74 页。

类。税率式支出是指直接与税收制度规定的标准税率相背离而形成的税式支出。如优惠税率和纳税限额即属此类。期限式支出是指直接与税收制度规定的标准纳税期限相背离而形成的税式支出。严格属于此类的只有延期纳税。至于以直接减少应纳税额方式形成的税式支出,如减税、税收抵免等,则亦可以归入税率式支出之类。因为减少应纳税额,实际就等于直接降低了税率。

将税式支出分为税基式支出、税率式支出和期限式支出,可以较清晰地反映出税式支出措施与基准税制的直接"背离点",从而更明确地揭示税收制度的双重结构、双重职能及税收优惠政策的"施力点",并为选择税式支出的数量估算方法提供基础性依据。

(2)按照税式支出的政策特点,可对税式支出做两种具体分类:一是以税式支出的政策目的为标准,可将税式支出分为发展性支出和福利性支出;二是以税式支出的政策功能为标准,可将税式支出分为刺激性支出和照顾性支出。

所谓发展性支出,是指国家出于促进某些行业、产业或产品发展而统一实施的税式支出措施,或者是为了促进企业投资、技术进步及企业的成长壮大而普遍实施或特别实施的税式支出措施。前者,如对高新技术产业、基础产业、环保产业、农业、出口产品、农业生产资料、技术性服务等实行的减税、免税、优惠税率等;后者,如面向所有企业实行的加速折旧、盈亏互抵、投资抵免,面向所有外商实行的再投资退税,对某些新办企业实行的一定期限的减免税等。福利性支出,是指政府为了提高某些特殊群体的社会待遇或增进全民的福利水平而实施的税式支出,如对慈善机构、残疾人自救企业或残疾人用品生产、失业保险金、下岗职工经营所得与劳务报酬等给予的税收减免等,其性质与直接财政支出中的社会保障支出类似。所谓刺激性支出,是指那些能够对纳税人从事某种经济活动发挥激励作用,能够正确引导产业结构、产品结构及市场供求、促进技术进步及安排劳动就业、矫正市场机制的外部性等,进而起到改善资源配置、提高经济效率作用的税式支出手段。这种手段既可以直接针对从事特定活动的纳税人实施,也可以针对特定的课税对象实施,从而使纳税人得到从事特定活动的鼓励。照顾性支出,是指那些针对特定纳税人实施,能够对纳税人由于种种原因,特别是由于某些客观原因发生暂时财务困难而起到扶助和保护作用的税式支出手段。如盈亏互抵和中国传统税收优惠中的困难性减免即属于这一支出类型。其性质与直接预算支出中的财政补贴大体相仿。

将税式支出分为发展性支出与福利性支出、刺激性支出与照顾性支出,可以较明确地区分与确定政府实施税式支出的政策目标,辨别不同税式支出手段对社会经济的不同影响和作用方式,对税式支出政策的选择、优化和分析评价税式支出效益具有重要意义。

(3)按照税式支出的收入放弃方式,可将税式支出分为直接式支出与间接式支出。

凡是在征税时按照税收制度规定,以直接并即时缩小税基、降低税率、减少税额和延迟纳税时间方式实现的优惠措施,均属于直接式税式支出。如减税、免税、纳税扣除、优惠税率等。凡是按照税收制度的允许,通过纳税人的折旧、投资、设备购置等财务与经营活动的迂回方式和通过先征后退的非即时方式使税基缩小、税率降低、税额减少或纳税时间延迟而实现的优惠措施,均属于间接式税式支出。如加速折旧、税收抵免、再投资退税、出口退税和中国采取的流转税先征后返等。

由于直接式税式支出与间接式税式支出的在简明程度、弹性大小方面具有不同特点,并且两者与纳税人生产经营活动联系的紧密程度不同,在对纳税人调整生产经营活动和争取与骗取优惠税款的正反激励作用上也有差异,因此将税式支出作如此划分,对于根据实际需要鉴别不同税式支出手段的利弊,选择、优化税式支出政策结构,提高税式支出激励效率和降低税式支出实施成本,都具有重要的理论与实践意义。与此不同,刘蓉在其税式支出分类中,是直接套用税收制度的分类方法,从税式支出收益是否转移的角度将税式支出分为直接税式支出和间接税式支出。我认为,这种划分对分析评价税式支出的微观受益效应具有理论意义,但由于税式支出收益的转移根本就无法确定和具体衡量,因此,对从支出角度进行的税收优惠管理没什么实际意义。这就是为什么有些直接财政补助实际也存在类似的收益转移机理,而从未有人对直接财政支出做这样的分类。另外,在中国传统的税收优惠分类中,往往将由税基减少和时间延迟形成的税收优惠归为间接税收优惠,将由税率降低和税额减少形成的税收优惠归为直接税收优惠。① 我认为,这也是不妥的。因为税基与税率同为决定税额的直接因素,而这种分类对税基和税率采取的显然不是同一看待标准。

(4)按照税式支出所体现的政府职能,可将税式支出分为经济性支出、社会性支出和政治性支出。

经济性支出,即施于经济建设领域,以经济发展为目标的税式支出。其主要包括三个方面:一是调节经济结构、提高经济效率方面的税式支出。如,用于调节企业结构的对小型企业、微利企业和某些特定新办企业的减免税措施;用于调节产业结构的对农业、交通运输业、旅游业、矿产品等实行的各种税收优惠措施;用于调节区域经济结构的对经济特区、沿海开放城市、贫困地区、民族地区实施的各种税收优惠措施等。二是调节经济总量,促进经济稳定与增长方面的税式支出。如,用于鼓励产品出口的出口退税、出口产品生产所用进口产品的减免税;用于鼓励和促进投资的加速折旧、投资抵免、亏损结转等;用于促进吸引和利用外资的对外商投资企业及外国借款的各种税收优惠政策;用于鼓励和支持技术进步的对高新技术企业、高新技术产品、技术开发、技术引进、技术服务、技术转让的税收减免措施等。三是保护环境,实现经济可持续发展方面的税式支出。如各种用于减少污染和促进资源综合利用的税收减免措施。社会性支出,即用于实施社会政策,实现社会发展和社会公平目标方面的税式支出。如对生活必需品、文教卫生事业、社会福利事业、农村发展及特殊困难群体等实行的各种税式支出援助措施。政治性支出,即施于政治领域,用于党派和政府行政、军事国防及外交方面的税式支出。如,对党政机关和民主党派所办报纸的减免税、政府后勤机关的减免税、军品和军工企业的减免税、外交机构及人员用品的减免税等。

按照税式支出所体现的政府职能对税式支出进行分类的理论与实践意义在于,可以较清楚地体现税式支出与政府行使其职能的关系,并与国际通行的直接财政支出分类方法相衔接,反映税式支出的基本用途、去向和政府通过税

---

① 例如,马国强:《中国现行税收优惠制度及其改革》,楼继伟主编《税式支出理论创新与制度探索》,中国财政经济出版社 2003 年版,第 238 页。

式支出提供公共物品的基本类别,为同一基本用途中税式支出与直接预算支出的选择和替代比较,以及分析评价不同税式支出的效益和编制税式支出预算报告提供必要的类别依据。

此外,按照税式支出的其他特征,还可以对税式支出进行其他更多方面的类型划分。如,以税式支出的范围和数量为依据,可将税式支出分为总量税式支出与个量税式支出;以税式支出政策存续的稳定性程度为依据,可将税式支出分为持久性税式支出与临时性税式支出;以税式支出受益是否跨越国界为依据,可将税式支出分为国内税式支出与国际税式支出。

总量税式支出,是指一定时期内国家通过税式支出让渡给纳税人的价值总和。以此可以反映和确定一定时期税式支出的总规模,并进行不同时期税式支出规模的比较和与直接预算支出规模协调平衡。个量税式支出,既可以是单个税种的税式支出,也可以是单个产业甚至是单个企业或纳税人群体的税式支出,还可以是单个优惠项目的税式支出。以此可以反映税式支出的具体用途及其结构,为具体的税式支出预算项目编列和税式支出结构的分析、调整提供依据。

持久性税式支出,是指通过税收法规规定和明确予以列举,且没有明确规定享受期限的税式支出条款。这类税式支出政策具有长期性,只要税收法规不修改和优惠政策不被废止,就具有长期适用性。临时性税式支出,是指税收法规规定纳税人在某一确定的时期内能够享受的优惠条款。政府根据社会经济情况变化和贯彻税收政策的需要,针对个别、特殊情况专案规定的优惠条款,一般都具有明确的时间限制,因此也属于临时性税式支出。与持久性税式支出相比,这类税式支出具有较强的灵活性和不确定性。区分这两类税式支出,有助于从时间上分析、测度税式支出对政府财政支出的影响。

国内税式支出,即对本国纳税人给予的特定税收优惠待遇。国际税式支出,即为了吸引国外资本在本国投资以及增强本国跨国纳税人在国际市场上的竞争能力而给予跨国纳税人的特定税收优惠待遇。区分这两类税式支出,有利于加深人们对国际税式支出必要性的认识,有利于一国政府制定正确的对外开放和外向型经济发展战略,也有利于推动国际税收问题的圆满解决。

3.2　税式支出预算管理的基本环节

目前,税式支出制度在一些西方国家已基本成形或初步成形。其在预算管理程序上与直接财政支出大体相仿,主要包括四大基本环节:一是税式支出项目鉴别,二是税式支出成本估算或计量,三是税式支出预算及税式支出报告的编制,四是税式支出绩效评估。其中,前两者一般统称为税式支出分析,其既是对税式支出定性和定量的过程,也是建立税式支出预算的必要步骤与基础。

3.2.1　税式支出项目的鉴别

如前所述,税式支出概念源于税收优惠,笼统地说,税式支出无外乎那些税收宽免优惠项目,但税式支出的准确内涵是指税收法规中与基准税制相背离而有特殊目的的条款,是税收优惠在特定前提和特定目的下的再现。从这一点讲,税式支出又不完全同于那种不加任何区分的形式上的税收优惠。原因主要在于,一些形式上的税收宽免可能是基准税制结构及其要求在特殊情况下的表现。所以,实施税式支出制度首先需要对税制条款中哪些构成税式支出进行鉴别判断。

为了清楚地揭示税式支出项目鉴别的基本原理,这里需要依次说明以下四点:

(1)税式支出鉴别与基准税制界定的关系

税式支出条款与基准税制结构是相互对立的,税式支出的鉴别与基准税制的界定实际为并行的一个问题的两个方面。从逻辑上讲,基准税制的确定是税式支出鉴别的前提。基准税制界定清楚了,哪些税制条款属于与之相背离的税式支出自然也就迎刃而解。

(2)税式支出鉴别与税式支出定义的关系

税式支出定义是税式支出鉴别的基本依据,而与基准税制结构相背离和由此减少一部分税收收入又是税式支出概念的基本内涵。但是,问题在于,基准税制的界定存在一定的模糊性,因此,税式支出项目与基准税制结构的区分也并非仅凭税式支出的一般定义就能简单了断。比如,按照一般的道理,所得税的正常税基应是纳税人的净收益。净收益乃是毛收入扣除成本费用后的余额。那么,计征个人所得税允许从个人综合收入中减除生计费用及家属的基本生活费用,这究竟属于正常税制结构呢还是属于优惠范围?计征公司所得税按其税制构成的一般道理也允许扣除必要的直接费和间接费,但扣除项目及金额在税收法规中都有一定的宽严弹性,那么适度的界限又应该如何划定?凡此种种,都说明在税式支出的一般定义确定之后,还须有一定的鉴别办法和准则,才能把税式支出项目与基准税制区分开来。从这种意义上说,税式支出项目的鉴别过程,也就是对税式支出概念的内涵和外延进行进一步具体定义的过程。这样,对税式支出的一般定义理所当然地就要考虑和顾及这种具体定义的情况和需要,或者换言之,税式支出的一般定义在运用中要受到一定标准的限定。所以,税式支出定义本身就是税式支出项目鉴别程序所内含的重要内容。也主要是因为如此,才导致了不同国家税式支出定义的某些具体差别。

(3)税式支出与基准税制界定的基本原则

对基准税制与税式支出的界定虽然没有国际通行的一定规则,但总的来说,应遵循税收的基本原则,并兼顾税收制度的立法背景等。

首先,要了解各个税种的基本性质及其税制设计的基本原理,反映税种性质和基本设计原理的条款即为基准税制。一般来讲,各个税种的基准条款,也就是税收制度设计的基本要素,其主要在于表明以下6个方面的问题:

①此条款是否根据该税种的本质特点确认的该税种的税基?

②此条款是否该税种普遍适用的税率结构?

③此条款是否该税种应确认的纳税单位?

④此条款是否该税种确认的适宜的纳税期限?

⑤此条款是否该税种确认的国际交易中的征税规则?

⑥此条款是否关于该税种征收管理的正规程序?

其次,基准税制与税式支出的界定应考虑经济效率和征管效率原则。总体而言,一国基准税制的界定应符合税收中性原则,即应该对经济活动的扭曲作用最小,甚至不对经济活动产生扭曲作用。而税式支出项目大都是通过对税收中性原则的偏离来对经济活动产生一定的扭曲作用,以达到政府调节经济的目的。同时,一国基准税制及税式支出的确定还应考虑其税收行政管理水平,并不是所有与基准税制形式上的偏离都应归于税式支出。如,在一定的征管条件和水平下,为了提高征管效率或实现经济资源的有效配置,一国可能对某一类收入或经济活动不征税,但可以不视其为税式支出。

再次,基准税制与税式支出的界定应考虑量能负担原则。一些反映税收量能负担原则的税制条款,虽然与税收中性原则偏离,减少了纳税人的税负和政府的税收收入,但仍然可视为基准税制的一部分。

复次,基准税制与税式支出的界定不仅应着眼税收理论,同时还要考虑税收立法的背景、目的及有关的社会、历史和政治因素等。因为税收制度的具体政策性很强,税制条款的确定并不单纯是税收理论的产物,更何况税收理论观点也不尽一致,因此,各个国家的税收制度具有不同的特点,相应地对基准税制与税式支出的界定也有很大的主观性。如,有的国家把公司所得税中适用于中小企业的低税率视为税式支出,有的国家则将其视为基准税制结构的组成部分,因为他们的低档税率属正常的公司所得税率,高档税率是为了与个人所得税的高档税率相平衡,进而防止避税而设计的。

(4)税式支出与基准税制界定的办法与具体准则确定标准

税式支出与基准税制界定需要制定具体的界定准则。税式支出与基准税制界定办法和具体准则确定标准的选择,取决于税式支出制度设计者自身的观点、主张、目的及其对税式支出定义的认识角度差异。与此相关,目前世界各国采取的基准税制与税式支出鉴别办法主要有两类:一类是较细致、具有较严格的具体标准的鉴别办法;一类是较粗略、标准不太具体的鉴别办法。

在第一类鉴别办法中,涉及的衡量标准分别有中性标准和适用范围有限性标准、实用性标准、政策目的性标准、直接支出替代标准、功能均等标准、可计量标准、重要性标准等。

所谓中性标准和适用范围有限性标准(亦称特殊性标准),是以税收制度的中性原则作为判断基准税制的准则,亦即凡涉及绝大部分纳税人或大批交易活动的措施,就可视为基准税制。基准税制不向特殊纳税人集团或特殊的活动提供优惠待遇,作为税式支出的特别税则必须仅适用于非常有限的交易范围或纳税人。

实用性标准是强调基准税制不应成为理想税制的"学术教导",因此,它不应偏离实际税制太远。实际上,这是把现行税法的基本结构及其所体现的立法精神作为"基线",背离这个"基线"则被认为是税式支出。

政策目的性标准,是指税式支出必须有明确的社会经济政策目的。纳税人因某项特别税制条款而得益,从而在某一事件或某项业务中得到支持或激励,该项税制条款即为税式支出。

直接支出替代标准,是把直接预算支出作为鉴别税式支出的"试金石"。如果能用直接支出替代的税收宽免项目,就列为税式支出;否则,即不列为税式支出。

功能均等标准,是从直接支出替代标准出发对一部分普遍性的中性税收规定的特殊承认,即某项税制条款在各纳税人之间可能是中性的,但由于它等同于直接财政支出计划,故视其为税式支出。

可计量标准,即税式支出应是可计量的,对于不可计量的收入放弃条款不视为税式支出。

重要性标准,即以税式支出的数额大小作为取舍依据。有一些税收优惠项目虽然明显属于对基准税制的背离,也符合上面的某些标准,但由于其数额和重要性相对较小,故不列入税式支出管理范围。

第二类鉴别办法所基于的认识是,就全部的税收宽免来看,基准税制结构与根据政府特殊计划进行的税收宽免的确切界限是难以严格划分的,故持有这种认识的行动结果主要是以税收收入的放弃或减少为依据,试图开列一个简单的税收宽免项目表,而不详细地确定哪些是严格意义上的税式支出,哪些是基准税制的组成部分,以此来回避具体鉴别上的困难。

究竟如何鉴别税式支出,属于各国主权范围的事情。但是,从税式支出制度国际化和国际税收的角度讲,国家与国家之间税式支出的不同认定,也需要且应该加以协调和尽量求得统一。理想的目标是,在国际上按税种制定一套公认程度较高的区分基准税制与税式支出的具体鉴别准则,以供各个国家参考和指导各个国家建立税式支出制度的具体操作。对此,有些学者和专家早在三十多年前就已经开始着手这项工作。1973 年,萨里在其所著《税收改革的途径》一书中对此进行了详细的探讨,该书为鉴别税式支出建立的评判准则被国际财政协会 1976 年耶路撒冷年会所接受。上世纪 80 年代初,萨里和麦克丹尼尔又共同组织了一个由加拿大、法国、英国、美国、荷兰、瑞典等国家有关专家组成的国际性研究小组,对各国的税式支出定义进行了比较研究。为了使进行比较的国家按照统一标准编制税式支出表,他们对这些统一准则做了规定,并在作为本项研究成果的《税式支出的国际问题:比较研究》一书中提出了一份参加研究者一致赞同的税式支出项目鉴别准则清单。其中,关于所得税的有 62 条,关于增值税和销售税的有 29 条,关于财富税的有 51 条。其内容包括各税的税基准则、税率准则、纳税单位准则、纳税期限准则、国际交易准则、税收管理准则六大方面。① 这些准则较为系统、具体,为建立科学、统一的基准税制与税式支出标准体系奠定了基础。

3.2.2 税式支出成本的估算

对税式支出项目加以鉴定后,就需要对税式支出成本予以估算和测定。

税式支出成本即因实施税式支出而造成的税收收入损失。税式支出成本的估算或计量,是指利用一定的估算技术和统计方法对各个税式支出项目所导致的收入减少估测计值,从而确定税式支出的数额。税式支出成本估算是税式支出分析、评价和税式支出预算管理中技术难度较大的环节,但也是一个至关重要的环节。因为:第一,资源有限性条件下的资源运用数量分析是资源配置决策的基本起点。没有税式支出成本的估算,就无法对税收优惠政策进行成本—效益比较,无法在纷繁复杂的税收优惠措施中梳理出主次优劣,从而把有限的税式支出资源用在必不可少及最能见效的优惠措施上。第二,没有税式支出成本的估算,也就无法对税式支出的规模进行合理控制,从而实现总体财政支出结构优化和财政收支关系的协调。税式支出成本的测算需要采用适当的计算方法和统计技术。随着税收经济分析的不断发展和税收资料的丰富及其统计处理的电脑化,税式支出成本估算的技巧不断得以改进。随着税

---

① 参见郭庆旺:《税收支出简论》(附录四),东北财经大学出版社 1990 年版,第 181 ~ 199 页。

式支出预算分析和控制要求的提高,税式支出成本估算的方法体系也逐步趋向完善和多样化。

在实践中,估算税式支出成本可选用方法有收入放弃法(亦称收入效应法)、收入收益法(亦称收入取得法)、支出等量法(亦称等额支出法)、现金流量法和现值法。但由前述可知,税式支出成本发生的形式可以概括为两大类:一类是通过扣减税基、税率或税额发生的税式支出,其相当于政府的直接支出;另一类是通过加速扣除和收入延迟发生的递延纳税,其相当于政府的无息贷款。收入放弃法、收入收益法和支出等量法在估算各种税式支出成本时均可酌情选用,而现金流量法和现值法只是作为后一类税式支出成本估算的备选方法。

(1)收入放弃法

收入放弃法是将某一年度内由于实施某项税式支出条款而减少的税收收入额作为该项税式支出的成本。其旨在说明存在该税式支出项目时,与假定不存在该税式支出项目且纳税人的行为不发生变化时相比,纳税人应纳数额会差多少。其基本运用方式是将包含了该项税式支出条款的现行税法与不包含该项税式支出条款的税法进行比较,计算由于现行税法中存在该税式支出条款而减少了多少收入。

(2)收入收益法

收入收益法是将某一年度内如果取消某项税式支出条款而预期增加的税收收入额作为该项税式支出的成本。其基本原理是通过预计假如取消某项特定的税式支出条款而可能增加多少税收收入来逆向测定该项税式支出的成本。

(3)支出等量法

支出等量法是以税式支出的财政替代性为假定前提,预计如果以一项直接预算支出来取代税式支出,需要多少税前直接支出才能达到相同的税后受益。即政府如果用直接支出来达到一项税式支出所要实现的对纳税人产生相同福利效应的经济效果,需要花费多少直接支出。

以上三种税式支出成本估算方法,是以审视问题的角度、前提假定及衡量的参照物不同来区分的,其各有不同特点,各有不同的优越性与不尽理想之处,并且不同的测算方法测算出的税式支出数额亦不相同。

(4)现金流量法

现金流量法作为估算递延式税式支出的一种备选方法,是立足于反映延迟式税式支出对政府现金流量的影响。它是以当年政府延迟的税收收入减去过去年度延迟纳税到期而收到的税收收入的差额作为税式支出的成本。这种测算方法的测算结果一般只能反映当年政府的税收流量,不能确切反映税式支出政策的真正的经济成本。

(5)现值估算法

现值估算法作为估算递延式税式支出的一种备选方法,是立足于反映延迟式税式支出对政府现实收入的影响。使用该方法时,一项税式支出的成本等于该条款导致的当年或当期政府收入的损失减去该条款规定下将来可收到的税收收入的现值。这种方法同时考虑了两种税式支出的不同,一种是导致税收收入永远减少的税式支出,另一种是将税款递延到将来时间的税式支出,其原理与计算某个信用项目的预算效果所使用的方法是类似的。

需要进一步指出的是,无论使用何种方法来估算税式支出的成本,还都有一个会计基础的选择,即采用收付实现制(现金制)还是采用权责发生制(应计制)的问题。前者是以一定财政年度内税收支出条款对政府现金流量的影响来估计和反映税式支出的成本数额,后者是以一定财政年度内税收支出条款对应计入政府所要求的纳税义务的影响来估计和反映税式支出的成本数额。一般来说,估计税式支出成本既可以采用收付实现制,也可以采用权责发生制;既可以与政府预算的会计基础保持一致,也可以与企业会计和税收制度的会计基础保持一致。在20世纪90年代之前,绝大多数国家的政府预算和会计采用收付实现制原则。20世纪90年代以来,西方各国开展的以绩效管理为导向的公共管理改革,要求正确计量政府活动的产出与成本,提高政府预算和会计信息的透明度与准确性,于是掀起了一股权责发生制政府预算和会计改革的浪潮。新西兰于1994年第一个在预算编制中采用了完全的权责发生制。目前OECD国家中已有一半以上在政府会计、预算和财务报告中不同程度地采用了权责发生制,而且还有包括中国在内的更多国家正在计划进行这方面的改革。与这种改革浪潮相伴随,作为一国预算报告组成部分的税式支出报告,也势必逐渐向权责发生制转移。

3.2.3 税式支出预算及报告的编制

在估算出税式支出成本之后,对其按一定的分类标准编表列示,并附以相应的说明和提出相关的政策建议,就构成了政府预算中类似于直接支出预算的税式支出报告。建立税式支出预算,以此对各项税式支出的成本及税式支出总量进行综合分析和控制,是税式支出制度的核心。

(1)税式支出预算的基本模式

税式支出预算模式,主要是指一国对税式支出进行预算反映和控制的基本方式,包括税式支出报告的编制形式、税式支出报告与政府预算文件的关系,以及对税式支出报告的法律要求等。其在实践中根据完备程度不同可分为三种类型:

第一类是制度化的正规预算管理模式,在我国也被称为全面预算管理模式。其特征是规定严格、统一的税式支出账户,建立较规范的税式支出预算,并作为政府预算的一个组成部分。即对各个税式支出项目像直接支出项目一样,依照规范的预算编制方法,以统一的税式支出账户及报告的形式,按财政年度编制定期报表,连同税式支出成本的估价说明,一并附于年度财政预算报表之后,纳入政府预算分析和管理过程之中,或者是将税式支出报告作为一个一般预算程序之外独立编报的文件。在这种预算模式下,一般对政府部门向立法机关提交和公布税式支出预算报告有法定义务要求,税式支出预算报告要经过立法机关的审议。

第二类是欠严格、欠规范的准预算管理模式。即只对那些重要的税收宽免项目规定编制定期报告,进行税式支出分析和评估,赋予初步的预算管理程序,未建立起系统、严格的税式支出账户,也未形成完备或正规的税式支出预算控制过程。在这种模式下,税式支出报告只是解释说明性资料,不一定作为政府预算的组成部分,也不一定需要立法机关审议,目的是为了解释政府的活动情况。

第三类是非制度化的临时监督与控制模式。即政府在政策实施过程中,认为有必要利用税式支出来考察、分析和解决某一特殊问题时,才对其仿效预算方法进行估价和控制。也就是说,当政府给某一地区、某一部门、某一行业或某一活动提供财政补助时,既可以用直接的现金支出,也可以用税式支出,当决定采用税式支出时,即把它作为一种财政补助措施,并对因其放弃的税收收入进行统计和分析估价。这种模式,实际只是预算分析方法在税收优惠管理上的临时应用,并未形成一种真正的税式支出预算管理制度。它只是政府内部进行的临时专项分析评估,无固定的统计和评估方法,也没有严格的法律程序,不需向立法机关提供或经立法机关审议。

(2)税式支出报告的内容

从税式支出报告的组成结构看,比较完备的税式支出报告一般都具备以下几个部分的内容:一是一些基础性规定材料,包括税式支出的定义、基准税制的定义、数据描述及其前提限制等。二是一些税式支出定性和定量分析的结果材料,包括现行税法的变化、主要税式支出项目的目标、税式支出表及其说明等。在实践中,许多国家的税式支出表一般都包括两个具体部分,即估算部分和预测部分。估算部分是利用已有的税收统计和历史数据,根据税收模型估算出的过去年度的税式支出数额。预测部分是在已有历史数据的基础上,根据有关经济预测指标的数值进行调整计算出的未来年度税式支出的数额。之所以如此,是因为这些国家的税式支出预算具有滚动预算的性质,税式支出表不仅要列示当前年度的数据,还要列示以前若干年度和以后若干年度的数据。三是对税式支出的总体评价。

从税式支出报告涵盖的税种来看,一国税式支出报告包括税种的多少可根据各自的具体情况和实施税式支出预算管理的条件及需要而定,但一般都是先涉及本国的主体税种,而后随着税式支出制度的完善逐步扩展。

(3)税式支出表的具体支出项目分类

税式支出项目的具体分类,是编制税式支出预算报表的基本前提。其究竟如何分类,与各国预算中采用的直接支出分类方法和对税式支出进行预算分析控制的需要直接相关。由此决定,各国选择的税式支出方法主要有按预算功能分类、按税收类型分类、按税式支出形式分类、按税式支出目标分类、按税式支出受益对象分类等。

预算功能,即国家或政府职能在预算支出中的具体体现。照此分类,可将税式支出划分为一般公务、国防事务、教育事务、卫生保健、各种经济事务等若干方面的支出类项。按预算功能分类是西方市场经济国家使用较普遍的一种预算支出分类方法，也是众多国际组织进行国际财政统计通用的分类方法。依此对税式支出分类的最突出的特点是便于显示与预算支出项目直接对应的各种税式支出的数额。

税收类型，即按课税对象划分的税种类别。照此分类可将税式支出分为公司所得税、个人所得税、增值税、消费税、财富税等方面的支出类项，从而能够清楚地反映出政府通过各个税种提供税式支出的具体内容和数额。

税式支出形式，即本章一开始所指出的各种不同的税式支出方式或手段类别。按此分类，可以具体显示一国的税式支出政策结构及通过各类税式支出手段放弃的收入数额，进而有利于各种税式支出手段效果的分析衡量和税式支出运用方式的选择。

税式支出目标，即税式支出的用向或其资助的活动。按此分类，可将税式支出分为诸如投资、储蓄、对外贸易、社会转移等方面的支出类项，从而明确显示出税式支出用在各种鼓励目的或援助方向上的数额。

税式支出受益对象，即那些直接从税式支出规定中受益的主体。照此分类，可将税式支出分为诸如对企业、家庭、储蓄者、土地和不动产所有者，以及对各个产业部门和行业的税式支出，从而能够具体显示出各种税式支出的主体对象及其所获得的税式支出数额。

在上述税式支出具体项目分类方法中，复合采用按预算功能分类和其他分类方法，兼得多者之利，据以编制税式支出表，比较符合建立较严整的统一税式支出账户的基本要求，因此，萨里和麦克丹尼尔在《税式支出的国际问题：比较研究》一书中就是本着这一原则统一列表介绍加拿大、法国、英国、美国、荷兰、瑞典等国家的税式支出的。①

3.2.4 税式支出绩效的评估

除税式支出项目鉴别、税式支出成本估算和税式支出预算及报告的编

---

① 参见郭庆旺：《税收支出简论》（附录五），东北财经大学出版社1990年版，第200~208页。

制外,税式支出评估也是税式支出制度内容的重要组成部分。因为,实施税式支出制度的根本意义在于提高税式支出运用的绩效和财税管理系统的效能,进而提高税收政策和财政资源配置的效率,而税式支出绩效的高低必须通过一定的评估活动来判断和反映。尽管在税式支出制度实施过程中,税式支出评估不一定作为一个独立的正式操作程序而存在,但其内容对于发挥税式支出制度的财税管理功能,或多或少都是不可或缺的。另外,税式支出预算及报告也兼有提供税式支出评估信息、体现和贯彻税式支出评估意见的意义,税式支出成本估算实质上也是一种特定的税式支出定量评估活动。

税式支出绩效评估首先要涉及税式支出的成本和效益或社会经济效应两大基本方面。从实际情况来看,税式支出成本的评估分析相对比较容易,至少可以通过统计、预测得到税式支出的直接成本。而税式支出效益的定量分析则相当困难,必须有赖于足够的数据信息和科学的评估方法。现今各国的税式支出报告中几乎还没有完善的绩效分析方法,而多是对各种税收优惠政策目的的简单描述和成本估算及预测。但对税式支出社会经济效应的评估分析正逐步得到重视和加强。如加拿大已从20世纪80年代后期开始,在税式支出报告的形成过程中正式设定了比较系统、完整的绩效评估程序。美国的税式支出报告中也有一部分专门讨论税式支出的政策目的及社会经济影响。美国政府事务委员会1993年的政府项目实施法案(CPRA)还要求财政部门对具体的税式支出进行绩效评估,考察其对税式支出预期目标的成效。目前美国财政部门正着重于数据的收集,财政部税收分析及收入统计部已开发了一组评估模型,将在10年内跟踪分析纳税人,即结合人口和纳税人经济情况的变化来分析税收政策变化对纳税人储蓄的影响,因为进行跨年度的分析更能够提供深入、全面的评估结果。当然,目前这项工作尚处于初级阶段。在荷兰,议会二院和审计署要求财政部认真审视现行的税式支出项目,在税式支出报告中对有关税式支出项目是否保留或扩大及是否转为直接支出项目等提出具体意见。为此,荷兰财政部会同审计署于2001年初步研究建立了一套用于分析评估税式支出项目的体系。

3.3 税式支出制度的财税管理功能

税式支出制度的财税管理功能,即税式支出制度作为一种新的财税管理制度形式可以在财税管理领域发挥的有利作用。税式支出制度的功能源自和决定于税式支出制度的内容结构。考察税式支出制度的财税管理功能,于进一步加深对税式支出制度内容及其制度精神的认识和理解具有重要意义。

3.3.1 反映——为税收优惠决策和税制改革提供依据

税收优惠作为政府实现一定社会经济目标的重要政策工具,在决定其如何使用时客观上需要有一个有效的遴选机制。遴选的基本标准就是税收优惠政策对实现政府社会经济调控意图的有效性。但如果没有关于一项税收优惠政策使用情况或预期效果的可靠信息,对这种有效性的判断就必然是主观和盲目的。在税式支出制度建立之前,这些信息都是隐蔽和模糊的。1960 年前后,美国财政部在研究使用税收优惠手段来达到某些特殊的社会经济政策目标时发现,没有一个政府部门对现存税收优惠政策的实施情况有完整的了解。这样,就使得政府运用税收优惠手段对社会经济运行的调控难以做到准确、适度。而税式支出制度最基本的特征,就是赋予了税收优惠与直接支出一样的定性和定量分析程序,使各种税收优惠政策的目标和成本数目有了具体的说明和账面记录,并将长期用于财政支出效果评价的"成本—效益"分析引入了税收优惠管理领域,从而为税收优惠使用的遴选判断提供了必要的信息资料。此外,税收优惠条款是税收制度的有机组成部分,其是否合理是税收制度是否合理的重要体现和制约因素。由此而言,税式支出制度所提供的信息,也是进行税制改革的必要依据,并且其反映出的税收优惠方面的问题可以成为税制改革的"发动机"。美国在 1986 年的税制改革中,对 105 项税收优惠条款进行分析,新税法所取消和加以限制的优惠条款达 60 多项,因而旧税制得到了简化,在公平方面也有所改进。毋庸置疑,税式支出分析在这一过程中是起了积极作用的。[①] 为此,

---

① 参见丁淼:《从美国税式支出的情况看税式支出理论在我国的运用》,《税务研究》1991(2),第46页。

萨里认为:当税式支出与直接支出接受同样的详细审查时,"很多税式支出就能够被取消或被直接支出项目所代替。税式支出预算可以提供一条税制改革之路"。①

3.3.2 公开——提高财政的透明度

提高财政透明度是公共财政建设的内在要求和公共财政管理改革的重要组成部分。国际货币基金组织(IMF)于 1998 年 4 月正式发布的《财政透明度示范章程——宣言和原则》,已将预算中包含中央政府的主要税式支出与主要或有负债一样列入了财政透明度的标准要求。② 在税式支出制度下,通过税式支出报告,将隐蔽和散见于众多税收法规条文中的税收优惠项目逐一、系统地明列出来,使政府和公众意识到税式支出存在的广度和深度,了解到税收优惠政策的成本,有利于税收优惠政策的公开、透明,也有利于纳税人了解政府鼓励、援助的意图、对象与具体的政策指向,从而做出相应的行为决策。另一方面,将税式支出报告作为政府预算的一部分,能向公众提供一个及时的、可靠的、全面的、有分析的政府预算,其中的信息和数据能覆盖整个财政行为范畴。对此,IMF 的《财政透明度的良好实践规则》一书指出:"预算透明度的提高不仅需要提供一个及时的、可靠的、有分析的政府预算,而且信息和数据要覆盖整个财政行为范畴,尤其是把税款减让的使用作为支出计划的选择之一"。并且提出,"准财政活动应该成为预算文件的一部分",预算报告要描述中央政府或有负债和税式支出的本质与财政重要性,以提高财政透明度③。

3.3.3 增收——开辟财政平衡的新通道

财政收不抵支是近几十年来的一个国际普遍现象,重建平衡财政也是目

---

① 转引自 Emil M. Sunley:《美国税式支出预算的实践与经验》,楼继伟主编《税式支出理论创新与制度探索》,中国财政经济出版社 2003 年版,第 41 页。

② 参见王雍君:《全球视野中的财政透明度:中国的差距与努力方向》,《国际经济评论》2003(7—8),第 36 页。

③ 参见孙钢、许文:《关于我国实行税式支出预算管理的初步研究》,楼继伟主编《税式支出理论创新与制度探索》,中国财政经济出版社 2003 年版,第 266 ~ 267 页。

前各国普遍面临的难题和普遍追求的目标。由于公众对政府提供公共物品的需求日益扩大,因此,重建平衡财政最积极的出路是增加财政收入。过去,各国传统的增收办法主要有两条:一是增设税种,二是提高税率,或者两者兼而行之。而这样做,一来往往会招致纳税人的不满,导致政府与纳税人之间的尖锐冲突,影响社会稳定;二来许多国家在财政收不抵支的同时,本来就已兼受到高税率和高税负的困扰,再提高税率或税负也实属难能做到,并且也常常因得不到立法机关的准允而难以成功。税式支出制度的实施则恰恰为各国在不增加税负,甚或是在实行一定的减轻税负政策条件下增加财政收入指示了一个新的领域和一条新的通道。既然各种税收优惠规定会造成税收制度实施中的收入损失,形成与直接支出一样的税式支出,那么削减税式支出项目,堵塞漏洞,扩大税基,无疑能对增加收入起到与增设税种和提高税率同样的作用。事实上,各国运用税式支出分析方法对税收优惠政策造成的收入损失进行分析估算后,得出的结果也的确十分可观。例如,1967~1982 年美国联邦政府的税式支出总额,最低的年份为 366 亿美元,占联邦财政收入的比重为 23.8%,最高的年份为 2535 亿美元,占联邦财政收入的比重达 40.8%[1];英国 1981~1982 年度仅可估算的税收扣除与减免总额就约为 492.56 亿英镑;前联邦德国的税式支出数额相对较少,但 1966~1980 年间的税式支出额最高的年份也达 139.2 亿马克,占联邦税收收入的比重为 9.1%。[2] 鉴此,近年来,各国政府推出的增收举措,已改变了单纯把目光盯在增设税种和提高税率上的传统做法,转而从税收优惠领域寻求第三条道路。对此,税式支出制度的昭示作用可以说功不可没。

3.3.4　联系、比较——统一规划和择优选择财政援助方式

首先,如前所述,由于税式支出概念和税式支出制度揭示了税式支出与直

---

[1]　转引自 Stanley. S. Surrey and Paul. R. Mcdaniel:Tax Expenditures, Cambridge, Massachusetts:Harvard University Press,1985,p. 35.

[2]　转引自 OECD 财政事务委员会 1984 年税式支出报告。国家税务局税收科学研究所:《税收支出理论与实践》,经济管理出版社 1992 年版,第 695~699、686~687 页。其中,英国的数字根据该报告提供的数据计算。

接预算支出的同质性,并将税式支出与直接支出一并纳入预算分析过程,因此便在过去互不联系的税收优惠与财政支出之间架起了一座桥梁,使得两者在运用上可以酌情相互替代和转换,从而进一步丰富了财政支出的内涵与财政支出的运用形式。其次,既然实施税收优惠政策所放弃的税款也是一种财政支出,那么就必须与直接支出通盘考虑,统一规划。但是,如果对其没有明确的支出分析和计划控制,就难免出现两种支出方式的悖反操作和援助不当或错位的问题。比如,有些项目或主体本不是财政援助的对象或重点,但却通过模糊、曲折的税收优惠提供了大量的财政利益(不包括税式支出转嫁的情况)。而在统一的预算过程中,协调税式支出与直接支出的关系,恰当地确定支出方向和重点,使税式支出和直接支出都符合财政援助的总体要求,正是税式支出制度为避免这种现象所具备的制度精神之一。再次,税式支出与直接支出在提供财政援助上,既具有相同的意义,又具有不同的特点和不同的适用性。在财政援助目标既定的情况下,通过统一支出分析中两者优缺点和各自成本——效益的比较,就可以权衡利弊,适当取舍,确定最佳的财政援助方式。又由于税式支出制度沟通了税式支出与直接支出在财政资源上的彼此增减联系,即税式支出的削减,可为直接支出的增加提供相应的财源,直接支出的压缩亦可为税收援助支出的扩大提供相应的财力空间,因此,就使得政府在财政援助方式的运用上有了更大的择优选择和回旋余地,从而有可能根据特定的政策意图和不同援助项目及不同政治经济形势的需要,采取更为合理的财政援助方式与财政援助方式组合。正如前联邦德国政府所言,其两年一度的直接补助和税收补助报告"促进了对政府补助的更加合理的研究"。[①]

3.3.5 统筹——对政府支出进行全面控制

美国国会在 1974 年预算法案中指出,一个不包括税式支出的预算控制过程是一个根本没有控制的预算。[②] 在不考虑税式支出的情况下,对政府支出

---

① OECD 财政事务委员会 1984 年税式支出报告。见国家税务局税收科学研究所:《税收支出理论与实践》,经济管理出版社 1992 年版,第 622 页。

② 转引自国家税务局税收科学研究所:《税收支出理论与实践》,经济管理出版社 1992 年版,第 53 页。

活动的控制程度实际要大打折扣。据估算,美国联邦政府直接预算支出只占联邦实际总支出(直接支出加上税式支出)的75%左右。也就是说,国会所能控制的支出仅有全部联邦支出的3/4。① 这样,只通过控制直接支出来改善财政状况,将是纸上谈兵。税式支出制度将税式支出与直接支出一同纳入政府支出的视野,包括在预算过程和计划控制之中,正是把以前顺着税制暗渠流逝的政府资金公开化,实现对政府支出总规模统筹考虑和对政府支出全面控制的"有力武器"。如果再考虑到由于某些税收优惠在实现支出目标方面与直接支出具有同样的意义,一些政府部门完全可以通过提出新的或扩大的税收优惠建议来避开对直接支出的限制,即通过税式支出与直接支出的替代换位来逃避立法机关与公众对政府支出规模的监督的话,将税式支出纳入政府支出的统筹控制过程,就更有必要了。因为,一旦将税式支出与直接支出一并置于总支出限额的约束之下,若想扩展税收优惠和扩大税式支出,就往往要相应地削减直接支出计划;若税式支出与直接支出总额突破一定的限额,就可能遭到立法机关的质疑或否决。在这方面,美国与加拿大的认识和做法是颇为典型的。例如,美国众议院法规委员会1980年专门成立了一个联邦支出界限小组,研究众议院6021号提案等三个限制联邦政府支出的提案。6021号提案明确指出:"削减联邦支出方面的努力,只有在同时伴随对税式支出的增长加以限制的条件下才是有意义的"。该提案将"总预算支出与总税式支出的总和"限制在1981财政年度占GNP的28.5%,1982财政年度占GNP的28%,以后各年占GNP的27.5%。这些限制,当时准备通过改变原预算法律程序加以实施。如果直接支出与税式支出总和超过某一财政年度的界限,国会就不可能正式通过关于预算的第一次两院共同决议。在第二次两院共同预算决议正式通过之后,任何使总预算支出和总税式支出超过界限的提案、修正案或决议,都将受到议员们就预算程序提出的质询。② 加拿大是将政府职能分成若干个"信件"(即职能或项目),如经济发展信件、社会发展信件等。在计划阶

---

① 参见高培勇:《有关税式支出的几个问题》,《税务研究》1991(1),第63页。

② 参见国家税务局税收科学研究所:《税收支出理论与实践》,经济管理出版社1992年版,第43~44页。

段,全部联邦直接支出被划分成"信封"目标(即项目支出计划)及在各个信封范围内负责计划项目的部长们被责成实现的目标。根据这一制度,负责计划项目的部长可以正式地向财政部长提出设置新的税式支出或扩大现有税式支出的报告。但是,这些新的税式支出要像直接支出的增加一样记入预算支出账户的借方,并不得因此突破允许的信件支出限额,即税式支出的增加将导致直接支出的减少和影响直接支出目标。而在以前,部长和高级官员们为特殊利益集团提出的各种税收优惠对他们自身的直接支出目标没有影响。这种控制程序使负责计划的部长们第一次在认识上把税式支出与直接支出放在了同等地位,明显减轻了对财政部长在新的税收让步方面的压力。1982 年加拿大预算中因税式支出发生变化,就有约 2/3 的信件支出被调减。① 在这种情况下,某些部门就不得不权衡税式支出与直接支出相互影响的正反效果,并为保证其自身的直接支出目标转而建议减少税式支出。总之,税式支出制度将以税式支出形式表现的政府支出与以直接支出形式表现的政府支出结合起来,使得可以从完全的意义上统筹分析和反映监督政府活动的经济社会成本,从而大大缓解了实际支出规模膨胀的压力,导致了更加合理和有效的支出控制途径。

3.3.6 协调——促进国际税收问题的合理解决

首先,由于税式支出实际是一种政府补贴,将税式支出制度的运用延伸于国际税收领域,政策决定者就可用税式支出概念来判断税收法规中哪些条款确定了对世界范围的所得课税的标准税收,哪些条款属于政府补贴,以此来进一步阐明税收管辖权问题。又由于税式支出在国际税收领域的存在,就可以此为工具,对本国与其他国家之间的避免双重征税条约予以分析检查,从而帮助协调各国的税收立场与观点,促进建立更合理的国际税收秩序。其次,有关国际税收的条约和协定虽然对协调各缔约国之间的税收权益分配关系做出了约束性规定,但在具体执行中仍难免出现一些纷争。各国对跨国纳税人的税

---

① 参见 OECD 财政事务委员会 1984 年税式支出报告。国家税务局税收科学研究所:《税收支出理论与实践》,经济管理出版社 1992 年版,第 620 ~ 621 页。

式支出是其税收权益的一种具体体现,以税式支出作为一个分析工具和标准,无疑有助于这些纷争的正确裁决。再次,在税式支出制度建立之前,各国原有的财税计划和统计资料由于忽略了通过税收制度提供的多少不一的政府补贴,因而使得这方面的国际比较研究结果很不可靠。税式支出制度的国际运用无疑有助于协调和统一国际间的财税计划与统计口径,以解决这一缺憾。

4　西方国家税式支出制度的一般考察

4.1　西方国家税式支出制度溯源

4.1.1　西方国家税式支出制度的产生

税式支出制度最早产生于前联邦德国和美国。

税式支出制度的先行者首推前联邦德国。前已提及,1959 年前联邦德国财政部为了回答可见与不可见的补贴究竟到何程度的议会质询,曾拟写过一个"直接补助与税收补助"的报告。这不仅是实践中对税式支出问题的首次涉及,也是世界上最早的税式支出制度雏形。1967 年 6 月 8 日,前联邦德国制定了《促进经济稳定与增长法》。该法规定,作为财政预算的一部分,联邦政府每两年向联邦议院提供一份包括直接补贴和税收补贴的"财政补贴报告"。其中,要附有税收收入减少估计数字的税收补贴一览表,并说明相应的财政直接补贴和税收补贴依据的是哪些法律条款或其他义务,同时根据给出的情况,估计出可以结束财政直接补贴和税收补贴的时间。这样,就形成了以后每两年由联邦政府向联邦议会提交一次财政补贴报告的制度。不过,德国至今没有使用正式的税式支出概念,而只有税收补贴概念和财政补贴报告。

美国是最早建立相对完备的税式支出制度的国家,也是在实行税式支出制度上走的最远的国家之一。美国财政部于上世纪 60 年代就曾对当时写进税法中的税收刺激开展过一次综合性分析,以试图达到阻止使用税收刺激而不是直接支出的方法来改进公共政策目标。分析中包括了一份这种意义上的税收减免表和一份税法中每项收入损失的岁入估计表。1968 年,美国财政部接受了萨里提出的税式支出思想,并在萨里指导下编制和在其年度报告中发表了第一份以税式支出方法分析税法条文的报告。这是美国正式依法律要求实施税式支出制度前的一次初具制度意义的重要实践尝试。之后,美国1974年的国会预算法案接受了萨里提出的税式支出概念及有关的政策建议,对税式支出概念做出了制度层面上的界定,并对实施税式支出预算管理制度提出了法律要求,明确规定联邦政府财政部和国会的税收联席委员会都要准备关于税式支出的年度报告。① 自1975年,美国每年的联邦财政预算文件中都附有一个题为"税式支出"的专门分析部分,由此产生了美国以税式支出概念为基础的法律意义上的税式支出预算。三十多年来,随着美国税式支出制度的发展,不仅联邦政府税式支出预算涵盖的税种范围逐步扩大,税式支出分析方法不断改进和完善,而且目前许多州政府也已实行了税式支出预算管理。

4.1.2 税式支出制度的国际扩展

继美国和前联邦德国之后,在其示范和影响下,税式支出概念和税式支出制度自上世纪70年代末期开始陆续在其他西方国家以不同形式和不同的完备程度出现。尤其是国际财政协会、国际财政学会、OECD等国际组织所进行的推介和比较研究活动,进一步加快了税式支出制度国际扩展的进程。

奥地利自1978年由财政部负责准备税式支出报告,并与前联邦德国相似,将税式支出视为一种间接补贴,作为联邦政府综合财政补贴报告的一部分。

西班牙于1979年首次发布了税式支出报告,并自1980年以来,将包括直

---

① 美国之所以要求政府部门和国会都要准备税式支出预算,部分原因在于,按照美国宪法,政府行政部门和立法机构是各自独立的。政府部门依靠财政部估算税收收入及各类税收措施对财政收入的影响。国会依靠其预算办公室估算税收收入,依靠税收联席委员会估算各类税收措施对财政收入的影响。因此,财政部和国会税收联席委员会提供的税式支出报告在方法和结果上是不一致的。不过,财政部、国会预算办公室和税收联席委员会传统上就一直紧密合作,以减少行政部门与立法部门在估算上的差异,或者至少要了解差异产生的原因。参见 Emil M. Sunley:《美国税式支出预算的实践与经验》,楼继伟主编《税式支出理论创新与制度探索》,中国财政经济出版社 2003 年版,第 30 页。

接税和间接税在内的税式支出预算纳入中央政府的年度预算文件中,以通过公布税式支出表为政府决策人提供信息资料。

在英国,国会对税式支出预算编制的关注已久,至少可以追溯到 1971 年。当时两位著名的英国财政报刊编辑工作者彼得·杰里和萨缪尔·布里顿曾向国会的国家支出委员会提出例证,说明编制一个税式支出账目的优越性。他们的意见被国家支出委员会所接受。1978 年 6 月,国家支出委员会建议,未来的公共支出白皮书(发表下一年度政府支出预算的年度出版物)应适当包括有关社会保险方面的征税情况以补充公共支出的数额。政府作为对这一建议的反应,决定在 1979 ~ 1980 年度公共支出预算白皮书中反映国内全部税收优惠和减免的情况,列算出必要的年度税式支出成本数字,从而使该年度的预算文件中包括了一份"直接税收减让"的明细表,由此形成了英国以后按年度编制的税式支出报告。

1979 年 12 月,加拿大政府发表了第一份税式支出报告:《加拿大政府税式支出说明:对于联邦所得税和商品税制中的税收优惠账户的概念性分析》,并提供了 1976 年和 1979 年个人所得税、公司所得税与商品税的联邦税式支出估计数。1980、1981、1985 年又分别发布了三个不同形式和内容的税式支出报告,并在 1985 年报告中对特定的税收政策评估方法进行了重大调整。1987 年在财政部内部成立了专门的税收措施评估处。1991 年,在财政部内部重组税收评估部门,原税收措施评估处解散,改由税政司每个处都将税收评估研究工作纳入本处业务范围;1998 年政府间税收政策处的评估与研究小组成立,使这项组织措施得以补充。1990 至 1999 年间,除 1996 年外,每年亦都公布了内容范围不同的税式支出报告,并从 1997 年开始,每份报告不仅包括历史性估算,也有对未来税式支出的预测。自 2000 年报告形式发生变化,统一规范为《加拿大政府税式支出及评估报告》,按年公布。该报告除了提供对定义范围较广的税式支出估算和预测外,还包括对税式支出项目的说明,以及对特殊税收措施的正式评估。

法国的税式支出制度正式建立于 1980 年,但法国采用税式支出概念的最初实践是在 1972 年。当时,一个供地方行政官员和政府要员专门对税收问题提出意见和建议的机构发表了某些职业人员专门享有的专业费用追加扣除额的估计和对部分金融储蓄的税收减让额的统计报告。1977 年 7 月,该机构又对工商业利润的有关扣除进行了估计。其后,该机构于 1979 年发表的第 4 号报告,用大量篇幅阐述了税式支出概念和对现行所得税措施中的部分扣除进行分析。从 1974 年开始,法国政府每年在批准的预算支出法案后面颁发一个附件,报告政府对工业企业的补贴,其中一部分属于已通过的税收援助方案。在此基础上,法国 1980 年财政法案正式要求将税式支出报告作为预算的一部分,每年编制并提交议会。

葡萄牙自 1980 年开始对不同的税收优惠制度进行评价和发布报告。因为当时有人认为,各种税收减免措施之间缺乏协调,并且指出有些不同税收优惠都是为了达到同一种目的,于是税务当局又决定从 1981 年 1 月 1 日开始着手对因给予暂时性的税收优惠而引起的税收减损进行彻底的核算,使其与长期性的税收措施区别开来。尔后,自 1991 年根据宪法和该年度国家财政预算结构法的要求,每年编制税收鼓励报告并估价放弃的税收收入。

澳大利亚联邦政府从 1980 年开始公布年度税式支出估算报告。1980 ~ 1981 年预算报告的附录首次包括了题为“税式支出”的税式支出估算。1982 年 8 月众议院支出常设委员会发表了一项税式支出报告,建议政府在预算年度里提供本年度和前两年的税式支出综合报告,且其中应包括各项税式支出的目标和成本估计。1986 年 10 月,澳大利亚首次公布了单独的税式支出报告,详细说明了税式支出和相关的基准税制。至 1998 年,联邦政府进一步认识到了公布详细的税式支出资料的重要性,所以在《1998 年预算真实性法案》中对于公布税式支出报告提出了立法要求。澳大利亚的税式支出报告每年公布一次,通常与年度中期经济和财政展望报告一同公布或在其后不久公布。

爱尔兰对税式支出和税式支出预算的兴趣也是在进入 20 世纪 80 年代后发展起来的。其见诸行动的就是将有关的各种税收优待和减免的成本资料,以个别优待和减免的“税收放弃”形式公布于众和回答国会的质询。1980 年 1 月,在一份由政府部门和工会代表共同起草的“专题调查委员会报告”中首次公布了主要的所得税和公司税的各项优惠与减免成本。1982 年 7 月,税务委员会在其发表的一份报告中建议,“记录所有税式支出成本(以收入放弃来表示)的税式支出预算应定期公布”。但是,在该报告发表之前,财政部就已着手做出安排,在税务委员会的年度报告中公布所得税法中某些减免的收入放弃的成本资料。于是,这些资料被汇辑起来,在1981年的预算报告中首次出现。

比利时于20世纪70年代末开始对税式支出进行理论探讨。探讨之初,学术界站在最前沿,他们主张提高税收政策的透明度,要求采用税式支出报告制度。这个主张很快受到比利时官方的重视。在20世纪80年代初期,一个名为"财政高级顾问委员会"的由税收专家组成的高级顾问团拟定了一份报告,对税式支出做出了界定,并建议启动年度报告制度。从1983年开始,财政部公布了"关于减少税收收入的免税、抵免和税收优惠项目的年度清单",并作为国会预算的"方法和手段"部分的附录。这份清单包括对这些税收优惠项目的收入成本估算,并说明了将其作为税式支出项目还是作为基准税制条款的理由。最初,这项工作是财政部主动完成的,没有法律要求。1989年,有关政府预算和会计的法律都做出了规定,要求每年均编制税式支出报告,作为预算的附录一起呈交议会。

荷兰对税式支出制度的兴趣也是产生于20世纪70年代,其原因部分是由于税式支出是1976年在耶路撒冷召开的国际财政协会年会的主要讨论题目之一。在此次会议上,荷兰向大会提交了由莱顿大学哈伯斯塔茨教授和德·海姆博士撰写的内容详细的论文。而后,各种其他相关著述相继问世,荷兰财政协会也对这一课题的研究非常重视。荷兰官方对税式支出的研究始于1977年,当时的财政部长根据1976年国际财政协会年会的动态,成立了一个由若干名财政部官员和两名教授组成的工作组,研究在荷兰建立税式支出制度的可行性、实施方案和计算方法。经过长达10年的研究,考虑到工薪所得税的税制比较完善、数据比较充分、税收额占财政收入比重较大的情况,工作组以工薪所得税为突破口,于1987年编制公布了荷兰第一份税式支出报告:《关于荷兰工薪所得税的税式支出报告》。报告中给出了税式支出的详细定义,列出了工薪所得税的税式支出目录,并分析了税式支出对1984纳税年度预算的影响。鉴于研究工薪所得税税式支出工作的复杂性和艰巨性,荷兰财政部决定其后不再例行发布年度的税式支出报告。但是,在1993年荷兰政府开展的财政补贴政策大讨论中,作为财政直接支出补充形式的税式支出,又一次引起了政府部门的注意。1994 年政府研究制定未来税制发展规划时,荷兰财政部更加注意到继续进行税式支出研究的必要性,并在新税制规划中加入了税式支出的有关内容。经过 5 年的研究,1999 年荷兰财政部以预算备忘录附件的形式,发布了第二份税式支出报告,这也是荷兰第一次把税式支出与政府预算联系起来的税式支出报告。该报告向议会提供了必要的政府预算的补充材料,受到荷兰议会、审计署和公众的一致好评,为荷兰税式支出制度的建立和完善奠定了基础。自此以后,荷兰财政部每年都在年度预算报告中以附件的形式发布年度税式支出报告,并作为一种固定制度持续下来。

除上述国家外,意大利、瑞典、新西兰、希腊、芬兰等 OECD 国家也较早地编制并公布了本国的税式支出预算或税式支出一览表。一些发展中国家和新兴工业化国家,如巴西、巴基斯坦、墨西哥、韩国等目前也已开始尝试建立税式支出制度。韩国政府从 1999 年开始向国民议会报告直接税式支出。墨西哥则自 2002 年开始尝试编制税式支出预算。进入 20 世纪 90 年代之后,税式支出制度开始传入经济转轨国家,如波兰、拉脱维亚。波兰政府已于 1992 年开始实行税式支出计划,每年公布部分税式支出(18 项个人所得税税式支出)的数据。

4.1.3 西方国家建立税式支出制度的背景

税式支出制度之所以在西方国家产生和被广泛倡行,有其相应的财政、经济和社会背景。从财政税收方面看,这主要是基于上世纪中期以来西方各国出现的不同程度的税收优惠措施运用过多和盲目,税收优惠效果模糊、低下,以及由此造成的税收制度扭曲,并与日渐兴起的公共财政管理改革浪潮具有密切联系。从经济和社会方面看,则与近几十年来西方国家企图限制政府支出和财政赤字的总规模,进一步合理发挥财政税收的政策功能,从而更加有效地促进经济稳定与增长和更好地实现社会公平的努力直接相关,是各国政府调整国家干预政策和改进政府职能在财政税收领域的重要表现。

20 世纪 30 年代以来,特别是第二次世界大战之后,凯恩斯主义在西方国家日趋盛行,各国政府不仅积极推行赤字财政政策,通过增加公共支出来扩张需求,刺激经济增长,而且各种税收优惠措施也作为政府推行国家干预政策的产物迅速发展起来。毋庸置疑,西方国家各种税收优惠政策的设置和实施,在合理调整利益分配关系,改善经济结构和资源配置状况,降低企业和个人的交易成本,促进社会经济发展等方面都不无功绩,但税收优惠的特殊机制决定了其一开始就隐含着自身的"反题"。由于一些政府部门及决策者出于政策性考虑和谋求政治选票的需要而对税收优惠的过分青睐,再加之一些特殊利益集团出于自身利益对税收优惠的追逐,使税收优惠逐步形成了一张隐蔽在税收制度中的庞大的分配暗网,以致出现税收优惠失控,并演绎出了形形色色的税制弊端和不良的财政经济效应。

首先,过多的税收优惠导致税收收入大量损失。上世纪 60 年代的一些可比数据表明,在全部个人所得总额中实际征税的,美国只有 45%,英国只有 43%,法国仅为 24%,前联邦德国为 79%。[①] 另据威利斯和哈尔德威克在其合著的《英国税式支出》一书中估算,英国 1973～1974 财政年度实际征税范围只达毛所得的 45%,税制结构性减免和扣除项目占毛所得的 32%,非税制结构性减免和扣除项目占毛所得的 15%。如果只对非税制结构性减免恢复征税,按当时 30% 的税率计算,英国个人所得税收入即可增加 1/3。[②]

其次,因过多的税收优惠缩小了税基,若维持现有的政府收入和支出水平,就必须实行较高的税率,由此驱使以美国为代表的一些西方国家走向了"多优惠,小税基,高税率"的税制模式。以所得税为例,在 20 世纪 80 年代世界性的税改风潮之前,美国劳动所得的最高边际税率为 50%,资本所得的最高边际税率为 70%;英国个人所得税的最高边际税率为 83%,法人所得税的标准比例税率为 52%;法国个人所得税的最高边际税率为 60%,法人所得税的标准比例税率为 50%;加拿大的个人所得税的最高边际税率为 47%,法人所得税的标准比例税率为 46%;澳大利亚个人所得税的最高边际税率为 66.7%;意大利个人所得税的最高边际税率为 82%。过高的税率使得增加生

---

① 参见郭庆旺:《税收支出简论》,东北财经大学出版社 1990 年版,第 3 页。

② 英国政府将税收减免分为两大主要类别:一类是作为税制本身的一部分或为了简化征管、申报而采取的措施,称为税制结构性减免;另一类是可为直接支出所替代的减免,即非税制结构性减免。

产和增加劳动的税后报酬很低,严重削弱了微观主体从事生产活动的积极性和动力,导致资本利用率下降和国民收入减少。特别是边际税率过高,形成了对勤奋工作者的惩罚和对储蓄与投资的"敲诈勒索",进而产生了连锁反应:个人和企业储蓄缩减,储蓄缩减使利率上升,利率上升又使投资萎缩,投资萎缩造成生产增长缓慢、供给不足和需求相对扩大,最终导致通货膨胀和生产停滞加剧。而在通货膨胀加剧的情况下,人们为了保持其购买和消费能力,不能不要求工资、薪金与通货膨胀同步上升。又由于所得税多采用累进税率,且是对名义收入征税,而非对实际购买力征税,从而通货膨胀与累进税制相结合,形成所谓的"税胀"(Tax - Inflation),把人们推上了更高的税收等级,进一步削弱了对储蓄的刺激。美国从 20 世纪 60 年代中期储蓄率、投资率和劳动生产率的增长幅度持续下降,甚至到 60 年代的后三年出现了劳动生产率的负增长,以至染成了 20 世纪 70 年代初期以来的高通胀与高失业率及严重的经济衰退同时并存的"滞胀"沉疴。

再次,五花八门的特殊税收优惠待遇在调节公平分配的同时,造成了新的更严重的税收负担不公平。因为:第一,一些税收优惠条款主要是为高收入者所利用,即这些优惠使高收入者负担减少。而由于税基受到侵蚀,低收入者的税收负担反而加重。第二,往往是有权势的部门才有能力影响税法的制定,也只有他们才雇得起深谙此道的会计师和律师,利用众多的优惠漏洞和因此而变得如迷宫一般的税则进行合法避税。在美国,那些年收入 20 万美元以上的富豪因此得以把自己的平均税率降到了 22.5%,甚至不少大公司巧妙地做到了一连几年不交一分钱的税(美国"公民争取公平税收"组织公布的一份名单就曾列举了 128 个这样的大公司)①,以致美国的税法被称为"律师和会计师的减免法"。而大量的逃税避税又迫使政府提高税率,增税的负担最终还是落到了那些无势无钱和不能享受税收优惠的人头上。正如美国前总统里根在 1981 年 2 月 6 日在对全国发表的电视演说中所承认的,在第二次世界大战之前,美国公民每年只花两个半月的时间来缴纳联邦、州和地方政府的税单,而

---

① 参见张睿壮:《评说里根的"第二次美国革命"》,《世界经济导报》1986 年 10 月 27 日。

现在要花 5 个月。① 这就意味着平民百姓的税收负担增加了一倍,从而导致人民对政府税收怨声载道,甚至消极抗税。

复次,繁多而又缺乏控制程序的税收优惠与政府削减支出、恢复财政平衡的目标相悖。西方国家长期奉行凯恩斯主义财政政策的结果,导致巨额的财政赤字。不断累积的财政赤字又诱发了持续的高通货膨胀,严重危及经济的稳定和持续增长乃至资本主义制度本身。现实情况要求西方国家在经济理论和政策上改弦更张。进入 20 世纪 70 年代,供给学派和货币学派的政策主张渐居上风,削减预算支出、实现财政平衡,以及紧缩通货的呼声越来越高,并逐步成为政府政策操作的主导意向。但是,大量的税收优惠使各国对政府支出的控制受到严重局限。因为,原有的预算法规一般只是把直接支出作为预算支出,税收优惠只被作为减税照顾措施。据此,政府的一些限制支出和削减预算赤字的方案往往只触及直接支出计划,税收优惠则在致力于实现预算目标的过程中被忽略了。一些行政部门利用扩展税收优惠来绕过直接支出的限制规定,以变相地实现某种支出目的的现象也屡见不鲜。简言之,前门减支,后门优惠,使削减预算支出和赤字的努力被大大抵消了。

另外,随着税收优惠的泛化,税收优惠自身的一些缺陷及其所导致的一些其他不良后果也愈益凸现出来。如,税收优惠的使用难以把握,优惠多少没有数额显示,优惠结果也未必是最初的政策意图,而且一部分优惠要分散到投机者、经纪人、律师和会计师等中间人手里,以致产生新的收入损失。各种优惠条款叠床架屋,使税收制度异常复杂,税收管理难度和税收成本加大。过多的税收优惠使税收干预过度,市场机制的作用受到严重挤压。正如美国学者 R. 庞普教授在考察了美国自 20 世纪 50 年代以来 30 余年的税收优惠措施后指出的:"广泛利用税收制度代替其他手段去照顾某些经营活动,使税法比市场更成为如何决定使用经济资源的力量"。② 特别是一些税收优惠条款扭曲了市场选择和资源配置,驱使一些私人的投资流向脱离了经济的内在需要,使政府失灵成为了比市场失灵更为严重的问题。

---

① 参见杨鲁军:《论里根经济学》,学林出版社 1987 年版,第 60 页。
② 转引自郭庆旺:《税收支出简论》,东北财经大学出版社 1990 年版,第 68 页。

上述种种情况从不同方面反复警醒人们:过度的没有计划约束的税收优惠已经是"得不偿失"了!"税式支出的额度和可能引起的后果,必须由社会政策分析家和有关财政与公共支出管理人员共同加以审查,这是十分必要的"。[①] 于是,由此引发了西方国家早迟不一的对税收优惠及其运用和管理方式的重新省察。税式支出概念和税式支出预算正是这种省察的产物,是在这种省察中被发现和被日益看重的一块"新大陆"。

4.2　西方国家税式支出制度概览

西方各国对建立税式支出制度的具体认识不同,建立税式支出制度的需要和有关条件不同,因此,具体的制度内容、形式和方法亦不尽一致。这里拟根据可获取的资料,以列表形式从三个主要方面对 13 个西方国家税式支出制度的概况做一扼要介绍。

4.2.1　各国的税式支出分析规范

表 4-1　各国税式支出分析规范列表

国别	税式支出相关定义	主要鉴别标准	估算方法
美国	税式支出是对基准税制体系规定的一种优惠性的例外。基准包括正常性税制基准和参照基准(税收联席委员会只采用正常的税制基准)	实用性标准;适用范围有限性标准,且必须有一个基准条款作为参照;直接支出替代标准;重要性标准	收付实现制基础上的收入放弃法和支出等量法(测算税式支出预算的效果);对递延项目还采用权责发生制基础上的现值法(税收联席委员会只使用权责发生制基础上的收入放弃法)
德国	使用"税收补贴"概念,并与直接补贴一并作为"财政补贴"	量能负担原则;政策目的性标准;适用范围有限性标准	收付实现制基础上的收入放弃法。使用税收统计资料,所得税和公司所得税模型及国民经济核算账户

---

① S. C. Pnnd and R. Walker:Taxation & Social Policy,London,1980,p.62.

国别	税式支出相关定义	主要鉴别标准	估算方法
加拿大	对基准税制的定义较窄,只有税收体系中最基本的结构因素被认为是基准税制。税式支出报告中包括框架性和非框架性及部分临界线上的条款	中性标准;实用性标准;理解性标准;功能均等标准	收付实现制基础上的收入放弃法。使用个人所得税模型、公司所得税模型、销售税模型及投入产出表和国民经济核算账户
意大利	所有的税收优惠规定,包括框架性和非框架性的(包括对税制基本规定、统一性和累进性的例外)		权责发生制基础上的收入放弃法。使用个人所得税模型、公司所得税模型和国民经济核算账户
英国	由权威机构将税收减免分别规定为基准税制组成部分或是税式支出。区分税式支出和"框架性的减免"。后者尽管属于基准税制,但在税式支出测算时仍要考虑	以直接支出替代标准将可为直接支出替代的非税制结构性减免判定为税式支出	权责发生制基础上的收入放弃法。使用国民经济核算账户或税收征管部门收集的数据
法国	使用有关税式支出的正式定义和"基准税制"	以普遍适用性作为判断基准税制标准,以中性标准作为判断税式支出的标准	收付实现制基础上的收入放弃法
比利时	将税式支出定义为"收入放弃"。税式支出报告中包括影响政府收入的各类免税、扣除和宽免	量能负担原则;政策目的性标准下的激励性标准;直接支出替代标准	收付实现制和统计基础上的收入放弃法
奥地利	使用"间接补贴"概念,并作为政府综合补贴的一部分。使用基准税制界定税式支出或"间接补贴"。同时,还进行3种分类:税式支出、对基准税制的减免、介乎这两者之间或两者结合的部分	政策目的性标准;适用范围有限性标准;直接支出替代标准	权责发生制和收付实现制基础上的收入放弃法。使用国民经济核算账户、银行统计数据、税收统计数据等

续表

国别	税式支出相关定义	主要鉴别标准	估算方法
荷兰	与基准税制背离的税法规定导致的税收收入损失和递延形式的政府支出构成税式支出。此定义包括3个因素:税收收入的减少、分级因素、与基准税制的背离	量能负担原则;有条件地使用适用范围有限性标准和直接支出替代标准	权责发生制基础上的收入放弃法(包括宏观收入放弃法和微观收入放弃法)。使用所得税申报资料和微观模拟模型
葡萄牙	只按"收入放弃"来定义税收减免		权责发生制基础上的收入放弃法
西班牙	将税式支出视为与基准税制背离的任何税收鼓励和税收补贴	政策目的性标准	收付实现制基础上的收入收益法
爱尔兰	只按"收入放弃"来定义税收减免		权责发生制基础上的收入放弃法
澳大利亚	将基准税制定义为既不损害也不偏袒任何行为或不同群体的纳税人。税式支出属于税制刻意安排的结构性因素,原则上可以作为直接支出的替代性备选政策	直接支出替代标准;政策目的性标准	通常使用权责发生制基础上的收入放弃法。使用税收数据和微观模拟模型

注:①表中部分内容按照 Zhicheng Li Swift 的《税式支出报告的国际比较》中的国际间税式支出报告比较表填列;其他内容则根据笔者对上述文献有关内容的整理分析填列。故可能有不全面和不准确之处。另外,由于资料不足或上述文献资料叙述不详,表中有的国家的个别情况只得暂时空缺。

②目前一些国家如美国、意大利、奥地利、荷兰的地方政府也在编制税式支出预算,但本表只涉及中央政府层次的内容。

资料来源:OECD 财政事务委员会 1984 年税式支出报告、1996 年报告《税式支出的近期经验》;楼继伟主编《税式支出理论创新与制度探索》收载的 Zhicheng Li Swift《税式支出报告的国际比较》及其他相关文章。

4.2.2 各国税式支出报告的期限与内容

表4-2 各国税式支出报告的期限与内容列表

国别	编制周期	滚动估算期限	税种范围	分类标准	最新内容
美国	每年	财政部为7年:前1年、当前年度及向后5年;税收联席委员会为5年:当前年度及未来4年	个人所得税、公司所得税、遗产与赠与税及社会保障税	按预算功能分类和按税种、部门分类	财政部2004财年预算中包括151项税式支出的数据及说明
德国	每两年	4年:前两年、当前年度及未来1年	所得税、公司所得税、净值税、企业税、营业税、流转税、保险税、机动车税、消费税、博彩税、财产税、遗产税	按预算功能分类、按行业分类、按税种分类	2001年8月公布的报告中含99项税收优惠和72项其他税收调节措施
加拿大	每年	8年:前5年、当前年度和未来2年。	联邦个人所得税、公司所得税、货物税与劳务税	个人所得税按预算功能分类;公司所得税按行业部门分类,并按各部门的公司所得细分;货物税与劳务税按税式支出的类型(零税率、免税、退税和抵免)分类	2002年报告中包括135项税式支出数据及对税式支出项目的说明
意大利	不定期		个人所得税、公司所得税、增值税、消费税、关税和其他间接税	按照税种分类和按照涉及的部门、目标、受益人及所在地区分类	700项(最近5年公布的平均数)
英国	每年	2年:前1年及当前年度	所得税、公司税、国民保险缴款、资本利得税、遗产税、印花税、增值税、石油收入税	先将税式支出与其他减免项目分开,再按税种及税式支出或减免形式分类	2003财年包括45项税式支出、9项结构性减免

国别	编制周期	滚动估算期限	税种范围	分类标准	最新内容
法国	每年		所得税、公司税、登记税和印花税、增值税、工薪税、石油产品国内消费税	按税种分类、按税式支出的主要目的和按受益人种类分类	60项税式支出分析数据及主要条款说明(最近5年公布的平均数)
比利时	每年		个人所得税、公司所得税、投资所得适用的预提税、消费税、增值税、登记税、车辆税、遗产税、年度保险单税	根据是否形成税式支出、税种和税式支出的目的分类	54项(最近5年公布的平均数)
奥地利	每年		直接税和间接税	按照税种、法律规定、专门的项目、对收入放弃的估算和受益人分类	10项与直接支出有关的主要税收补助的详细描述(最近5年公布的平均数)
荷兰	每年	直接税7年:前1年、当前年度及未来5年;间接税3年:前1年、当前年度及向后1年	工薪所得税、公司所得税、遗产与赠与税、社会保障税及增值税、消费税、机动车税等间接税	直接税按公司税负、劳动税负和财产税负的减少分类;间接税按税种分类	2003年预算备忘录中包括68项直接税和56项间接税税式支出
葡萄牙	每年		只包括各项所得税	按减免类型和税种分类	特定减免的列表和估计
西班牙	每年		直接税和间接税	按税种和预算功能分类	主要税式支出的列表
爱尔兰	每年	1年	个人所得税和公司所得税	按受益对象和税种分类	2002年12月公布的报告中含28项税收减免的列表及估价

国别	编制周期	滚动估算期限	税种范围	分类标准	最新内容
澳大利亚	每年	7年:前3年、当前年度和未来3年	联邦个人所得税、公司所得税和消费税	按广义的预算功能分类、按纳税人类型分类、按相关基准分类	2002报告中包括约260个税式支出项目

注:①需要说明的问题同表4-1注①、注②。

②"最新内容"部分按从现有资料中可得到的最新情况填列。其中,意大利的"最新内容"包括各级政府的税式支出项目。

资料来源:同表4-1及程浩硕士论文《建立税式支出制度,强化我国企业所得税优惠管理》(2000)。

4.2.3 各国税式支出报告的目的与要求

表4-3 各国税式支出报告的目的与要求列表

国别	主要目的(用途)	立法要求	预算要求
美国	(1)规划税制改革;(2)控制支出总规模和减少赤字;(3)提高财政透明度;(4)与直接支出计划的转换;(5)评估税收收入损失及支出效率	法定义务(《1974年国会预算法案》要求每年在联邦预算中提供税式支出报告)	作为政府预算的一部分,但未完全纳入正规预算程序
德国	(1)反映和说明税收优惠情况;(2)规划财政补贴(减少支出);(3)对一些重要领域的税收补贴进行目标性效果检查	法定要求(1967年《促进经济稳定与增长法》要求对联邦财政补贴和税收优惠发展情况每两年作一次报告)	作为预算文件——"联邦财政补贴"报告的一部分进入预算过程
加拿大	(1)研究、评估联邦所得税和增值税税制体系与税收政策;(2)预算前的咨询	无立法要求,但财政部决定每年编制一次	单独的政府文件,没有明确要求进入预算,但作为预算前的咨询材料

续表

国别	主要目的(用途)	立法要求	预算要求
意大利	（1）修订与现行税制的基本规定、累进性和统一性相例外的有关税法规定;（2）按照客观性标准确定税式支出规模;（3）评估针对特殊部门和地区的税收优惠效果	法律要求不定期编制	单独的政府文件,没有明确要求进入预算,也不作为预算文件的附件
英国	（1）说明每项税收优惠政策的支出成本;（2）衡量各类税收优惠政策的重要性;（3）全面披露公共支出情况,提高公共支出的透明度	无立法要求,但国会有关部门要求编制	曾作为政府的独立文件,进入预算和作为财政收入报表的补充。20世纪90年代以来,在IMF的要求下将税式支出报告纳入预算案,作为其参考和说明
法国	（1）报告政府的税收援助支出和税收援助方案;（2）据以修订税法和平衡税收收入	立法要求(《1980年财政法案》要求每年编制税式支出报告并提交议会)	作为预算案的附件并入预算过程
比利时	（1）测算各项税收措施对税收收入的影响;（2）提供政府支出的备选方案	法定义务(1989年的预算和会计法律要求制定免税、扣除和抵免项目的年度清单并呈交议会)	作为预算的附件并入预算过程
奥地利	（1）提供税收补贴情况及其在各方面的分布;（2）税制改革	法律要求	作为预算文件中"财政补贴报告"的内容进入预算
荷兰	（1）测算和控制税式支出规模;（2）研究财政补贴政策;（3）规划税制改革和税制发展	无立法要求,主要由财政部决定和制定	作为预算备忘录的附件,未进入预算程序,但作为预算案的参考和说明
葡萄牙	（1）评价税收优惠制度;（2）反映税收鼓励的收入放弃	法律要求(宪法和1991年国家财政预算结构法要求每年编制)	税式支出报告明确与预算过程联系在一起

国别	主要目的(用途)	立法要求	预算要求
西班牙	(1)作为政府决策的参考信息;(2)说明现行税法中的税式支出所包含的政策重点	法律要求(宪法第1342条与预算法规定,每年的预算须提供税收制度中的税式支出项目资料)	税式支出报告明确与预算过程联系在一起
爱尔兰	(1)向社会公开有关税收优待和减免的成本情况;(2)供国会质询	无立法要求,由财政部安排,但税务委员会建议定期公布	无明确的预算要求,以政府部门文件公布
澳大利亚	(1)说明税制的基准及税制与这些基准的差异程度,为公众探讨和税制设计服务;(2)评价税式支出,并与直接支出进行比较	立法要求(《1998年预算真实性法案》要求每年公布)	作为常规预算循环的一部分,与年度中期预算总结一同或之后公布

注:①表中内容主要根据笔者对上述文献有关内容的整理分析填列。

②其他需要说明的问题同表4-1注②。

资料来源:同表4-2及王浩川:《英国的税式支出》,《中国税务》2002(9)。

4.3　西方国家税式支出制度的比较分析

以上三个列表分别显示了13个西方国家在税式支出分析、税式支出报告编制的期限、内容及税式支出报告的目的、立法和预算要求等方面的同异。下面,拟以三个列表反映的内容为线索,进一步做些深入的比较分析。其目的,一是为了能够对西方国家的税式支出制度有一个概括性的和更加清晰、准确的认识,二是试图从中总结和洞见一些带有启示性与规律性的东西。

4.3.1　基于税式支出分析规范的比较分析

依表4-1所列项目进行比较分析,可知:

(1)建立和实施税式支出制度的首要任务是界定税式支出和基准税制。各国制度层面的税式支出定义的不同之处主要是范围宽窄的问题,而税式支出的范围又是与基准税制的范围互为宽窄的。在实行税式支出制度的国家中,一般都是根据本国税制的特点和人们对税收优惠政策的理解定义出适合本国国情的税式支出和基准税制。其范围有的宽,有的窄,并且随着时间的推移,有时宽,有时窄,具体情况不一。从各国情况看,其可大体分为四类:第一类是采用单一基准定义且税式支出定义范围较宽的情况,如加拿大、美国税收联席委员会、比利时、德国等。加拿大的税式支出定义范围最为宽广,基准税制的定义相应最为狭窄。他们认为,税制中最基本的要素才是基准税制的内容,所有与最基本税制的背离都构成税式支出。美国税收联席委员会只采用正常性税制基准。正常性税制基准下的税式支出范围与加拿大相类似。比利时的情况比较奇特。这种奇特在于在比利时的年度税式支出报告中没有对基准税制做出明确的定义,但笔者认为,从其制定的税式支出清单来推测,对税式支出的定义范围也是较宽的。第二类是采用单一基准定义且税式支出定义范围较窄的情况,如英国、奥地利、澳大利亚等。英国和澳大利亚基本上都是将可为直接支出替代的刻意安排的非税制结构性减免认定为税式支出。奥地利也是将税式支出与属于基准税制的减免明确区别开来。第三类是采用双重基准定义且税式支出定义范围相对较窄的情况。美国财政部的做法即属这种类型。美国财政部是同时采用正常性税制基准和参考性税制基准。参考性税制基准与现行税制很接近,按此确定的税式支出只限于那些为了鼓励某些项目和行业并与预算职能相对应的例外条款。相对于正常性税制基准,参考性税制基准下的税式支出就少多了。如,在参考性税制基准下,不同的税率结构是基准税制的一部分,因此在最高税率以下的公司所得税低税率和对资本利得的优惠税率都不构成税式支出。但在正常性税制基准下,则构成税式支出。第四类是不刻意区分税式支出与基准税制的情况。在这种情况下,视做税式支出对待的范围更为宽泛,如意大利、葡萄牙、西班牙等。意大利的税式支出报告包括了所有的税收优惠条款,其中既有非税制框架性的优惠条款,也有税制框架性的规定。

(2)税式支出范围的宽窄与所采用的税式支出鉴别标准和会计核算基础直接相关。一般来说,采用的税式支出鉴别标准越多,或者采用的税式支出鉴别标准的具体程度越低、弹性越大且在解释上越偏向税式支出,定义出的税式支出范围就越宽;反之,定义出的税式支出范围就越窄。如加拿大、比利时、德国等,不仅采用的鉴别标准比较多样,而且其中包括了中性标准、政策目的性标准、功能均等标准、理解性标准等解释弹性较大的标准。特别是加拿大采用比较独特的理解性标准和功能均等标准,较容易使税式支出的范围变宽。因为所谓理解性标准是指,税式支出账户的目的是提供情况,如果对特殊条款的情况有疑问,那么就意味着其优惠损失的收入过多而不是太少,这就更有必要将其作为税式支出来看待。功能均等标准则是只要某项税收优惠等同于支出计划,即使其是中性的,也将视为税式支出。相反,澳大利亚、英国主要采用较为具体的直接支出替代标准,因此定义的税式支出范围较窄。美国财政部虽然采用的鉴别标准较多样,但由于采用了直接支出替代标准和重要性标准,也使得税式支出的范围相对缩小。此外,在界定基准税制和税式支出时使用不同的会计核算基础,也会出现不同的界定结果。同一项税制减让条款,在以收付实现制和权责发生制中的一种为核算基础时可能被判定为税式支出,而以另一种为核算基础时就可能被判定为基准税制的一部分。并且,若兼用收付实现制和权责发生制与单独使用其中的一种,就又会使基准税制或税式支出范围出现新的宽窄区别。例如,美国财政部将收付实现制和权责发生制都作为正常税制的一部分,就会使得构成税式支出的项目相对较少,而美国税收联席委员会只将权责发生制作为正常税制的一部分,则会使一部分收付实现制下的基准税制条款也变为税式支出。

(3)在税式支出报告的项目编列上,大多数国家没有采取"纯粹主义"的方法。所谓"纯粹主义",通常是指对于税式支出账户,仅把税式支出包括在内的方法。这样,就使得税式支出报告所公布的项目与标准的税式支出定义不尽一致。其原因,一是即使有了规范的税式支出定义和税式支出鉴别标准,要将税制条款中哪些属于基准税制和哪些属于税式支出严格区分开来,仍然是很困难的;二是为了尽可能多地提供税制中有关收入放弃方面的信息。在这种情况下,一些国家采取了兼顾税式支出严格性与信息广泛性的折中办法,即无论税式支出定义宽窄,又都在税式支出定义的基础上选择了不同的税制例外条款区分程序。加拿大是将所有与基准税制的背离都作为税式支出,而将其中有争议的项目列在"备忘目录类"之下,并且同样列出其成本。这种方法旨在使对基准税制持不同意见的读者去建立他们自己理解的税式支出目录。爱尔兰也采取了类似的方法。英国则是在税式支出报告中将全部的税收减免分列为三类,第一类是作为直接支出替代的税式支出,第二类是作为基准税制组成部分的税制结构性减免,第三类是兼有税式支出与结构性减免特点的减免项目。荷兰的税式支出报告主要包括没有争议的税式支出项目,而对另一些条款则采用"分级因素"标准来分析。这些条款部分属于基准税制,另一部分可能反映政府对某一行为的鼓励,此时只有政府鼓励措施的条款部分被列为税式支出。德国出于"信息目的",在公布税式支出目录的同时,还公布了对税制结构性项目的成本测算。至于意大利、葡萄牙、西班牙等国家将所有税收减免项目都列入税式支出报告而不加任何区分,则完全是为了回避税式支出与基准税制区别的困难。当然,显而易见,这也是反映其税式支出制度和税式支出分析方法不成熟、不规范的粗简之举。

(4)税式支出的估计有收入放弃法、收入收益法、支出等量法等多种方法,但几乎所有的国家,特别是不刻意对基准税制与税式支出进行严格区分的国家都是采用收入放弃法。这一方面是因为使用其他方法计算上的困难和对税式支出连带效应估算结果的不确定性,另一方面是因为收入放弃法的突出优点就是全面包括了税收减让,并避免了对基准税制的严格定义。并且有些国家(如荷兰)认为,收入放弃法估算的结果与实际发生的统计结果最接近,具有可比性和预算意义。尽管收入放弃法与其他估算方法相比也存在其特有的种种局限,但它仍然被认为是一种衡量各种税式支出的最有用的方法,也是一种最容易被税式支出预算的潜在使用者所理解的方法。法国在1984年之前曾使用收入收益法,1984报告之后也放弃了收入收益法,改行收入放弃法。美国财政部在使用收入放弃法的同时,于1983年引入了支出等量法。原因不仅是为了使税式支出成本能够与政府直接支出成本在一个更为一致的基础上进行比较,而且对于很多税式支出项目而言,支出等量法与收入放弃法的计算结果是一致的。例如,针对自有住房抵押贷款利息的扣除项目,要考虑如果不存在该项目可能发生的情况,然后进行估算。这种扣除项目显然会减少房主的利息费用。然而,利息付款已经全额计入了银行的应税所得。因此,很容易计算出抵押利息税式支出的等量支出额是房主在纳税方面的减少额。此时的等额支出与所放弃的收入是相等的。不过,美国税收联席委员会一直未采用支出等量法。这可能是考虑到"这些存在着竞争性的估算方法加大了混乱程度"。因为"除一些特别的经济学家以外,大部分观察者很难理解这种采用与事实相反的假定的等额支出法为什么在有些情况下与收入放弃法是相同的,而在其他情况下却又是相反的"。① 此外,在专门用于税收递延项目的成本估算方法中,大部分国家采用现金流量法。美国财政部在主要采用现金流量法的同时,还于 1996 年首次引入了现值法,并在税式支出报告中列出了 25 项递延纳税项目的税式支出数额。迄今为止,美国是唯一使用支出等量法和同时使用收入放弃法、支出等量法、现金流量法与现值法的国家,这也是美国税式支出制度相对比较先进的表现。

税式支出估计方法的具体选择还与可利用的核算资料直接有关。例如,荷兰就是据此将收入放弃法又细分为了宏观收入放弃法和微观收入放弃法。前者即采用国民经济核算统计账户、税收数据,将某一年的税式支出计算成政府当年财政收入的净损失额。后者即根据纳税人的抽样样本,按照税制原理,对一些税式支出项目的成本进行测算。

会计核算制度也是税式支出成本估计方法多样化的重要根源。收付实现制估算的是政府的现金流效应,权责发生制估算的是一个特定时期内归属于政府的纳税额效应。在核算税基上,前者比较适用于个人提供服务的情况,后者比较适用于个人、公司从事生产经营的情况。目前,德国、加拿大、法国、比利时、西班牙使用收付实现制。美国财政部和奥地利同时使用两种方法,这也与计算税式支出时使用的数据来源有关。其他国家则采用的是权责发生制。

4.3.2 基于税式支出报告期限与内容的比较分析

由表 4-2 所列项目进行比较分析,可见:

首先,上述国家中,除德国、意大利等少数国家外,大多都是每年编制税式支出报告,并且不少国家都实行了多年期滚动预算的编制方式。是否每年编制税式支出报告和滚动估算期限的长短,主要取决于各国的预算需要和相关

---

① Emil M. Sunley:《美国税式支出预算的实践与经验》,楼继伟主编《税式支出理论创新与制度探索》,中国财政经济出版社 2003 年版,第 39 页。

条件,但从建立税式支出制度的目的和税式支出的特点来看,可以认为,税式支出报告的编制周期与直接预算周期越一致,滚动估算的期限越长,税式支出报告的预算价值和控制效能就越突出。由于税收制度具有相对稳定性和连续性,因此,对税收制度效应的衡量客观上需要一个较长时期的观察和预测过程。美国、加拿大、德国、澳大利亚等国家的税式支出滚动估算周期之所以较长,与其主要目的之一是服务于税制改革也不无关系。此外,既然建立税式支出制度的要旨在于赋予税式支出与直接预算支出一样的评估和控制程序,那么从规范角度讲,税式支出报告的编制尽可能地与直接支出预算制度保持一致是最理想的。实际上,在实行税式支出报告多年滚动编制方式的国家,在直接支出管理上也都实行了多年期滚动预算制度。西方国家的多年期滚动预算作为改变传统单一年度预算方式的一种革命性进步,先于税式支出制度产生自 20 世纪 60 年代初期,其目的主要是为了弥补年度预算在反映收支变动、控制支出增长、调整支出结构、协调收支关系及贯彻财政经济政策等方面的功能缺陷,这在很大程度上与建立税式支出制度的目的是相似的,并且美国、德国都是在同一法案中对实行多年期滚动预算和税式支出制度提出法律要求的。① 至于这些国家对多年期滚动税式支出报告与多年期滚动预算的衔接究竟有那些具体考虑,现有的相关文献中未见明确的专门阐释,但两者之间存在制度建设上的统一考虑与联系及制度功能上的某些异曲同工之妙,则是可以肯定的。

其次,各国税式支出报告所涵盖的具体税种及其多少不同。但结合考察各国的税制体系和税式支出制度发展历史不难发现,各国的共同点有二:一是各国税式支出报告首先涉及的都是本国的主体税种。这些主体税种不仅在国家财政收入中举足轻重,而且是政府实施社会经济政策的主要税收载体,其税制比较健全,税收优惠条款也相对比较集中,放弃的税收收入数额较大。由于西方发达国家都是以所得税为主体税,所以各国税式支出报告反映和控制的重点又主要是公司所得税和个人所得税,并且所得税的税式支出也是西方国家关注税式支出问题和建立税式支出制度的最初始源。二是各国税式支出报

① 参见张晋武:《欧美发达国家的多年期预算及其借鉴》,《财政研究》2001(10)。

告涵盖的税种范围都有一个由少到多的发展过程,并非一开始就包括众多税种或所有税种。例如,荷兰最初的税式支出报告仅包括工薪所得税,1999年以后引入了公司所得税和财产税,2003年后的税式支出报告又加入了增值税、消费税等间接税。其他国家也多是由只包括直接税逐步扩展到包括间接税和其他税种的。从规范角度讲,税式支出报告只有包括较多甚至所有税种,才具有理想的综合反映与控制功能。因此,税式支出报告涵盖税种范围的扩展,也从一个侧面反映了税式支出制度不断发展完善的过程。

再次,税式支出报告是税式支出项目的总结。各国税式支出报告采用的税式支出项目分类方法存在明显差异,这主要是基于税式支出的受益关系比直接支出更为复杂的一种务实反应,也是因为税式支出项目的分类部分地取决于税式支出的内容和数据来源。一个国家税式支出分类方法的选择,必须根据本国情况,考虑有效数据的性质,以及是否有充足的内容去支持这种分类的类型。但尽管如此,各国的税式支出项目划分还是存在两个明显的相似之处:一是除英国、葡萄牙等国家主要按税种分类外,多数国家都采取了更有助于与直接支出账户进行比较或更有助于显示税式支出政策目标的分类方法。二是面对预算功能、税种、税式支出形式、受益人或目的等具体分类标准,各国均采取了不同的分层次或分税种的复合分类方式。如,美国、澳大利亚是在预算功能类别下,按税种、受益部门或按纳税人类型等进一步细分列示。法国的税式支出报告非常详细,它分别按税种、税收优惠目的、部门、行业及受益人列示税式支出的数额。加拿大的个人所得税税式支出按预算功能分类,公司所得税税式支出按行业分类,增值税税式支出则按税式支出形式分类。比利时是根据税收类型及税式支出的目的分类。德国则先按部门或行业分类,在部门分类基础上,再按税收类型做更细的划分。各国的分类组合方式之所以不同,主要与各国的税式支出分析的需要及测算和统计水平有关。另外,还有一点需要特别指出,即进一步的观察和分析表明,一些国家在对税式支出进行尽可能详细分类的同时,还注意到了其中隐含的某些深层次问题。如西班牙虽然还没有完成税式支出的预算功能分析,但已明确感到了在划分税式支出的预算功能和受益人时的税式支出归宿这一关键问题。类似地,美国指出,对各个类别的纳税人的划分,并不能准确显示出这些税收措施的受益人,因而应简化税式支出账户。法国注意到,这种划分显示的是直接的受益者,而忽视了税收的转嫁问题。加拿大强调指出,划分预算功能组别,只是为了组织上的便利,许多税式支出不能被轻易地放在一个组别中,而且这种分类不是以给出每一种税收优惠的理由为目的的。①

4.3.3 基于税式支出报告目的与要求的比较分析

据表4-3所列项目进行比较分析,可知:

(1)在各国税式支出报告的目的方面,主要有三点值得注意:第一,各国税式支出报告的基本管理功能是相同的,但不同国家对发挥税式支出报告功能的具体考虑与侧重点存在差异。在较全面地发挥税式支出报告的财税管理功能方面,美国、荷兰等国家相对走得较远。在发挥税式支出报告财税管理功能的侧重点方面,美国、荷兰首先着重于税制改革和控制支出、减少赤字;英国更侧重提高财政的社会透明度,加拿大、爱尔兰则在服务于税制改革或提高财政的社会透明度的同时,以满足政府的预算前咨询或议会咨询为直接目的。这些差异均主要与各国面临的不同财政税收问题、对税式支出制度的不同具体认识、建立税式支出制度的不同作用、目标及不同的立法要求等有直接关系。第二,进一步考察一些国家税式支出制度的发展过程可以发现,一个国家不同时期税式支出报告的目的范围及其侧重点也是有所变化的。如荷兰早期税式支出报告的目的主要是反映和控制支出,1994年政府在研究制定未来税制发展规划时才更加意识到和突出了其对税制改革的作用。第三,由于税式支出报告的目的体现着税式支出制度的财税管理作用、目标,因此会对税式支出报告的内容范围和税式支出分析方法的选择等产生直接影响。一般来看,注重财政透明度的国家的税式支出报告涵盖的税种大都相对较多。美国在税式支出估算上实行支出等量法,则与其突出重视税式支出与直接支出计划的比较与转换密不可分。

(2)上述国家中,目前已有9个国家对政府财政部门编制和向立法机关

---

① 郭垂平、夏琛舸:《OECD国家税式支出制度(1996年)简介》,楼继伟主编《税式支出理论创新与制度探索》,中国财政经济出版社2003年版,第416页。

提交税式支出报告规定了法律要求,加拿大、英国、荷兰和爱尔兰等4个国家无法律要求,但也是由财政部等相关部门每年编制,作为政府的独立文件或预算备忘录的一部分公布。对税式支出报告提出立法要求的国家,大多都实行税式支出制度的历史较长或进展较快,有较为成熟的经验,税式支出报告的数据比较详细、规范,税式支出的理论和统计方法比较完善。在未对税式支出报告提出立法要求的国家中,英国虽然实行税式支出制度的历史较长,但完善进度似比较迟缓。加拿大和荷兰也属于实行税式支出制度历史较长或近几年税式支出制度发展较快,并且税式支出理论和税式支出报告编制比较完善的国家,其之所以未对税式支出报告提出立法要求,笔者推测,可能是与立法机关对税式支出问题的认识或是他们的某些预算传统有关。

(3)税式支出报告的预算要求即税式支出报告与预算的关联性或联系方式,直接体现着税式支出报告的预算意义及其控制力,也是反映税式支出预算管理制度完备程度的重要标志。

第一,多数国家都将税式支出报告作为政府预算的一部分或以不同形式将税式支出报告直接引入了预算过程,未明确将税式支出报告引入预算过程而只作为政府的独立文件的国家相对较少,如加拿大、意大利、荷兰、爱尔兰等。不过,不将税式支出报告并入预算过程,可能是出于对税式支出预算与常规预算某些差异的不同认识,并不一定意味着其对税式支出没有控制力。

第二,税式支出报告的预算关联方式与其法律要求直接有关。一般而言,将税式支出报告作为预算的一部分或引入预算过程的国家,对其都有明确的立法要求,或是应国会有关部门的要求而实施的。这反映了这些国家立法部门对预算完整性和预算信息的广泛性、确切性的追求。

第三,不同国家在建立税式支出报告与预算的联系时所采取的具体方式各有特色。如,美国自1974年以来,一直按照1974年国会预算法案的要求编制税式支出预算报告。但是,政府编制的税式支出预算与通常所指的预算有所不同。通常意义上的预算是由总统向国会报告,经批准后成为法律文件,并予公布。而税式支出预算并不与通过的常规预算的基准数字一起公布。国会通过的预算报告,无论收入方还是支出方都是净值,已经对有关的税式支出做了扣除,即税式支出预算数字并不直接出现在国会通过的年度预算报告中。

作为对具有法律效力的年度预算报告的特别补充部分,税式支出报告可以对预算法案的有关数字进行解释,并根据需要提供有关数据,但无论年度执行中税式支出数额是否超过预计数据,都要继续执行并做统计。这表明,相对于常规预算的指标化管理、调整要经国会批准等特征来说,税式支出预算更多意义上是一种技术性分析,更重在为未来的税收政策与预算支出调整指示方向。其原因,一方面是税式支出条款作为税法的组成部分要受不同于年度预算的税收立法程序的制约,另一方面是由于税式支出的特殊复杂性,预计数难以与实际发生数完全一致,再加之 1974 年国会预算法案未能详细明确有关概念及实际执行中的分歧,所以当局并不把税式支出预算视做非常严格可靠的预算工具。美国政府部门和国会部门同时对税式支出进行预测,也进一步说明了管理当局对税式支出预算不同于常规预算的分析控制意义的认识。澳大利亚在这方面的特色是将税式支出报告作为常规预算循环的一部分,即税式支出报告与中期经济财政展望同时或在其稍后公布。中期经济财政展望是澳大利亚的年度中期预算总结,该预算总结在上年度预算结果公布后公布,是其常规预算循环一部分。与中期预算总结报告一起提供税式支出报告,可使该报告采用最新的税收资料。不过,澳大利亚政府有关人士也认为,理想的方式是应该使税式支出报告与其他预算报告结合起来,成为整个预算循环的一部分。①这表明目前的这种方式还不是澳大利亚所追求的理想的税式支出预算管理方式。德国的特点是将税式支出与直接财政补贴合并在一起引入预算过程和向议会提交综合性的财政补贴报告。报告由财政部长批准后呈送总理府,总理府发给有关部门审查,各部门审查通过并背书签字后,再进行修改汇总,报议会或其专门委员会审议,审议通过后作为正式文件发布,并且该报告还要受到联邦审计法院的检查。由于德国的税式支出统计分析主要建立在对纳税人每年填制的纳税申报表汇总基础之上,而非对纳税人享受税收优惠自下而上的逐项统计,因此,基本上也不具有常规预算的指标控制与计划管理意义,不同于正规预算管理程序。

---

① Colin Brown(澳大利亚联邦财政部税政司成本及数量分析负责人):《澳大利亚的税式支出》,楼继伟主编《税式支出理论创新与制度探索》,中国财政经济出版社 2003 年版,第 143 页。

第四,税式支出的预算控制力不仅仅在于形式上的税式支出报告预算关联方式,更在于实际的预算管理操作。如,荷兰的税式支出报告虽然只是作为预算备忘录的附件,且也未对此明确提出立法要求,但其预算管理和控制效力仍是较为突出的。具体说来,荷兰对税式支出项目的管理控制包括四个方面:一是允许当前年度的税式支出超出预算限额,但要通过调整未来年度的政策以避免再次出现超出预算限额的现象;二是在未来年度削减预算,以平衡当前年度的超支;三是对达到预算限额后的税收优惠申请,税务机关不予批准;四是待受理所有符合条件的税收优惠申请后,根据预算限额按比例分配优惠数额。加拿大虽然也是在无立法要求的情况下只将税式支出报告作为政府预算前的咨询文件,但因其税式支出分析方法和税式支出报告的内容比较完善,所以其内在于预算编制过程的前置控制力也仍是较强的。这大概就是为什么荷兰和加拿大的税式支出报告既无法律要求,在形式上也不及一些其他国家的预算联系密切,而人们仍将其归入实行全面预算管理模式的税式支出制度的国家之类。与此相反,英国已将税式支出报告正式纳入财政预算,但在执行中并没有预算的硬约束。不仅实际执行中的减税额不受税式支出预算所列金额的限制,而且其对税式支出的成本效益及对经济的正负影响的考核评价作用发挥得也较不充分。在这一问题上,英国税务官员的认识是,税收是讲求公平原则的,税收优惠作为一项税收政策对每一位纳税人应该是一视同仁的,不能因税式支出数额的限制,将一些符合享受税收优惠条件的人排除在优惠范围之外。否则,就违反了税收公平原则,也会引起一些不必要的诉讼纠纷。①

第五,各国的税式支出预算管理制度虽然有相对完善和不够完善之分,但总体上说,税式支出制度仍是一种不尽成熟的财税管理制度。因此,各国都在努力实践和探索,尚未形成固定的范式。

---

① 参见王浩川:《英国的税式支出》,《中国税务》2002(9),第47页。

5 税式支出制度的公共管理 改革视角分析

5.1 公共管理改革视野中的税式支出 制度和财政预算管理

5.1.1 公共管理改革与税式支出制度

20 世纪 70 年代中后期以来,西方发达国家(主要是 OECD 国家)逐步兴起了一场以实现公共领域的公正与高效为宗旨,以"新公共管理"为旗帜的公共管理改革浪潮。与此相应,公共管理改革也逐步成为了一个世界范围内学术界和实务界高度关注的新的研究领域。由于公共管理的首要主体是政府及其相关的公共组织,公共管理的客体是围绕公共品提供的公共利益,又由于公共财政和预算是政府配置公共资源与谋求公共利益最大化的主要工具,因此,公共管理的核心是财政及预算管理,公共管理改革的锋芒所及也首指以公共财政和预算管理为核心的公共治理。

公共管理改革是以绩效管理和企业化管理为主要导向的。回眸历史,其与税式支出概念和税式支出制度的缘起有着某些相同或相似的背景与动因。首先,经济全球化是当代西方公共管理改革的重要推动力。全球经济力量的影响和资本市场的全球化,跨国公司与国际贸易的增长及税收竞争,大大削弱了各国政府对自身经济政策的控制能力和对资本财产与资本收入征税的权力,并部分地丧失了通过宏观经济管理战略防止失业率上升的能力。因此,限制公共支出、减轻负担和重构社会政策,就成了各国必须直面的政府改革与公共管理方式改革议题。① 其次,西方国家社会和人口因素的变化及同 1950 ~ 1973 年繁荣时期相比大大上升的失业水平,对政府提供或资助的服务提出了越来越多的要求,这就意味着公共开支的大幅度增加。为了减轻制度所承受的压力,就需要给公共部门和公共管理注入更强烈的经济和效率动力。再次,传统官僚体制的失效和政府职能膨胀引起的财政危机为公共管理改革提供了直接动因。随着社会经济的发展,传统官僚体制和政府规模与职能膨胀所导致的管理中的失调、失控、效率低下及腐败行为逐渐暴露出来,造成政府形象受损和普遍的信任危机。特别是那些长期奉行凯恩斯主义的国家普遍出现的与恶化的经济业绩相伴随的恶化的财政业绩,清楚地表明传统预算管理模式存在严重缺陷,它无力对各种额外支出需求施加有效的控制,财政的可持续性和政府施政效果面临严重的威胁。这些弊端和低效率都要求引入新的公共管理和预算管理模式。复次,工商业中的顾客导向、分权制、绩效考核、激励约束、竞争原则等管理理念和管理方式,对公共管理产生了巨大影响,并成为公共管理改革的重要示范和推动力量。最后,新技术革命尤其是信息革命也是西方国家公共管理改革的一种“催化剂”。由于各国对公共管理改革的具体认识不同,改革的侧重点也不尽一致,有的国家侧重于缩小公共部门的规模,有的国家则强调强有力的公共部门对社会经济发展的关键作用,但共同点是均将改革之要放在了改进各个层次政府部门的施政效率、效果和提高公共服务质量方面。②

比较公共管理改革的动因和税式支出制度建立的背景与制度精神,很容易发现,两者在面临的重点问题和支出控制、绩效导向等方面,都是出于相同的基本考虑。并且,税收优惠管理本来就属于公共管理的范畴,税式支出制度作为税收优惠管理的一种制度创新,一产生就表现为一种新的财政预算分析和控制方法。由此可以认为,略早于公共管理改革浪潮产生的税式支出制度是一种局部意义上的公共管理改革先声,世界范围内税式支出制度的扩展与

---

① 参见克里斯托弗·波利特等:《公共管理改革——比较分析》,上海译文出版社 2003 年版,第 275 页。

② 郭彤:《西方公共管理改革及其对我国财政体制改革的启示》,《审计研究》2004(2),第 72 页。

完善也是公共管理改革的重要组成部分和重要成果。对于这一点,尽管现有的公共管理改革研究文献与税式支出制度研究文献都没有明确地加以专门论述,但也并非毫无觉察和一点没有涉及。例如,OECD 财政事务委员会 1984 年的税式支出报告就曾提到,一些国家对税式支出概念和税式支出制度"兴趣的高涨是与增强责任心和控制公共部门相关的"。①

公共管理改革作为一个边缘性的研究领域,在理论和实践上融合了经济学、管理学、政治学、财务学等多学科的智慧和睿见。其中,经济学对公共管理领域的各种问题具有最基础、最广泛的解释能力,而公共经济学、新制度经济学、信息经济学的有关理论和方法又是其常用的最具解释力的分析工具。本章的目的,就是基于税式支出制度与公共管理改革的内在联系,在前面 2~4 章内容的基础上,尝试从公共管理改革视角,并利用相关的经济学理论,对税式支出制度做进一步的剖析。其具体意图有二:一是突破现有税式支出制度研究文献仅就税式支出制度论税式支出制度的局限,从公共管理改革的大棋局上进一步追寻税式支出制度背后的目标根基。二是伸展分析和认识触角,从更深层次的经济学理论上探察税收优惠与公共利益目标的悖反机理,剖析传统税收优惠管理制度的缺陷,并对税式支出制度的积极意义做出更深刻、更有说服力的解释,为人们更加理性地认识税式支出制度的合理内核与必要性提供新的助益,为建立中国税式支出制度奠定更坚实的应然性基础。

5.1.2 公共管理改革的主要理念

新公共管理作为一种旨在解决公共问题,实现公共利益,运用公共权力对公共事务施加管理的社会活动,其主要理念是:

(1)公共性。公共管理的对象是社会公共事务和公共服务,其实质是运用公共权力和公共资源的过程,与社会中的每一个成员都有着直接或间接的这样或那样的联系。公共管理的公共性与公共利益、公共物品、公共收支、公共机构、公共权力相关。它要求公共管理中各种问题的处理,诸如目标设定、

---

① 见国家税务局税收科学研究所:《税收支出理论与实践》,经济管理出版社 1992 年版,第 617 页。

预测与决策、计划与规划、组织与流程、过程与控制、结果与绩效等方面的管理,都必须始终对作为公共权力之源和作为公共服务对象的公民负责,并接受公众的检查和监督,服务于增进公共福利这个根本目标。

(2)效能性。效能是指绩效与功能,包括公共决策和政策对于公共问题解决的有效性、解决问题的速度、所花费的成本(包括人力、财力、物力、信息、时间等)。实现效能目标的基源包括公共管理和公共决策与政策的科学性、公共决策流程的合理性,并依赖于公共决策体系的分工和整合的成功程度。

(3)公正性。市场机制主要是解决且也善于解决经济效率问题,但经济效率并不是社会经济活动的唯一准则。特别明显的是,效率并不能保证社会经济福利在社会成员之间的公平分配。公共管理不同于私人管理活动,必须肩负起维持社会公平和正义的职责,能够有效维护经济活动的起点公平、过程公平和结果公平,并平等和一视同仁地对待各个社会经济主体,从而为效率的发挥提供可持续的和稳定的条件。

(4)法治性。法治性在公共管理改革理论中主要体现为严格遵守规则的精神。因为公共决策和公共政策与公民的个人权利和利益密切相关,随机的公共决策往往会侵犯公民的合法权益。所以,对公共权力施加约束,使其在合法合理的范围内行使,就成为实现公共管理服务公众的宗旨与目标的必要条件。

(5)适应性。任何一个公共管理系统都需要与外部环境相适应,才能及时有效地解决公共问题,促进社会经济的发展。传统的行政服务往往是整齐划一的单项供给型服务,人们缺少自由选择度,加上政府公共服务本身的垄断性质,因此,是公众去适应政府,而不是政府去适应公众。新公共管理理论则强调管理主体的多元性和彼此的相互竞争性,这样就有利于形成公共服务的公众选择机制。

(6)回应性。回应性要求公共管理的主体始终要保持对于公民或社会的关注,并且要求公众对公共管理特别是公共决策过程有较高程度的参与;要求切实尊重和保护公民的权利;要求公共管理体制保持灵敏的社会感知力,保持公共决策信息系统的开放性和决策系统的有效输出与反馈。唯有如此,才能形成以"顾客"为导向的公共品提供机制,才能实现公共管理主体与客体及被管理者之间的双向良性互动。

5.1.3　良好的公共治理与良好的财政预算管理

公共管理改革的要旨在于促进良好或有效的公共治理。所谓公共治理，即公共部门行使权力、制定和执行政策所依赖的制度环境和机制，包括如何做出决策、权力和部门的平衡，以及使政治家和管理者保持责任感的途径。良好的公共治理并没有一个统一的模式或结构，但 OECD 国家普遍认为其具有以下几个基本要素：①

（1）透明——过程公开，对政策目标的实现情况进行系统的报告。

（2）负责——行动、决策及决策过程公开，以接受公共机关、立法部门及公众的公开检查。

（3）敏感——具有足够的能力和灵活性，以适应不断变化的国内和国际环境。

（4）未来导向——具有预测未来问题并制定与未来成本和预期变化相一致的政策的能力。

（5）法律与正直规则——公平地维持透明的法律、法规和制度，使其成为公共部门支持道德行为、严厉惩治腐败的文化的一部分。

公共财政和预算管理是公共管理改革的关键。良好的财政预算管理是良好的公共治理的基石，也是促进实现增长、公平和稳定三个经济政策的一般性目标的基本保证。

按照公共管理改革的主要理念及良好公共治理基本要素的要求和国际货币基金组织的解释，良好的财政预算管理起码包括三个关键方面，即：基于对政府预算和预算外准财政活动进行全面、可靠和及时报告的财政透明度；基于政府对公共资源的使用绩效负责的政府活动的效率；基于控制财政风险和财政政策可持续的财政健全性。②

---

① Alex Matheson（OECD 公共管理服务部）：《更好的公共部门治理：西方国家预算及会计改革的基本理论》，2001 年政府预算管理与会计改革国际研讨会（北京）论文集。
② 参见王雍君：《公共预算管理》，经济科学出版社 2002 年版，第 6~7 页。

根据经济政策的三个一般性目标,可以导出财政预算管理的关键目标:即支出总量控制、公共资源的结构性配置、营运效率、①合规性、可预见性及财政风险控制。良好的财政和预算管理主要通过弥补法治的不足、改善信息、利害相关者参与、强化基于结果的财政受托责任与减少腐败等来促进实现公共管理改革的目标和增进社会公共利益。

5.2 良好财政预算管理目标下的税收优惠检讨

税收优惠是通过税收渠道和税收过程中的收入减少来实施公共政策、提供公共服务及配置公共资源的特殊方式,也是一种特殊的准财政活动。税收优惠的特殊机制决定了其在许多方面容易与良好公共治理和良好财政预算管理所追求的目标发生偏离。因此,税收优惠理所当然地更应当受到公共管理改革理论和实践的关注。不过,这里首先需要特别指出,下述税收优惠与良好公共治理和良好财政预算管理目标的偏离虽然与其特点密切相关,但绝不能由此否认税收优惠存在的必要性。事情的关键在于是否有相应的管理制度来化解和防止这些问题。应当说,这些问题之所以能变为现实,根本上还是管理制度的某些缺失使然。

5.2.1 税收优惠得益与负税收价格

税收优惠作为一种公共政策,或刺激,或照顾,对于受益者来讲,与直接的财政再分配一样,都是享受政府利用公共资源提供的公共福利。但是,两者的受益机理和受益效应不同。纳税人享受政府通过直接支出提供的公共物品和服务,要支付税收价格,且支付的税收价格与受益价值不对称。因此,纳税人出于自身效用最大化的追求,总是倾向隐瞒或不真实表露自己对公共品的消费偏好,以期"免费搭车"。而纳税人享受政府通过税收优惠提供的公共物品和服务,则无需支付税收价格或者支付的是负税收价格,且这种负税收价格与

---

① 营运效率相当于微观经济学的生产效率概念:厂商以最低的成本获得既定的产出,即营运效率反映的是投入(资源)与使用这些投入生产的产出之间的对比关系。

其受益价值严格对称,即享受的公共物品和服务越多,同时减少的税负也就越多。因此,在这一过程中,纳税人总是倾向利用自己的信息优势尽力夸大对相应公共品的需求偏好。并且,企业和个人出于经济利益和社会声誉的双重考虑,虽然企盼得到更多的政府财政援助,但相对而言,又不愿扮演一个政府直接财政援助的接受者,而更希望在社会和公众面前表现出一种不是单独针对某个企业或某个个人的"一视同仁"的税收政策下的竞争者姿态。这种机制构成了对纳税人强烈的合法逐利激励和直接的非法寻租激励,造成了纳税人普遍千方百计"用足政策"的行为特征,并易助长纳税人通过弄虚作假或通过游说、贿赂征税人与之合谋骗取优惠税款的不法行为。各个政府支出部门出于预算最大化的追求,也往往更愿意绕开直接支出的限制,为相关的纳税人争取更多的税收优惠利益。其结果,势必导致对公共财政资源的过度攫取和过度的"损公肥私",演绎出较一般财政再分配中的"免费搭车"更严重的"公地的悲剧",从而既降低了公共资源的总量与结构配置效率和公共财政的营运效率,也极易妨害实现社会公正和酿成游离法制精神与公共道德的税收文化。如果政府再以增税方式从经济体系中抽取额外的资源来弥补财政资源损失和缓解"公地的悲剧"的话,则又会进一步破坏财政资源的"再生"能力,并进一步强化纳税人利用税收优惠政策寻租的动机。

5.2.2 税收优惠产权的模糊性与变相侵权

税收优惠耗费的资源属归全体公众所有的公共资源。在间接民主方式下,政府是受公众委托的这些公共资源的产权行使主体。但是,产权往往是分割的。在公共产权这个大层次中,具体的产权行使主体往往不是单一的。就税收优惠而言,其直接的政策决定权在政府,纳税人则受政府委托运用这些公共资源,即纳税人具有既定条件下的取得和使用权。因此,税收优惠规定一旦确立,就构成了一项政府与纳税人之间的委托——代理关系和关于税收优惠资源产权行使的制度安排。按照制度主义的产权理论,产权制度的效率源自于产权界定的清晰和产权运用的排他性,而实际上公有产权的界定往往是模糊的,公有产权的运用也往往具有很大的外部性。

具体到税收优惠，首先，在产权界定环节政府难以完全预知纳税人取得和使用公共资源对增进公共利益的必要程度，进而难以准确限定纳税人的权利内容和边界；其次，在产权运用环节，税收优惠所具有的纳税人自主灵活性和纳税人信息优势又给了纳税人以"越权"、"败德"的方便，使其可以一定程度地自行"操纵"税收优惠的前置条件来尽可能多地占有公共资源，这实际等于纳税人变相部分地侵占了政府或征税人的税收优惠政策决定权。此外，由于税收优惠简并了财政收支程序，因此还大大降低了纳税人的交易成本，给了纳税人比通过直接财政支出获取公共资源以更大的激励和便利。这些都内在地构成了税收优惠的膨胀、错位势能和滥用、失控隐患。

5.2.3　税收优惠的手段异变与"目标取代"

税收优惠极易导致"目标取代"现象。所谓"目标取代"，对纳税人来说，即在税收优惠政策实施中以政策工具或手段取代政策目标。因为许多税收优惠措施，特别是一些旨在提供激励的税额与税率式优惠措施，虽然都有特定的政策目标，但这种政策目标均是以税收法规中的"条件"形式出现的，没有直接支出计划项目那样的清晰而具体的资源使用指向和要求，所以，纳税人直接看到和关注的只是税收优惠对自身的财务效应，而不关心这些钱与国家政策目标的联系和这些钱的使用效果，进而将获取优惠税款本身作为了目的，使税收优惠由一种公共政策手段异变成了一种纳税人"创收"的捷径或逃避税收的手段，最终导致税收优惠偏离预定的政策目标和公共利益。对于税收优惠管理者来说，"目标取代"是指，税收优惠本来是实现公共组织目标的手段，但却逐渐成为了目标本身。由于税收优惠并非直接从税收优惠管理者掌握的预算盘子里"分餐"，因此，其只关心按税收优惠法规行事和只关注由此彰显的政绩与社会声誉，而漠视这些钱的实际用处和运用效果，从而导致其行为僵化和形式主义泛滥。这正如默顿所指出的，"一种工具性的价值变成了一种终极性的价值……人们不把它(遵守纪律)看做是旨在实现具体目标的一种做法，而逐渐把它变成一种官僚在组织中生活的直接价值。由于原有目标移位的结果，强调纪律会发展成为一种僵硬的做法，并且缺少迅速做出调整的能力"①。如此,不仅削弱了税收优惠政策的有效性,而且由于在税收优惠博弈中,纳税人确知税收政策,管理者难以确知纳税人的策略信息,很容易使税收优惠由一场"放水养鱼"的游戏,变成一场无效的"钓鱼"游戏,即"鱼"吞掉了"鱼饵"(优惠税款),却吐出了"鱼钩"(使政策失效)。

5.2.4 专款专用规制下的"敲竹杠"、效率损失及财政风险

公共财政资源的运用方式可以分为两大类:统收统支和专款专用。在统收统支模式中,特定收入与支出没有一一对应的关系,即任何一项特定收入都未被指定特定的用途。专款专用则是指一项特定收入预先即被指定特定用途的预算安排。税收优惠作为一种为特定纳税人和特定活动提供财政援助的公共资源运用形式,在运用方式上也类同于直接预算安排中的专款专用。其与直接预算安排中的专款专用的不同点是,受益人的确定是由纳税人按照税收法规限定的资格条件自动"对号入座",且受益多少是纳税人特定活动规模和税收政策的函数,没有事先的计划数量限制。这就可能引致以下税收优惠领域三个方面的问题:

其一是资产专用性条件下的机会主义或"敲竹杠"问题。资产专用性是指某项资产能够被重新配置于其他替代用途或是被他人使用而不损失其生产价格的程度。一项资产的专用性与其生产价格的损失程度成正比,损失程度为零时,它就成为通用资产。威廉姆森最早提出了资产专用性概念,但并未将其与机会主义联系起来,而是仅把机会主义归因于"信息的不完全或信息披露的不真实,特别是精于计算的误导、曲解使人模糊,或其他的混乱"②。克莱因不满意威廉姆森的观点。他认为,机会主义是在资产专用性条件下,交易一方利用契约不完备去占用另一方准租金的事后行为。为此,克莱因提出了"可占用性准租"的概念,即一项专用性资产最优使用与次优使用的价值之差。这部分价值往往成为交易双方争夺的对象。由此,克莱因揭示了机会主

---

① 罗伯特·K.默顿:《官僚制结构和人格》,彭和平等编译《国外公共行政理论精选》,中共中央党校出版社1997年版,第88~89页。

② 转引自克莱因:《契约与激励:契约条款在确保履约中的作用》,《契约经济学》,经济科学出版社1999年版,第185页。

义与资产专用性之间的内在联系,并选取 1926 年美国通用汽车公司兼并费舍配件公司案来说明交易一方对另一方"敲竹杠"的问题。① 根据克莱因的分析,所谓"敲竹杠",就是指交易中的需求方因需要特定产品而形成对拥有生产这种特定产品的专用性资产的供给方的依赖,供给方就可以在契约不完全的情况下,利用这种依赖,通过各种变通方式提高特定产品的价格,从而向需求方索要更多利益的现象。税收优惠的专款专用,意味着政府与纳税人之间达成的是一项政府专门以优惠税款购买从事特定活动的纳税人提供的特定优惠政策目标产品的交易契约,特定纳税人所具有的税收法规规定的特殊资格条件及生产能力实际也就成了一种生产政府所需的政策目标产品的专用性资产,并且这种专用性资产不是任何人想有就有、想用就能用,或什么时候想有就什么时候有、什么时候想用就什么时候能够使用的。由于这种资产专用性和双方的交易契约中缺少优惠政策目标产品价格的规定(即税收优惠没有事先的计划数量限制,契约是不完备的),就同样会产生类似于克莱因的例子中费舍配件公司对通用汽车公司"敲竹杠"的现象,即纳税人可以赖此采取各种变通办法向政府索取更多的税收优惠利益,进而导致税收优惠难以有效控制。

其二是专款专用规制下的资源配置僵化问题。在税收优惠交易中,按照税收优惠条款规定的特定用途和受益主体无条件地供应资金,形成了对资金供应方的强约束。这虽然限制了资金供给者违约的可能性,但同时也削弱了财政分配程序适应客观情况及政策需求的变化和依照效益目标灵活调配资金的能力。由于第二次世界大战后各国税收优惠政策的运用渐趋广泛,专款专用的规制就使得大量优惠税款的配置使用被相对凝固化,难以在具有效益竞争性的使用项目之间进行相机选择,无法及时将资金配向高效率的活动,从而妨碍了实现公共资源配置的战略优先性。当然,较之统收统支的资源运用模式,专款专用也有优越的一面,即有利于保证急需和重点项目有可靠的资金来源,并有利于改善公共服务的交付效率。但其效率条件,一是整个财政预算系统专款专用的项目和规模不能过多、过大;二是收入与受益之间应存在紧密联

---

① 参见段文斌等:《制度经济学——制度主义与经济分析》,南开大学出版社 2003 年版,第216 页。

系。否则,预算的全面性将受到不利影响和无助于改进公共服务的交付效率。这就是为什么目前各国的公共管理专家和财政专家即使对直接预算安排中的专款专用也都持有条件的谨慎态度的缘故。①

其三是契约不完备条件下的政策边际效益递减和财政风险问题。相对于实现政策目标来讲,税收优惠在数量上也有一个最优规模要求。但是,在税收优惠活动因优惠数量不确定而存在契约不完备性的情况下,专款专用就直接导致了交易双方的激励约束不对称,再加之前述偏好显示、产权模糊、目标取代等方面的原因,极有可能使实际的优惠数量超过其最优规模要求,造成政策边际效益递减。另外,税收优惠发生几率和数量的不确定性本来就使得税收优惠具有了突出的政府或有负债特点,专款专用规制下的契约不完备则使这种特点所可能导致的负面效应更趋于强化,从而隐含了很大的财政风险。

5.3 传统税收优惠管理的缺陷与税式支出制度的积极意义

5.3.1 法治的不足及其弥补

税收优惠政策是通过税收法规来规定和实施的。因此,传统税收优惠管理模式的基本特征和凭借的唯一手段就是税收法治。按照税收法规中的优惠条款规定配置优惠资源是税收优惠控制的第一道关口。

法治代表社会成员普遍认可的一系列强制性规则及其实施机制,当它延伸至公共资源管理领域时,即表现为一套正式的资源配置与运用的程序性规则,公共资源在这套程序性规则的支配下运作。在现代社会,缺乏法治的代价是巨大的,但法治并不是万能的。虽然人们经常把一些发展中国家长期未得到解决的重大社会、经济和政治问题同缺乏法治联系在一起,但即使在那些法治相对健全和完善的发达国家,人们仍然可以发现许多问题同样难以得到解决,其中也包括公共资源分配中的低效率问题。由此可以认为,法治基础上的资源分配程序和规则并不是确保资源分配过程取得效率的充分条件。之所以

---

① 参见王雍君:《公共预算管理》,经济科学出版社 2002 年版,第 15 页。

如此,第一个原因是因为法律对环境和形势变化的反应相对比较迟缓,法律的调整通常是滞后的;第二个原因是法律只强调服从,而实现公共资源的营运效率,还需要得到资源使用者的自愿合作。

从第一个原因方面来说,税收优惠的总量和结构完全取决于税收法规的决定,税收优惠政策的调整直接依赖于税收法规的调整。如果税收法规不能随着环境和形势的变化及时进行合理的调整,就会破坏税收优惠政策的适应性,降低税收优惠政策的效率。传统税收优惠管理模式的一个重要缺陷,就在于缺乏与之相关的一些管理程序和条件。在现代民主政治下,税收法规的确定是一个公共选择的过程,而公共选择又是一个所有利害相关者偏好显示和相互博弈的过程,税收法规的调整则是利害相关者重复博弈和修正社会偏好、改进公共选择的过程。首先,从税收优惠偏好显示角度讲,要想保证公共资源分配和使用的效率,一个基本的前提条件就是充分揭示和了解消费者偏好(民意),尽可能地做到资源配置规模的适度和将资源分配于那些公众偏好最为强烈的项目与用途上。政策制定者要想真正反映民意,理想的情形就是让公众在完整的信息下进行公共选择,并把这些选择转化为政府适当的政策目标,据此配置公共资源。这样,可以使各个自利主体尽量确知税收优惠规模大小的利害和选择实施一项税收优惠对集体得益与自身效用的影响,进而有助于克服有限理性,避免出现"囚徒困境"博弈下低效率的"纳什均衡"和缓解"公地的悲剧"。其次,博弈实验证明,重复博弈给博弈提供了实现更有效率的结果的可能性,且重复博弈的重复次数越多,这种可能性就越大。[①] 但在博弈进程中,各博弈方是否具有完美信息对他们的决策、行为及博弈的结果都有很大影响。没有完美的信息,就意味着一定的盲目性。税式支出制度的实施,一方面为公共选择和博弈各方提供了过去、现在和未来一定时期税收优惠政策的成本、效益信息,有助于公众做出更加明智、有效的选择,也有助于直接决策者根据确保资源配置效率和公共利益的要求,将大量众多、分散的消费者偏好转化为某种更能体现公共利益的社会偏好,更好地承担起帮助改进公共选择的责任;另一方面,每年一度或定期的税式支出报告连续不断地为现行税收

---

① 参见谢识予:《经济博弈论》,复旦大学出版社 1997 年版,第 36 页。

法规及其优惠条款提供着优劣鉴别的依据,并不断为税收优惠政策的效率改进指示着新的方向,从而对税收优惠资源配置起到了现实鉴照和"天气预报"的作用,有利于促进税收法规的及时调整和克服税收法规调整的滞后性,也有助于通过税收优惠实施情况的分析和公开监督,及时修正现行税收规制由于利益集团作用和官僚体制缺陷造成的偏颇,防止既定税收优惠政策的某些低效率和非公正"棘轮效应"。正是从这种意义上,税式支出制度被许多西方国家视为了税制改革的"发动机"和有效途径。

从第二个原因方面来说,在纳税人与政府管理者之间信息不对称的情况下,传统税收优惠管理仅凭法律服从并不能足以保证税收优惠政策的有效性,甚至会出现一定程度的法律失效。因为所有低效利用税收优惠和税收优惠寻租都是在"遵守"税收法规的名义下进行的,如此反倒使税收法规异化为了税收优惠低效和寻租的保护伞,变相扭曲了税收优惠的法制精神。鉴于这种情况,通过另外的管理制度安排发展出纳税人的自愿合作,就成为促进税收优惠运作效率的必然要求。而税式支出制度正是适应这种要求的一种制度安排。它起码可以从三个方面趋向满足这一要求:第一,税式支出概念具有较强的受益感知效应,有利于培育纳税人享受优惠是"拿人钱财"和"拿人钱财,替人消灾"的道德意识。久而久之,就可以发展出一种有助于纳税人自我道德约束的税收文化或非正式规则。第二,税式支出分析和评估明确显示了各项税收优惠的成本、效益和有效性程度,并作为其与直接支出进行比较、转换和税制改革的依据。如果纳税人或其所属的受益部门不能按照效率目标取得和使用优惠税款,相应的税收优惠项目就有可能在日后被提高政策门槛,甚至被取消,或者被直接支出所代替。而无论是哪一种结果,都会使纳税人及其直接相关的受益部门遭受损失。如果一项税收优惠的政策门槛被提高,与之相应的受益者的专用性资产的价值与收入能力就会贬值和降低。如果一项税收优惠被取消,受益者专用性资产的价值和收入能力就会永远化为乌有,其专用性资产投资也将成为财政交易中的沉没成本。如果一项税收优惠被相应的直接支出所代替,则由于直接支出获取过程的间接性和管理程序的相对严格性,要大大提高受益人获取等额财政资源的交易成本。这样,就对受益者形成了一种逆向的按照公共利益目标取得和使用公共资源的法律外自愿合作激励,从而弥补了政府管理者的信息劣势,节约了政府管理者对被管理者法律服从的监督成本。第三,税式支出预算报告明确显示了各项税收优惠的支出用途与所要实现的政策目标,从而也就使资源使用者承担的公共责任显性化、公开化,强化了对资源使用者的责任约束,迫使其更加主动地与政府管理者诚实合作。

5.3.2 契约缺口及其治理

在实际生活中,由于受契约当事人有限理性、信息不对称等因素的制约,契约都是存在缺口或不完全的。在不完全的契约中,权利分为特定权利和剩余权利两种类型。特定权利在契约中明确列出,这些权利是预先规定的,因而具有形式规则的外部特征。但是,契约中总有未被指派的权利。这些权利即剩余权利,它包括剩余索取权和剩余控制权。当契约中未被列明的事项或状态出现时,必须有人有权决定如何处置,否则,就无法应对不确定性。契约中未曾指派的权利是由契约之外的因素决定其行使者的,这种外在于契约并决定剩余权利配置的因素就是制度。根据诺斯的观点,制度就是应对不确定性的工具。如果说特定权利的安排反映了契约当事人对特定交易的认识成果,那么制度则通过决定契约中剩余权利的配置延续着人类理性的成果。所以,真正重要的或许不在于能否获得一个完全的契约,而在于是否有足够而有效的制度资源去填补或治理契约的缺口。

在税收优惠活动中,由于存在许多政府制定政策时难以预知和把握的不确定性,并且纳税人掌握着大量的私人信息,其效用目标与政府的效用目标亦不一致,因此,以税收优惠法规形式表现的税收优惠契约即使规定再详细,也不可能穷及所有不确定情况的应对方案,不可能彻底避免纳税人获取公共资源中的"取巧"和公共资源使用中的"滥用"现象。传统税收优惠管理模式填补和治理这种契约缺口的方法有二:一是设置税收优惠事前审批程序,在税收优惠申请和审批环节进行事前检查。如果纳税人提出的税收优惠申请不符合规定条件,则不予批准。二是设置税收优惠事后稽查程序,在税收优惠实施环节进行事后审计检查。如果发现纳税人有违规骗取优惠税款的情况,则要予以惩罚。但在这种管理模式下,第一,无论是事前检查还是事后检查,都只是一种"合规性"检查,至于这部分钱用得怎么样,其"产出"如何,是否符合公众的意愿,以及一项税收优惠规定本身是否真正适合实现预期政策目标的需要,或其实施是否能够真正有效地实现预期的政策目标,都是无从反映和证实的;第二,税收优惠实施过程的复杂性决定了税收征管者在具体管理中具有一定的自由裁量空间,如果没有对税收征管者"合规性"监管行为的有效监控的话,是否能够保证真正做到"合规",也存在很大的不确定性。这说明,仅靠税收优惠实施过程中的审批和稽查还不足以填补税收优惠的契约缺口,要保证有效实现税收优惠的公共利益目标,尚须补充新的监控制度及相应的管理技术。

在这里,补充新的监控制度,首先是一个剩余控制权的重新配置或剩余控制权结构的优化问题。哈特关于产权制度的理论研究证明,在契约不完全情况下,财产制度可以理解为契约缺口的治理要素。一般而论,财产所有者最有动力以最有价值的方式来使用财产。因此,当契约不完备时,将剩余控制权配置给财产所有者是有效率的。① 但这里的问题在于,税收优惠所使用的财政资源属全体人民所有的公有财产。从理论上讲,公有产权要求剩余控制权由集体行使,但集体行使这种权利需要支付昂贵的运行成本,且集体决策往往由于程序约束,迟迟求不出体现集体意志的"唯一解"。为将决策成本降低到经济上可行的水平,人们不得不缩小集体决策的范围,最终将剩余控制权委托给公有产权的代理人。公有产权的这种形式规定与本质规定的不一致性,使剩余控制权的优化配置面临一系列的特殊问题。在现代民主政治下的财政资源分配与运用活动中,公有产权的代理人是国家。由于国家并非一个具体的人格化主体,因此,由国家的各个相关职能部门行使国有产权是其逻辑的选择。具体到税收优惠资源的配置决策,这些职能部门起码涉及立法部门、政府预算管理部门和税收征管部门。在税收优惠政策既定的情况下,这些部门都可以按照等级和职能分工规则,对最终受托运用税收优惠资源的受益纳税人行使一定的监督控制权。这样,就形成了税收优惠实施及管理中的多层级委托—代理关系,并由此产生了剩余控制权在这些部门之间如何配置和最重要的剩

① 参见段文斌等:《制度经济学——制度主义与经济分析》,南开大学出版社2003年版,第98、101页。

余控制权配置给谁为最优的问题。根据委托—代理理论、所有权决定剩余控制权安排的理论和公有产权下剩余控制权安排的特殊效率要求,在公有产权行使实行多级委托—代理时,代理人越靠近终极的财产所有者或委托人,其效用函数与终极委托人的效用函数的差异就越小,所受到的终极委托人的监督也越直接。因此,越是将最重要的剩余控制权配置给靠近终极的财产所有者的代理人,也就越有利于提高监督效率。传统税收优惠管理模式的突出特点,是将剩余控制权唯一地配置给了税收征管部门。而税收征管部门只是税收优惠法规的具体执行者,其一方面处于委托—代理链条的下端,远离税收优惠资源的终极所有者,公众对税收优惠资源运用的全部利益诉求较难直接、有效地传导和融渗到税收征管部门的监管行为中;另一方面,税收征管部门作为一个单纯的执法部门,被赋予的剩余控制权也仅限于"合规性"监督方面,而税收优惠资源运用的"产出"效果如何和税收优惠规定的实施是否能够真正有效地实现公共利益目标,并不在税收征管部门的直接责任和权限范围之内,并且税收征管部门作为一个单纯的收入部门,也不具有设法有效和合理运营税收优惠资源的剩余索取权激励。这也就是说,在传统税收优惠管理模式下,维系税收优惠资源配置与运营绩效的最重要的剩余控制权是"空置"的。再者,由于税收征管部门在税收优惠管理中具有一定的自由裁量空间,如果税收征管部门受政府管辖者出于片面"经济"观点的指使,以税收优惠作为"促产"和经济竞争的手段,或者由于私利驱动而与税收优惠寻租者"合谋"或主动"设租",进而变相改变税收优惠政策,或者是按照个人或特定团体的利益解释税收法规的话,税收征管部门就不仅不能完全履行税收优惠资源"监护人"的职责,而且会在一定程度上成为"虐待"和"滥用"税收优惠资源的"乐善好施"者或"监守自盗"者。在税收优惠法规存在较大漏洞或弹性,以及税收法治不健全的环境下,这种情况尤其会变得突出。

相对于传统税收优惠管理模式的缺陷,税式支出制度在优化剩余控制权安排方面解决了两大问题。

其一是通过税式支出分析、评估和预算控制的制度安排,解决了"合规性"监督以外的剩余控制权,即税收优惠绩效监控权"空置"的问题。在实践中,多数国家是将这种监控权配置给了最靠近税收优惠资源终极所有者的立法部门。即使是未对税式支出预算报告提出立法要求的国家,也将这种监控权配置给了距离终极所有者较近且在财政资源的总量配置和结构配置上直接受立法部门控制的预算管理部门。一般说来,立法部门的政治目标与多数选民的利益目标是一致的,不反映多数选民所提出的公共利益要求的立法部门意志是不可能长久持续的。财政预算部门虽属政府行政部门,但一则其资源配置行为要直接受立法部门的监控,二则税收优惠资源的有效配置和运营可以直接节约或扩充其支配的公共财力,扩大其财力运筹的回旋余地,减轻其面临的财政收支平衡压力,进而使其赢得良好的政治声誉。这就意味着预算管理部门在被赋予剩余控制权的同时,也享有了一定意义上的剩余索取权。由此而言,税式支出制度不仅近似地按照所有者享有剩余控制权的效率规则解决了税收优惠绩效监控权的"空置"问题,同时也满足了资源稀缺情况下剩余控制权与剩余索取权相匹配的效率条件。更为重要的是,在税式支出制度下,税式支出预算报告作为反映所涵盖的税收优惠措施成本、绩效的信息资料和统筹国家财力使用的计划文件,不仅要提交立法部门审议和以一定方式进入预算管理部门的预算确定程序,而且要向全体人民公布,直接接受公众的监督。这意味着作为税收优惠资源终极所有者的公众也获取了一定的剩余控制权,从而更逼近最优剩余控制权安排的要求,也体现了公共管理改革所追求的公共性、回应性理念,顺应了良好公共治理与良好财政管理将准财政活动纳入预算管理过程的要求及其所应坚持的利害相关者参与和透明、负责、法律与正直规则。

其二是解决了税收征管部门自身监控权不完全的问题。税收优惠的存在,客观上使税收制度成为了政府支出的另一条渠道,也使税收征管部门成为了一个收入和支出兼施的双重行政管理部门。但传统税收优惠管理中税收征管部门的"合规性"审批和稽查,本质上依循的只是税收收入的监管程序,并未真正体现和完全贯彻支出管理的特殊要求,因此,税收征管部门被赋予的剩余控制权也是不完全的。税式支出概念和税式支出制度的建立与实施,明确揭示了税收优惠的政府支出性质,并赋予了税式支出与直接支出一样的估价和控制程序。在这种管理模式下,税收征管部门不仅负有对税收优惠的实施进行"合规性"检查监督的职责,同时也要按照税式支出预算管理的需要对税式支出成本进行必要的统计、分析,并在税收优惠实施与监管过程中接受和贯彻预算管理部门及立法机构的税收优惠绩效信息反馈和资源配置导向,从而将税收征管部门的税收优惠监管与政府支出管理程序联系起来,使税收征管部门具有了与其实际工作内容和性质相匹配的相对完整的监控权。

除剩余控制权的有效配置外,管理技术也是保证有效监管的必要条件。税式支出制度在补充新的管理技术方面的主要功效,是以计划性和连续性的监控方式,减少了剩余控制权后置的效率损失,解决了税收优惠契约的动态优化问题。

相对于既定契约中的权利安排,剩余控制权是一种后置或"后发制人"的权利。与完备状态下的契约绩效相比,剩余控制权的合理配置仍然可能存在效率损失。要减少这种效率损失,尚有赖于挖掘管理技术或剩余控制权的行使方式的潜力。另一方面,从静态角度讲,剩余控制权的合理配置与行使,可以填补原有契约的缺口,但却不能改变原有契约的不完备性。然而,从动态角度看,剩余控制权的合理配置与行使,对于增进契约的完备程度,提高契约本身的绩效,是有重要作用的。毋庸置疑,传统税收优惠管理模式中的事前审批监督和事后稽查监督所体现的剩余控制权也是后置的,其只能解决税收优惠法规既定条件下税收优惠政策执行的"合规性"问题,而不能对税收优惠资源的低效配置和"滥用"及其可能导致的财政风险起到及时的防控作用,也不能对契约的改善提供有价值的帮助。税式支出制度在管理技术上的重大改进之处,首先是在税收优惠审批监督之前增加了一道基于公共利益目标和数量化成本、效益控制的计划管理程序。其一则为税收优惠审批提供了一种与"合规性"相辅相成,甚至比"合规"意义更重要的指南、标准或依据,有助于减少税收优惠审批中自由裁量的盲目性和随意性;二则实现了税收优惠法规约束与计划控制的有机配合,进一步扩展了应对不确定性的范围和触角,也进一步限制了有关当事人"滥施"优惠和"虐待"公共资源的机会主义动机,有利于做到税收优惠政策实施的"合规"与"有效"两利兼收。其次,在比较成熟的税式支出制度模式下,每年或定期编制的税式支出预算报告,同时包括了以前年度的税式支出统计分析和预算年度及以后年度的税式支出预测分析。前者是对既行税收优惠政策结果的总结和检验,后者则具有基于"前车之鉴"的对未来税收优惠政策的修正和规划意义,并且这种多年度的税式支出预算报告是逐期滚动编制的。这样,就形成了一种税收优惠契约动态优化机制:现行税收优惠政策体系的不周全和不合时宜之处不断地被揭露,继而催生出更完善和更适应社会经济发展需要的新的税收优惠政策体系。如此持续演进,使税收优惠契约的完备程度和绩效条件得以逐步调适和改善,税收优惠资源的总量与结构配置亦可能逐步趋向帕累托最优。同时,也有助于防止各种不确定性风险持续积累而引发财政危机和影响税收优惠政策的必要稳定性。

5.3.3 制度装置与提高制度的执行力和实施效果

在新制度经济学的研究中,制度环境、制度安排、初级行为团体、次级行为团体和制度装置构成了制度变迁所必需的五大主要因素。其中,制度安排被定义为管束特定行动或关系的一套行为规则;制度装置则可以直观地理解为制度变迁中新制度安排的控制措施、文件、手段、设施、信号、工具和人员等。当制度装置被应用于新的制度安排时,行动团体就利用它们来获取原有制度安排所无法获得的收益。换言之,成功的制度安排是通过成功的制度装置来执行的。正如在日常的交通系统中,没有马路护栏、信号灯、交通警察、各种形式的交通安全宣传与教育等制度装置,不能随便穿越马路的制度安排就不可能得到有效贯彻。由此可以断定,制度装置决定着制度的执行力和实施效果,有效的制度装置将产生有效的制度安排,不同的制度装置可以使一项新制度安排具有不同的执行力与目标绩效。而一个有效的制度装置应当具备下列一些特征:①应是能持续、周密保护其对象的;②触目可及,能时刻接触到的;③便于操作;④具有充分执行和宣传新制度安排的功能;⑤符合成本收益规则。① 显而易见,如果把税收优惠手段的运用看做一项必要的政府支出制度变迁的话,要保证其取得理想的执行效果和获得传统直接支出制度所不及的额外收益,同样必须考虑制度装置的有效性问题。

制度装置的选择与所处的制度环境有关。或者更具体地说,是与新制度安排所规制的对象性质(公共品与非公共品)有关。特别是当产权无法清晰

---

① 石军伟、付海艳:《制度装置和制度安排的有效性》,《经济学消息报》2004 年 4 月 16 日。

划定或产权主体之间的信息不对称,以致产权无法充分发挥约束机制作用时,制度装置的合理设置尤其必要,它甚至比国家法律更具执行力,会带来更合理的制度变迁绩效。① 从这种意义上说,税收优惠政策规则作为管束相应的公共资源配置与使用的制度安排,最重要的是要有一种与其制度环境及公共利益目标要求相适应的具有较强防护功能的制度装置或制度装置体系,能够对公共资源的合规且有效利用起到良好的护卫作用。因为在税收优惠资源作为一种典型的公共品存在很强外部性的条件下,许多当事人都具有过度甚至违规攫取税收优惠资源以最大化自身效用的内在冲动。不仅直接受益的纳税人及其利益集团是如此,各级地方政府和各个政府支出部门也是如此。尤其是在财政集权体制下,地方政府还往往会成为滥施、滥用税收优惠政策的"主谋"。在财政分权体制下,地方政府的税收优惠行为与税种和收入的分享安排有关。但由于财政分权体制并不能割断区域与全国的利害关系和地方与中央的财政联系,也不能改变中央政府财政风险最终承担者的角色,只要增加税收优惠的内部收益大于内部损失,或者可以比较方便地向中央政府转嫁财政风险,地方政府就仍有足够的动力利用税收优惠"损公肥私"。政府支出部门的效用目标是本部门预算最大化,增加对本部门相关纳税人的税收优惠可以变相扩大自己的实际预算与支出规模,省却获取更多直接支出的交易成本和难度。因此,各政府支出部门也往往是相关税收优惠的积极呼吁和争取者。至于税收征管者,如前所述,若其出于某种私利驱动或不适当的行政干预而与寻租者或干预者"合谋",也会成为违规或滥施税收优惠的"操盘手"。在这种"食之者众"的情况下,如果没有一个较强防护功能的制度装置或制度装置体系,很难想象税收优惠系统将如何持续地正常和有效运营。

前已提及,不同的制度装置可以使制度安排有不同的执行绩效。具体分析,我们可以进一步依形态不同,把制度装置分为隐性制度装置和显性制度装置;依强制力不同,把制度装置分为强制性制度装置和非强制性制度装置。隐性制度装置(如道德、文明、法制观念、意识形态等)的约束范围较广,但执行

---

① 石军伟、付海艳:《制度装置和制度安排的有效性》,《经济学消息报》2004 年 4 月 16 日。

力度较弱;显性制度装置(如管理文件、管理人员、管理设施等)的约束范围较窄,但执行力度较强。强制性制度装置(如管理性法规、交通信号灯、马路护栏等)的执行力度强于非强制性制度装置,但管束内容比较具体,应对复杂情况的适应性较弱;非强制性制度装置(如指导性的计划和说明文件、围护公共草坪的小栅栏等)的执行力度弱于强制性制度装置,但管束内容较为广泛,应对复杂情况的适应性较强。

在传统税收优惠管理模式中,用来贯彻制度安排(税法中的优惠条款)的制度装置主要是税收管理法规与法治、相关的宣传教育和税收征管人员。税收管理法规具有强制约束力,但其管束内容仅限于某种具体和明确可鉴的违规行为。虽然管束对象违反税收优惠规定要依税收管理法规进行惩罚,但这种惩罚是事后的,即使可以亡羊补牢,损失也已经造成。尤其是在社会法治松弛的制度环境下,所有管束对象都更趋近风险偏好假设,且被惩罚的概率和成本较低,因此将难免出现"法不责众"和"屡查屡犯"、"屡禁不止"的现象。与税收优惠相关的宣传教育本质上是一种意识形态教化。意识形态约束对不同的人成效是不同的。高素养的人,会听从这种教化,时刻以较高的文明水准与公共利益观念约束自己,遵循制度安排规则。但对于税收优惠来讲,直接享受者与间接享受者、现实享受者与潜在享受者成千上万,其素养水平参差不齐,行为偏好各式各样,作为制度装置的意识形态教化又如何能有效地发挥作用?税收征管人员的审查和稽查对税收优惠规则的实施具有直接的管束力,但由于其职责范围、行为机制等方面的原因,显然也难以完全防止税收优惠资源的无效流失和保证税收优惠制度安排取得理想的执行效果。

相比之下,税式支出制度在以税式支出概念对税收优惠进行重新规范的同时,产生了新的制度装置,并进一步完善了制度装置体系。首先,税式支出预算文件规定了税式支出总量和各个税式支出项目的数量界限,对税式支出资源的运用做出了具体的有效性解释。这种数量界限和有效性解释作为税收优惠政策执行的重要依据,贯穿于税收优惠政策实施及其管理的整个过程,并被赋予了一定的法制程序,对所有的当事人都有不同意义的管束作用。它的突出功能,一是使税收优惠法规的内在制度精神进一步显性化和清晰化,更加深入和全面地向全社会宣传了其制度安排;二是为税收优惠政策的具体执行设置了一道明确可见的"控制圈"。虽然在很多国家和很大程度上税式支出预算是指导性的,但这就像围护公共草坪的栅栏一样,毕竟能够起到"关键时刻点拨迷津"的功效。它在"违规受罚"的基础上,进一步警示人们:变通违规和偏离公共利益目标过度攫取及无效利用公共的税收优惠资源也是不合制度安排的,并且这样也是有内部成本的(相应的税收优惠项目有可能在日后被提高政策门槛或被取消)。如果再像荷兰那样,对达到预算限额后的税收优惠申请采取"过线不批"做法的话,则就会类似于交通红绿灯和马路护栏的功效,使制度安排更具执行力。其次,尽管不同制度装置具有不同的有效性,但正如戴维斯和诺斯的研究所表明的那样,仅靠某一种或某一类制度装置来保证新制度的执行并不是合理或最优的安排。一个可能的选择是较充分的"制度装置组合"。① 税式支出制度的另一改进之处,就是在传统税收优惠管理模式的基础上,构造了更为健全的制度装置组合体系。这包括:具有强制力但保护目标比较专一的税收管理法规与具有较大指导意义但保护目标比较广泛的预算文件的匹配兼用;具体的合规性保护措施与明确的有效性维护措施的相互衔接;刚性的性质、范围界标与一定弹性的数量、规模界标的同存并立;一定数量范围内的强制性或指导性限制手段与成本效益规则下的选择裁量标准的相互融合;检验性信号工具与预测性信号工具的相互配合;总量调控与结构规划的有机结合;规制内容更加丰富的隐性装置与更加多元化的显性装置的组合;税收征管部门的执法监管与财政预算部门的计划监管、立法机构的立法监管及社会公众的公共选择监督共同作用的多层面制约;等等。

此外,从委托—代理角度进行分析,传统税收优惠管理模式的信号传递功能也是不健全的。税收支出制度在改进制度装置方面,还具有类似斯宾塞劳动力市场模型所描述的不对称信息下的信号传递意义。② 所谓信号传递,是

---

① 参见石军伟、付海艳:《制度装置和制度安排的有效性》,《经济学消息报》2004 年 4 月 16 日。

② 斯宾塞劳动力市场模型意在描述雇佣双方的信号传递机制,解决劳动力市场的逆向选择问题。其具体解释,可参见段文斌等:《制度经济学——制度主义与经济分析》,南开大学出版社 2003 年版,第 298 ~ 305 页。

指在信息不对称时,如果拥有私人信息的一方有办法把信息传递给对方或者不知情者有办法诱使另一方揭示其私人信息,那么社会福利就能够改善。税式支出制度这种意义在于:包含了各类税式支出项目成本—效益分析与相应的优惠政策实施导向的税式支出预算文件一旦确立和公布,就对那些潜在的税收优惠受益者给定了一个不仅与其享受优惠的各种资格条件信号挂钩,而且与其有效实现公共利益目标的能力信号挂钩的税收优惠合同菜单。这一合同菜单显示,符合税收优惠条件且越有能力实现公共利益目标的人,越有可能得到和越容易得到较多的税收优惠。潜在的受益者就根据这一合同菜单来改变自己的信号水平,以最大化自己的净效用。但是,改变个人的信号水平的努力是要花费成本的。如,那些照顾性税收优惠的受益者若想获得较多的优惠收益,就需要提高自己的困难程度。而故意提高困难程度虽然可以得到较多的优惠收益,但社会照顾的界限仅限于维持,依靠照顾过活总是比自食其力的生活水平要低,而且还要承受社会地位下降的声誉和精神损失。那些刺激性税收优惠的受益者若想获得较多的优惠收益,就需要对符合优惠条件的产业或事业进行投资。在改变个人的信号水平要花费成本的情况下,对于照顾性税收优惠的受益者来说,其策略选择就取决于成本与收益的比较。只要成本大于收益,受益者就会选择尽力工作或改善经营,除非实在无能为力或客观条件所迫而不申请优惠照顾。目前各国的税式支出预算管理,基本上都是以新公共管理所追求的效率导向为信号内容的,而且许多国家都将适当削减包括税收优惠照顾在内的社会福利水平视为实现社会公正的重要举措之一。以此为导向的税式支出预算文件信号,无疑有利于减少照顾性税收优惠受益人的"偷闲"激励,诱使其"说实话",进而防止或减少税收优惠的效率损失,保证得到照顾的是真正的困难者。对于刺激性税收优惠的受益者而言,斯宾塞模型有一个很重要的假设,即信号成本与雇员的产出能力成反比。依此进行分析,对于完成一定获取优惠目的的投资,能力强的人所花的成本比能力弱的人要少。潜在受益者根据自己的成本与收益比较,选择一定的投资水平并力争完成,就等于向政府管理者传递自己是有能力实现公共利益目标者的信号。经过一段时间的优惠政策实践,管理者在认识了受益者的真实能力后会调整对受益者能力的评价,从而选择更合理的优惠政策和优惠水平。管理者在根据上次情况调整了对受益者能力的评价后，就面对下一轮新的税收优惠申请者，开始一个新的循环。如此，便起到了不断鉴别受益者能力的作用，有利于实现税收优惠管理者与受益者双方的效用最大化和税收优惠资源的有效利用。

6 构建中国税式支出制度的若干基本问题

6.1 建立中国税式支出制度的必要性

认识建立税式支出制度的必要性,是构建税式支出制度的逻辑起点。然而,对建立中国税式支出制度的必要性,这里已无须再从一般意义上做更多的论述。其一是因为前面已结合本书的研究背景、西方国家税式支出制度的考察和税式支出制度积极意义的分析多有涉及,二是因为时至今日,国际和国内已对税式支出概念与税式支出制度形成了基本的肯定性共识。现实需要进一步着重阐释的是中国转型期特殊的税收优惠失控机理对建立税式支出制度提出的特殊要求。此外,目前国际、国内虽已对税式支出概念与税式支出制度形成了基本的肯定性共识,但也存在若干直接或间接的质疑和批评意见,从而可能影响到人们对建立中国税式支出制度必要性的认识和影响到人们对推行这项改革的决心与信心。从现有文献反映的内容看,这些意见大都集中在对税式支出方式和税式支出预算实际价值的怀疑方面。究其根源,主要是与税式支出的某些负面效应和税式支出制度实施效果的某些不理想有关,部分的是出自税式支出预算管理的某些技术困结和对税式支出制度理解的偏差。实事求是地回答这些质疑和批评意见,也是认识建立中国税式支出制度的必要性所不可回避的重要问题。

6.1.1 对建立中国税式支出制度特殊意义的认识

税收优惠失控是世界各国建立税式支出制度的普遍的直接动因。但是,由于不同国家的政治经济体制、公共资源配置机制、财税管理制度及管理方式等不同,税收优惠失控的具体机理也存在诸多差别。中国转型期特殊的税收优惠失控机理决定了建立税式支出制度具有更突出的现实必要性和长远意义。

(1)中国的税收优惠失控首先源于税收优惠政策运用的过渡性、随机性和盲目性。中国现行税收优惠政策格局是在体制转轨过程中复杂而不规则的经济环境下形成的;同时,由于经济改革和对外开放采取渐进式模式,因而相关税收优惠政策的实施也具有明显的过渡性、随机性和盲目性特点。其突出表现,一是为了减少改革的阻力,税收优惠政策的出台往往是更多地考虑照顾部门、地方乃至企业的既得利益,而非出自明确的政策目标和科学的政策实施规范。二是税收优惠政策的确立习惯于"一事一议",税收优惠政策的执行习惯于"一户一议",缺乏从社会经济发展和宏观调控全局"布局谋篇"。三是迫于转轨期经济增长、增强企业活力、引进外资等方面的压力,在指导思想上片面地将税收优惠视为"放水养鱼"的"主打"措施,而缺乏如何"放水"、放什么样的"水"和放多少"水"才能真正把"鱼"养肥养大的科学考虑。四是为趋附转轨期经济形势与具体改革部署复杂多变的特点,税收优惠政策体现在法律、条例中的既少且粗,大量过渡性、临时性、区域性和针对特定类别纳税人的专项性优惠政策实施标准又弹性过大、漏洞过多。五是一些税收优惠措施的运用并非是因为比其他的政策手段更为有效,而是因为在其他政策资源不足和运用难度较大的情况下,运用这些税收优惠手段比运用其他政策手段来得更为现成和容易。特别是在政府财力紧张,对某些社会经济活动的直接财政支持乏力时,往往习惯于"不给钱,给政策"的做法。由此,导致税收优惠政策脱离了基本的运用规范,酿成了不分主次和有必要无必要的"普惠制"、优惠规模过大及政策失效等一系列重大问题。另外,与税收优惠制度较为健全的国家相反,政策手段简陋单一,多采用减免税及退税方式,纳税扣除、税收抵免、加速折旧等方式采用很少,也是税收优惠政策运用过渡性特点的重要表现。减免税和退税方式虽然简便易行,但难以有力地激励纳税人调整生产经营活动,而是对纳税人争取税收优惠更有吸引力,且其代表的法制性和政策稳定性较差,容易产生随意性和扩大"寻租"的空间。再加之相当一部分减免税措施与获利年度、合资企业、新办企业、福利企业等挂钩,还导致了纳税人通过人为地推迟获利年度及实行假合资、假新办、假福利等手段避税和偷逃税,造成税收收入大量流失。

诸如此类,都说明,在当今中国,较之税收优惠政策运用比较成熟和规范的西方市场经济国家,更有必要通过建立税式支出制度,为尚处于转型期混沌状态的税收优惠运作提供一种制度性的运行鉴镜和约束、纠错机制,借此对税收优惠范围和规模施以宏观控制,对庞杂的税收优惠措施进行系统的审理分析、优劣评鉴和规范矫正,以尽快使税收优惠政策的运用摆脱局部利益、一时一事和某些急功近利、浅陋盲目认识的拘泥,走出过渡期的税收优惠"泥淖",并形成主动的具有前瞻性的税收优惠失控防范机制,保证税收优惠政策运用的"长治久安"。从新制度学派的路径依赖和利益集团理论角度看,也迫切需要通过建立税式支出制度来遏制和改变改革以来形成的税收优惠运作惯性,防止一些不良习惯、规则继续"自我强化"和某些利益集团的既得利益长期"固化"而导致将来"积重难返"或被"锁定"的局面,以尽快将税收优惠导入时刻有利于市场经济和公共利益的轨道。

(2)中国的税收优惠失控与税收优惠管理的薄弱性和松弛性直接相关。前面有关建立税式支出制度一般意义的论述已明确表明,单靠传统的税收优惠管理制度并不足以防止和解决税收优惠过程中可能出现的各种弊端。但中国的问题在于,即使是传统层面的税收优惠管理,也是相当散乱和松弛的。从管理主体看,中国是一个税法制定权高度集中的国家,税收优惠管理权也不例外。名义上税收优惠政策的制定权集中于中央,除中央政府有明确授权的税收减免外,地方政府一般没有税收优惠政策的制定权。而事实上,几乎各级政府都或多或少地出台过部分税收优惠项目。1994 年的税制改革虽然再度集中了税收优惠政策的制定权,但税收减免仍一直是中央和地方争夺的一个焦点。即使在中央一级,全国人大及其常委会、国务院、财政部、国家税务总局、海关总署、国务院关税税则委员会等都有权制定部分税收优惠规定,并且几乎涉及所有税种。在全部税收优惠政策中,真正由立法机关掌控的只不过 10% 左右,其余绝大部分均由行政机关掌管,而且事实上主要是由税收职能部门掌管。① 因此,很

---

① 参见马国强:《中国现行税收优惠制度及其改革》,楼继伟主编《税式支出理论创新与制度探索》,中国财政经济出版社 2003 年版,第 236 页。

难保证政府各部门间、上下级政府间的税收优惠政策内容和目标是完全一致的。不同管理主体之间的利益目标彼此不能兼容是很自然的事情,于是经常爆发不同方面、不同地区的税收优惠"大战"。从管理过程看,首先,重申请审批、轻执行监管和重问题成堆后"亡羊补牢"式的行政查禁、轻预防性的制度约制,是我国税收优惠管理的一贯偏颇。就前者而言,至今实行的税收减免管理办法仍是着重建立和完善税收减免的审批程序和资料保管等事项,忽视享受税收减免后的管理及对运行效果的调查和监控,客观上助长了享受税收减免优惠企业的短期投机行为。尤其是有些企业在享受减免税期间仍扩大成本、虚报利润,以达到继续骗取减免税的目的。这无疑折射出税收优惠执行监管中存在着弊端。另外,对纳税人所得的减免税款如何使用没有明确有效的监管办法和制约手段,也是税收优惠执行监管不到位的重要表现。就后者而言,包括1994年在内的每次税收优惠的清理整顿其实都是这种畸形做法的"续演",其极易反过来引致各类得益者对税收优惠的软约束预期和"捷足先登"的"抢班车"心理。其次,税收优惠大部分经由征税机关裁量实施,其间的随意性本来就比直接财政支出大得多,而各地出于不同的政策和利益偏好,对所辖纳税人的税收优惠特别是扶持性和困难性税收减免审批尺度不一,使实际操作过程的随意性和混乱局面更显突出。再次,缺乏有力的纳税人税收优惠违规惩戒机制。在每年的纳税检查和有关的审计检查中,税收优惠违规案件屡屡曝光,但由于种种主客观因素的阻扰,往往是处罚轻微,甚至不了了之,致使一些违规纳税人一犯再犯。最后,缺乏有效的税收减免违规审批责任机制。现行的许多税收征管法规都有关于违规减免税收的责任条款,但却没有规定相关责任人要承担何种具体的责任,也未明确规定责任追究程序。毋庸置疑,这种责任机制很难真正从源头上避免和杜绝违规税收减免,更何况地方政府的违规税收减免往往是以促进当地的经济发展为由,且与干部政绩考核指标紧密相关,进而变得"堂而皇之"和"情有可原"。

基于上述问题,近些年各级财税管理部门围绕强化管理监督采取了不少改进措施,但这些措施大都没有超越传统税收优惠管理模式的框圈,且不具有从根本上解决问题的价值。如,许多地方相继严格和完善了一些单项税收优惠的申请、审核、批准、执行、检查程序,但这既不可能全面保证该项税收优惠政策的实施效果,也不可能解决税收优惠的宏观失控问题。再如,有些地方的税务部门为监控减免税款的使用,对其实行专户储存、动用审批制度。这样做且不说没有法律依据,也妨碍了企业的资金营运效率,还为税务部门随意支配企业优惠税款的侵权行为开了方便之门。① 又如,为了建立审批程序简化、审批标准明确、监督有力、行为规范、运转协调、公平透明、廉洁高效的税收减免管理体制,国家税务总局于 2005 年 8 月颁布了《税收减免管理办法(试行)》。该管理办法一是改变了过去不同税种和不同优惠政策分布在不同规定里的情况,把原有分散的不同税种的税收减免政策综合统一起来;二是改变了过去税收减免审批采取自下而上层层审核、自上而下逐级批准的烦琐程序,将减免税统一分为备案和报批两种类型;三是将减免税管理与纳税申报制度结合起来,规定纳税人已享受减免税的应当纳入正常申报进行减免,享受减免税到期的应当申报缴纳税款,同时将年审制度调整为与纳税检查、执法检查或其他专项检查相结合;四是要求税务机关加强对减免税的监督,尤其是按实质重于形式的原则对企业的实际经营情况进行事后监督。这虽然意味着我国税收减免有了统一的管理标准,并延伸和进一步完整了税收减免的监管链条,提高了税收减免政策及其执行审批的透明度,但仍未能有效解决减免政策不公、减免权力滥用、重审批轻监管等方面存在的制度缺陷。由此而言,只有跳出现行税收优惠管理模式的框圈,通过建立税式支出制度实施税收优惠管理的制度创新,才是有望根治我国税收优惠管理方面存在的各种弊端,进而有效解决税收优惠失控问题的更优举措。这一方面是因为,我国目前税收优惠管理的薄弱与松弛,不仅在于税收优惠管理办法的偏颇与落后,同时在于税收及税收优惠法治不完善。建立税式支出制度,既有利于暴露、弥补和矫正税收优惠管理办法的缺陷,而且可以形成一种进一步衡量、约束税收优惠法治的更全面、更系统和更高层次的制度性规制,促进税收优惠法治程序的规范与严格贯彻。另一方面,计划化的预算控制是税式支出制度的灵魂,而计划管理是我国的传统优势。种种事实表明,在目前国情条件下,定量的计划管理比定性的法律法规更具现实执行力和适应性。从这种意义上说,税式支出制度对于中国的税收优

---

① 参见李圣君、关学军:《试论税式支出的使用管理》,《税务研究》1991(5),第 47 页。

惠管理,较之西方国家更有用武之地。

（3）中国的税收优惠失控属典型的政府型失控。概括地说,税收优惠活动的主体不外乎两类:一类是纳税人,一类是政府。虽然所有的税收优惠失控都兼有纳税人和政府两方面的作用,但在不同国家或同一国家不同时期的特定情况下,两者的作用程度是有区别的。因此,根据这两类主体在税收优惠失控形成中的主动作用大小,也可以将税收优惠失控分为两种类型:一种是纳税人型税收优惠失控,一种是政府型税收优惠失控。前者是纳税人或纳税人利益集团在税收优惠失控中起主要作用,后者则是政府及其有关的权力部门在税收优惠失控中起主要作用。相对而言,政府型税收优惠失控造成的不良后果更严重。纵观中国改革开放以来的情况不难发现,税收优惠泛滥的"始作俑者"首先不是纳税人或纳税人利益集团,而是政府,尤其是各级地方政府。无论是税收优惠决策的失误、失当,税收优惠政策的散乱、政出多门,还是越权减免税、发起税收优惠"大战",以及税收优惠管理中的松懈、随意变通、违规审批等,均由政府一手所为,甚至在一些纳税人违规造假骗取税收优惠的行为背后,也或多或少、或明或暗地有某些政府权力部门、执法部门和政府官员的影子。政府型税收优惠失控的形成,涉及政治体制、经济体制、财政体制等多方面的因素。择其要者,一是民主与法制不健全,政府治理结构改革滞后于经济体制改革,以权代法,以言代法,公共资源配置与财税决策中的公共选择机制和政府行为监督机制缺失。二是政府职能错位,政府行为失范,干预经济的目标、范围和方式不当。三是政企不分。其既包括传统体制下形成的国有企业与政府不分的老问题,也包括体制转轨过程中形成的民营企业与政府官员关系过度密切的新问题。四是财税体制上上下级政府之间权责不清,利益边界模糊,税收优惠被当成了各级地方政府进行税收竞争和迂回谋求本地利益及暗中向上级财政分肥的主要手段。而且,分税制体制的不完善还引发了税收优惠实施的地区"马太效应"。

鉴于中国税收优惠失控的政府型特点,建立税式支出制度的重要意义更是倍加突出和显而易见。第一,税式支出制度是主要用来约制政府的公共资源配置及其管理行为的。其对于从决策失误、政策失效到执行混乱、监管不良均由政府一手造成的政府型税收优惠失控,较之财税民主和法治比较完备下的纳税人型税收优惠失控,无疑具有更直接、更重要的约制意义。从这一点来看,税式支出制度之于医治中国的税收优惠失控,将是一剂更为对症的良药。第二,税式支出制度是以将符合税式支出定义的税收优惠纳入财政预算管理程序为基本特征的,而财政预算是现代民主政治和市场经济体制下制约政府行为的基本手段。建立税式支出制度,不仅是解决税收优惠失控的有效举措,也是从更高的制度层次上匡正政府职能偏差、规范政府行为的有效途径。第三,建立税式支出制度,对各种相应的税收优惠项目进行成本效益分析,有利于改变各级政府长期以来存在的"促产就得优惠,支持就是给钱"的传统政策理念,促进建立科学的税收优惠政策观。第四,编制税式支出预算,形成政府收入计划、直接支出计划与减收计划并存且相互制衡的预算体系,有助于在财政体制不完善的情况下,防止各级地方政府在自身利益与依法治税的权衡中以牺牲全局利益和统一的税收政策目标为代价,将税收优惠作为一己利益最大化的调节器,也为财税执法部门抵御政府权力部门的随意干预增加了一道防线。第五,我国政府型税收优惠失控有着深厚的政治经济体制背景,而税式支出制度作为一种具有突出的公共性、法治性、效能性、公正性和科学、透明特点的税收优惠管理模式,其实质精神与政治经济体制改革的要求和方向高度契合。建立税式支出制度对于促进体制转轨和新体制的发育、成长,从根本上医治税收优惠失控的体制病灶的积极意义也是不言而喻的。

6.1.2 对税式支出制度实施效果某些不理想问题的审视

一些西方国家建立税式支出制度以后,实施效果的确存在不够理想之处,其主要表现在税式支出规模在一些时期仍旧快速增长上。在这方面,最典型的是美国。由此不仅招致了美国一些人对税式支出预算的批评,也引起了我国一些人对税式支出预算究竟是利大于弊还是弊大于利的怀疑。[①]

美国自1974年预算法案正式批准实行税式支出制度和在预算中编列税

---

① 参见丁森:《从美国税式支出的情况看税式支出理论在我国的运用》,《税务研究》1991(2),第44页。

式支出项目,并要求国会有关部门检查、控制这些支出的变化。但此后的十多年间,美国的税式支出规模仍未得到实际控制,无论是绝对量还是相对量都继续呈快速增长的趋势。就绝对量而言,联邦税式支出额 1985 年达到 3750 亿美元,比 1973 年增加了近 5 倍;就相对量而言,1973 年联邦税式支出相当于联邦直接支出的 24.3% ,1984 年上升到 34% 。只是到 1986 年里根政府的税制改革法令生效后,税式支出规模才真正得以缩减。① 在后来的一些年份里,美国的税式支出绝对量又有较大幅度的增长,1992 年仅所得税的主要税式支出概算就又达到 3845 亿美元②。尽管如此,笔者认为,并不能仅凭这一现象就得出税式支出制度及据此编制税式支出预算是不足取的结论。因为:第一,上世纪 80 年代中期以前的一段时间,虽然新自由主义思想已开始广泛传播,但仍未彻底动摇凯恩斯主义政策主张在美国经济政策指导思想上的统治地位。1986 年以前美国税式支出规模的膨胀仍主要是美国政府在税式支出名义下过度运用税收优惠措施的结果,其至多说明税式支出制度的初衷还没能被充分贯彻,而非税式支出制度本身不科学、不合理。恰恰相反,这一时期税式支出膨胀的情形之所以被明确曝光,并引起人们的关注和改革呼吁,正是税式支出制度的功绩和税式支出预算发挥其反映、分析功能的突出表现。从近些年美国税式支出预算中一些项目陆续被取消或修改,但更多新的项目被加进来,从而导致税式支出增长的情况看,其中有的是必要的政策调整所致,有的是出于财力统筹平衡的考虑(如,1997 年的税改法案就是因为提高烟草消费税税率增加了新的财力来源而增加了新的儿童税收抵免、教育费用抵免等),还有统计和测算范围扩大的不可比因素,更主要的是与 1986 年后里根政府的削减赤字计划因国会中反对势力的阻挠而流产和 1990 年后美国税制改革步伐的减缓有关。当然,其中也包含税式支出预算控制的某些不足。税式支出制度作为一种新生事物,在运用上存在某些不足是必然的,正如国际货币基金组织财政事务部部长助理 Emil M. Sunley 在 2002 年曾经坦言:"美国目

---

① 参见丁淼:《从美国税式支出的情况看税式支出理论在我国的运用》,《税务研究》1991(2),第 45 页。

② 刘心一:《税式支出分析》,中国财政经济出版社 1996 年版,第 42 页。

前有近35年编制税式支出预算的经验。然而,这种分析性工具的潜力仍没有被完全挖掘出来"。① 但这也只能说明对税式支出制度还有进一步研究和有效利用的必要,而不能作为贬低税式支出制度存在价值的理由。第二,世界各国税式支出制度的基本精神是一致的,但在具体实施和目的定位上并无统一模式。如第4章所述,由于美国1974年预算法案尚未真正明确有关概念及实际执行中的分歧,使得税式支出预算一直没有上升到常规预算的地位上来。相对于常规预算的指标化管理、调整要经国会批准等特征,税式支出预算事实上是一种技术性的统计和预测分析,其目的首先定位在为全面了解政府支出项目、控制政府支出总规模和减少赤字及税制改革提供信息上。无论年度执行中税式支出数额是否超过预算数,都要继续执行并作统计,不经税制改革,不会因此而决定调整政策以继续或取消某项税式支出规定。同时,由于各种主客观原因,美国当局在决策时并不将税式支出预算视做非常严格可供利用的经济工具。这就决定了税式支出预算对税式支出规模的控制是间接和不连续的。也就是说,美国一些时期税式支出规模的增长与其具体的税式支出制度实施方式和目的定位相关,但不意味着世界各国都是如此(如荷兰采取"过线不批"的做法,就对年度税式支出额具有直接的约束力),更不意味着中国建立税式支出制度也一定会如此。更何况,即使在控制税式支出规模的实际效果方面,上述美国一些时期税式支出数额的增长也不能反映和代表其全部情况。实际上,在税式支出制度下,美国的税式支出一直受到严格监督,1980年以来制定的许多减少赤字的计划和重大税制改革措施都会限制一些税式支出。② 其中最突出的当数1986年的税制改革中对众多税式支出项目进行分析和新税法在减税的同时对税收优惠条款的大幅度削减。据当时估算,仅取消州与地方所得税的联邦扣除和废除投资税收抵免规定两项,到1990年就可增加联邦财政收入770亿美元,相当于弥补1985年平衡预算与控制赤字的"格兰姆"法案所规定的1986~1990年财政赤字总限额的14.5%,相当于弥

---

① Emil M. Sunley:《美国税式支出预算的实践与经验》,楼继伟主编《税式支出理论创新与制度探索》,中国财政经济出版社2003年版,第40页。

② 参见李新辰等:《美国、墨西哥税式支出管理及借鉴》,楼继伟主编《税式支出理论创新与制度探索》,中国财政经济出版社2003年版,第329页。

补 1986 年实际财政赤字的 36%。① 第三,也是最重要的,一国税式支出预算的实施及效果离不开其制度环境,审视美国税式支出的增长不能忽视其政治体制特别是国会的预算立法程序在其中的作用。美国税法的起草、修订和预算的审批集中于国会,而美国国会本身是一个决策权相当分割的机构。国会议员当选的决定权不在于政党,而在很大程度上取决于所在选区和各种利益集团与行业的支持。每年国会有关委员会的委员们,为了税法的特别修正案和预算法案,受到来自地方性的要求和各种利益集团、行业的压力。这些委员为了再次当选并取得舆论和资金支持,在这些要求和压力面前自然就要让步。当然,要改变税收制度中的基本法规是比较困难的,但为了某些地区、利益集团和行业的利益,修订和调整某些特定的税收条款相对比较容易。事实是只要存在足以左右国会决策的特殊利益集团,政治过程就可能使政府支出偏离从社会观点看是最佳的方式,而处于次佳状态。一位国会赋税委员会成员安德鲁·雅可比曾经这样概括道:"如果你想逃税,那你就得进监狱。如果你想避税,那你就应该去美国国会"。② 由此势必影响税式支出规模控制的成效,并且对直接支出规模的控制往往也是如此(1986 年削减赤字的"格兰姆"法案因遭国会反对派的诉讼而流产就是一个典型的例证)。正如萨里所言,在美国现行预算程序下,税式支出控制难以如愿。③ 然而,这已不是税式支出制度职能范围内所能解决的事情,况且中国与美国的政治体制和财税决策程序存在重大差别,更不能不加分析地由此怀疑建立中国税式支出制度的必要性。

税式支出制度实施效果的不理想还表现在税式支出预算某些功能发挥的困难上。如 Craig 和 Allan 指出,在实践中,通过税式支出制度实现税式支出与直接支出的转换对于一些国家不大可行。④ 对此,需要说明的是,与税式支

---

① 参见丁淼:《从美国税式支出的情况看税式支出理论在我国的运用》,《税务研究》1991 (2),第 46 页;孙仁江:《当代美国税收理论与实践》,中国财政经济出版社 1987 年版,第 247、252 页。

② 转引自哈维. S. 罗森:《财政学》(第四版),中国人民大学出版社 2000 年版,第 355 页。

③ 参见丁淼:《从美国税式支出的情况看税式支出理论在我国的运用》,《税务研究》1991 (2),第 44 页。

④ 转引自 Emil M. Sunley:《美国税式支出预算的实践与经验》,楼继伟主编《税式支出理论创新与制度探索》,中国财政经济出版社 2003 年版,第 41 页。

出规模的控制一样,税式支出与直接支出的转换的难易在很大程度上与一个国家的体制相关。在美国,税收政策由财政部制定,而直接支出项目由预算管理局和其他相关政府部门管理。立法部门也有类似问题,国会有关委员会对于大部分支出项目具有管辖权,但对税收没有管辖权。在这种情况下,两类支出项目的转换可能不太畅便。如,政府预算曾已阐明一项住房的税式支出成本远远超出了住房与城市发展部管理的直接支出项目,而住房与城市发展部并没有在税式支出与直接支出之间进行转换;1997年一项新的关于收养方面的税收抵免被添进所得税法,而已有的那项直接支出也未被废止。尽管存在此类问题,但还是不得不承认,税式支出预算的编制会"在直接支出和税式支出的表现、分析与控制之间的鸿沟上架起一座桥梁",作为其结果,"财政部、预算管理局和代理人员之间的协作已有了一个良好的开端"①,并且美国建立税式支出制度之后两类支出项目的成功转换也是不乏其例的。再者,中国的行政权和立法权并非美国那样高度分割,建立税式支出制度之后部门之间的决策协调与两类支出项目之间的转换肯定要畅便可行得多。

6.1.3 对税式支出及税式支出制度其他质疑意见的辨析

对税式支出及税式支出制度的其他质疑意见大体集中在三个方面:一是基于某些价值判断的不同看法;二是针对税式支出某些负面效应的批评;三是对中国现行条件下运用税式支出理论现实意义的否认。

基于某些价值判断的不同看法主要有两种:一是认为基准税制的随意性太强,进而怀疑作为税式支出制度根基的税式支出概念是否有分析价值。二是认为直接支出天生就比税式支出缺乏效率(更多涉及政府官僚),如果税式支出制度的透明度特点破坏了某些税式支出,那么透明度就可能不再是优点。② 笔者认为,就第一种意见而言,基准税制的模糊性与其定义的随意性是

---

① OECD 财政事务委员会 1984 年税式支出报告。见国家税务局税收科学研究所:《税收支出理论与实践》,经济管理出版社 1992 年版,第 620 页。

② 转引自 Emil M. Sunley:《美国税式支出预算的实践与经验》,楼继伟主编《税式支出理论创新与制度探索》,中国财政经济出版社 2003 年版,第 29、43 页。

不可否认的,税式支出项目判断的科学性与税式支出成本估算的准确性可能因此被打折扣。但在任何时候、对任何一种制度范畴要确定出一个不为价值判断所影响的定义都是困难的,只要一个国家对基准税制与税式支出的区分符合自身价值判断下的特定目的要求,税式支出概念就是具有分析价值的。正如美国著名财政经济学家哈维·S. 罗森所指出的,判断和估计不准确这一事实,并不意味着税式支出概念"在评估税收政策的含义时就毫无用处"①。第二种意见涉及的是直接支出与税式支出的效率比较和透明与不透明的利弊权衡问题。首先,直接支出与税式支出的效率事实上是各有高低,只强调直接支出比税式支出缺乏效率的一面而忽视税式支出比直接支出缺乏效率的一面显然是有失公允的。其次,无论理论还是实践都已证明,相对于实现公共利益目标而言,提高税式支出的透明度与保持其传统的隐蔽方式,总体上利大于弊。否则,提高公共支出的透明度就不可能成为世界范围内公共管理改革的方向。如果说税式支出制度的透明度特点"破坏"了某些税式支出,也主要是使税式支出受到更严格的监督和制约。

针对税式支出负面效应的批评主要是:税式支出可能扭曲纳税人的经济行为和偏离其政策目标;税式支出有碍公平,具有"颠倒效应";税式支出的受益目标和数量不易准确限定;有些税式支出项目在实践中表现的效率较低;税式支出会影响市场价格和平等竞争;税式支出会带来税收制度和税务行政的复杂性。诸如上述税式支出的负面效应都是确实的,指出这些负面效应也是非常必要的。但是,对这些负面效应的批评仅是就税式支出作为一种政府支出形式和政策手段而言的,其实际仍是在税式支出概念下讨论税收优惠措施的弊端,而非税式支出作为一种税收优惠分析和管理制度的弊端。因此,我们在评价税式支出时必须防止出现一种误会,即把上述负面效应及其批评意见看成或演绎成怀疑甚至否定整个税式支出制度的依据。其实,首先指出这些负面效应的还是一些力倡税式支出制度的专家学者,如萨里、麦克丹尼尔等,他们对这些负面效应的批评正是运用税式支出理论和方法对一些税式支出项目分析、评估所得出的结果,其恰恰证明了建立税式支出制度的必要性和价

---

① 哈维·S. 罗森:《财政学》(第四版),中国人民大学出版社 2000 年版,第 340 页。

值。当然,讨论政府支出形式意义上的税收优惠的利弊,也并非完全与评价税式支出制度无关。如果说税收优惠完全是消极和不可取的,那么接下来的问题就是应该彻底取消税收优惠,而不是设法加强管理,税式支出制度也就纯系多余了。然而,事情恰恰不可能是这样。因为:第一,上述税式支出的负面效应都是与直接支出相比较而言的。通过税收优惠形成的税式支出与直接支出各有特点,都是现代社会不可或缺的,这已是不争的真理。至于两者孰优孰劣,并无固定的判断标准。在一些情况下直接支出可能是可取的,而在另一些情况下税式支出可能更优越,结论往往依赖于所针对的问题和支出计划的目的。第二,税式支出与税收收入和直接支出一样,只要存在,就必然会对个人行为和市场机制产生一定的扭曲性影响。问题在于,作为政府干预措施的税式支出计划的实施是否有其客观必要?若是的话,这种影响是否都大到足以否定税式支出的地步?对此,对税式支出持反对意见的人并未做出肯定的和令人信服的回答。既然这样,税式支出的适度运用也就是无可非议的了。第三,评价税式支出效应的好坏还有一个立场或主观价值取向问题。如,有的人认为税式支出有碍公平,有的人则可能认为这是为提高效率应做出的必要牺牲;再如,从政府来讲,当然希望通过税式支出实现一些通过直接支出难以如愿的支出计划,而从较为理想化的经济学家来讲,还希望与此同时又不对公平和市场造成任何不利影响。实际上,在这些不同的思考方式下,想"一石二鸟"、面面顾全是非常困难的。无论如何,站在政府和某些特定社会经济需要的立场上,税式支出总是一种必要的选择。第四,实施税式支出会带来税收制度和税务行政的复杂性,进而会增加税收成本是毫无疑义的。但与上述第二点相似,关键在于实施税式支出是否必要和是与否的成本收益比较。只要是必要的且其好处大于增加的税收成本,那么由此带来的税收制度和税务行政的复杂性就是可以容忍的。进一步的问题是应设法加以改进和弥补,但不能因噎废食。而建立税式支出制度的一个重要意图,就在于使税制中的税式支出条款明晰化和为简化税制提供帮助。

对中国运用税式支出理论现实意义的否认主要有两种根据:一种认为税式支出概念不科学,是"税收基本职责的自我否定",并且用税式支出来挤缩正常的预算支出会带来不良后果；①另一种认为我国现阶段商品经济不发达，国家财力不足，税式支出不及财政投资支出效果更优越，且以税式支出调节经济缺少切实的法律保障，因此，运用税式支出理论来指导实践没有现实意义。②对前一种意见，因其一则明显包含着对税式支出概念实质精神和我国建立税式支出制度意图的误解，二则部分的还是一个对税式支出方式本身的不同看法问题，因此这里不再赘析。后一种意见所言有一定道理，但存在逻辑上的错误。因为依我国的现实条件，确实不宜大规模地运用税式支出，但税式支出理论绝非仅是对税式支出作为一种政府支出方式的理论描述，更绝非意味着对税式支出方式运用的简单提倡，而是一套旨在对这种支出方式进行科学管理的制度建设理论。即使对于西方发达国家，萨里当初倡导税式支出这一理论概念的原本意图也是要对税制中具有支出性质的优惠条款进行分析和限制，从而"为扩大税基的税制改革做准备，使税收制度恢复其收税的主要职能"③。由不宜大规模地运用税式支出方式来否定在中国运用税式支出理论的现实意义显然是不对的。其错误也是源于对税式支出理论的不全面和不确切理解。

6.2 建立中国税式支出制度的现实条件与指导思想

6.2.1 建立中国税式支出制度的现实条件

在中国建立税式支出制度不仅具有突出的现实必要性和长远意义，而且也具备多方面的有利条件。据此判断，其在可能性方面也是应该乐观的。

(1)随着税收优惠政策运用的发展变化和税式支出理论与方法在中国的传播，人们对税收优惠的特点、利弊和税收优惠失控问题的严重性有了较深刻的认识，对税式支出概念和税式支出预算有了较广泛、深入的理解。理论界和

---

① 杨灿明等：《整顿税收优惠办法，确保财政收入增长——对"税收支出论"的质疑》，《财政研究资料》1990(13)，第6~8页。
② 石永新：《在中国运用税收支出理论没有现实意义》，《税务研究》1991(5)，第48~49页。
③ 陈端洁：《税式支出概念及其估算》，《经济学动态》2004(2)，第43页。

政府有关决策部门在借鉴国外经验的基础上,已结合中国实际对税式支出制度建设进行了若干方面的研究,并提出了一些初步的制度设计意见,为将建立中国的税式支出制度付诸实践提供了一定的思想和理论基础。

(2)以民主化、法制化和政府职能转换为核心的政治体制与行政管理体制改革的推进,社会主义市场经济体制的不断完善,以及公共财政框架的初步建立,已经和正在为税式支出制度的建立提供越来越良好的制度环境;社会各界对规范财税管理认可程度和规范税收优惠政策的呼声与日俱增,使税式支出制度的出台面临适宜的社会契机;近几年以支出管理为核心的政府预算管理改革和加入 WTO 后税收优惠政策的调整、规范,也使建立税式支出制度作为一种重要的配套改革措施顺理成章。

(3)根据我国的税收管理体制,税收立法权和绝大部分税种的管理权集中在中央,地方政府不得在税法明确授予的管理权限之外擅自更改、调整、变通国家税法和税收政策。除税法明确规定的以外,大部分税收优惠政策由国务院或国务院授权财税部门制定。特别是 1994 年的财税体制改革,严格了税政管理,再度统一集中了税收优惠管理权限,从而规范了税收优惠政策出台的渠道,关紧了税收优惠的大门。尔后,又陆续出台了一些税政和减免税管理的法规文件,强化了税政管理措施,统一了减免税审批标准和审批程序。这起码使得中央政府和财税部门在体制基础与制度依据上有条件和一定能力掌握税收优惠政策的制定与执行情况,排解税收优惠的致乱因素,有利于控制税收优惠的内容和使用方向,进而有利于估计税收优惠的数额和考核税收优惠的使用效益。此外,1994 年的税制改革还简化了税制,初步澄清了各税种及其相关要素之间的关系,为梳理税收优惠政策,建立基准税制和税式支出规范、估计税式支出成本及编制税式支出报告提供了一定的方便。2007 年内外资企业所得税的改革合并和新企业会计准则的实施,使税制和会计制度更靠近国际规范,也为借鉴国际税式支出分析经验提供了更多方便。税收征管模式的转换,特别是纳税申报制度的实施和减免税与纳税申报制度的结合,则为税务部门掌握税收优惠规定的具体执行情况和为税式支出分析提供依据创造了直接的便利条件。

(4)经过多年的财税工作实践和近年来的财税管理改革,我们已经有了一套比较完整的财税工作体系,有了一套比较系统的税收管理和预算管理程序,也有了一些虽然不成熟、不全面,但可为税式支出分析和税式支出预算管理利用的税收管理经验与规章制度。如,基层税务部门基本上对包括部分税收优惠情况在内的纳税人资料建立了相应的档案,对减免税的管理制定了具体的业务流程,初步拥有了纳税人减免税种、减免方式、减免幅度、减免期限等有关的资料记录;1995年出台的税收会计改革方案,在税收会计核算办法上将核算范围从实征数延伸到了应征数,并将明细核算由原来的分税种、分级次核算增加到按纳税人设置明细账,使核算结果能够较全面、及时地反映包括减免提退在内的整个税收资金运动。这些都为实施税式支出制度奠定了一定的微观基础。

(5)建立税式支出制度的重要内容之一是通过一定的支出分类将税式支出与直接预算支出统合起来,并据此编列税式支出表。由于各个税式支出项目对应的都是政府的政策目标,其反映的使用去向都是与政府职能相一致的,因此,我国传统的按预算支出具体用途列项的分类方法就使得税式支出项目与直接支出项目的对应面临很大难度。这虽然不构成建立税式支出制度的致命障碍,但将在很大程度上妨碍实现税式支出制度的预算意义。为适应建立公共财政模式的需要,财政部自1999年开始启动政府收支分类改革的研究工作。新的政府收支分类改革方案已于2004年年底完成,经过在部分省市和部委模拟试点,于2005年底获国务院批准,并从2007年在全国正式实施。这次政府收支分类改革同时采取了国际通行的以预算功能和经济性质为标准的支出功能分类和经济分类方法,并将支出细化到了单位和个人,无疑为我们在建立税式支出制度中直接借鉴国际规范和提高税式支出预算的科学程度开辟了一条便捷的制度通道。

(6)随着税收信息工作及税收信息系统建设的不断推进和税收征管模式的改革,使实施税式支出制度具备了一定的统计、估算手段。首先,在目前实行的税收优惠政策中,已有一部分优惠项目具备了相应的统计支持。如,对包括进口关税和进口环节增值税、消费税的减免,海关总署已有专门的统计系统和数据库可以利用;对实行"先征后返"、"即征即退"方式的国内各项税收优惠,一般都由财政部驻各地财政监察专员办事处负责办理,故其具体数字都有案可查。其次,全国税收资料调查工作自 1983 年开始以来,经过二十多年的发展、完善,已由原来的产品税、增值税、资源税调查演变为一项按年度收集涉及所有相关税种、分企业和货物劳务的税收与财务数据调查分析工作,从而可以为实施第一步利改税以来的历次财税体制改革和重大税收政策调整提供重要的定量分析依据。财政部目前开展的企业所得税税源调查工作,也可以为企业所得税税式支出数据测算服务。再次,计算机网络和税收信息电子化技术的发展,为建立税式支出制度提供了强有力的技术支撑。"金财"、"金税"、"金关"工程的逐步建成,不仅大大提高了财税管理的现代化水平,而且为税式支出数据的获得和传递准备了便捷的通道,使税式支出的统计、预测、分析、评估和考核有了可依赖的现代化技术手段。最后,实施纳税申报制度后纳税人填报的各种纳税申报表,也为税式支出成本的统计估算和分析提供了可直接利用的数字及相关资料来源。

(7)近年来,我国已经开始将部分税收优惠项目(如增值税、消费税的出口退税,在国内和进口环节按"先征后退"政策审批退库的增值税、消费税及按"先征后退"政策审批退库的企业所得税等)纳入预算,实行指标化的计划管理。其虽然简单粗浅,并存在一些亟待改进的问题,但毕竟使实行税式支出预算管理有了一些可资借助的经验。各地在税收优惠管理改革中尝试实行的减免税专项调查、定向使用、目标管理、跟踪管理等管理办法,也在某些方面和一定程度上与税式支出制度的管理要求"不谋而合",可以为部分税式支出项目的成本效益评估所利用或提供一定帮助。

6.2.2 建立中国税式支出制度的指导思想

建立税式支出制度指导思想的正确选择,对其成功推进至关重要。确立建立中国税式支出制度的指导思想,应着眼于国际经验与中国国情的有机结合和必要性与可行性、目的与条件的统一考虑。由此出发,在建立中国税式支出制度的指导思想上主要需强调以下几点:

(1)合理估价,准确定位

所谓合理估价,就是要实事求是、恰如其分地估计税式支出制度在解决税收优惠失控及与此相连带的财税问题中所能起到的作用;所谓准确定位,就是要以系统论的观点,将建立税式支出制度置于整个公共管理改革与财税改革的大棋局中去看待,正确把握和处理好建立税式支出制度与其他相关改革的关系。

就对税式支出制度作用的估价而言,首先需要再次重申,相对于传统税收优惠管理模式和我国现行税收优惠管理办法,税式支出制度对解决税收优惠失控及其相关问题更具科学性和根本性,这是我们在这个问题上应持的基本立场。然而,也必须清楚地看到,尽管税式支出制度具有人们公认的合理性和较优越的财税管理功能,但并非是靠其一己之功就能"包治百病"的"万应灵方"。因为,前已述及,无论在西方国家还是在中国,税收优惠失控问题的形成,除税收优惠政策的盲目性和传统税收优惠管理模式本身的缺陷外,背后都有着深刻的政治经济体制原因及复杂的社会背景。税式支出制度本质上是工具性的,对于这些更深层次的问题,其只能起到加以限制和促进化解的作用,而不是从根本上改变这些深层次问题生成机制的制度安排。本书在在前面花费大量笔墨对税式支出制度的积极意义和必要性进行多层面、多角度的论述,也主要是基于目前国内对税式支出制度的认识还欠充分和深入,而绝无不切实际地片面夸大税式支出制度的作用之意。由此便决定了我们在建立税式支出制度的战略态度上,既要抱有坚定的决心和信心,又不能寄予过高的期望。体制转轨和真正规范的公共财政模式的确立是一个长期的过程。且不说建立税式支出制度初期因其自身的不完善而可能存在效果上的瑕疵,就是在税式支出制度相对完善之后,由于各种复杂的主客观因素的制约,在一个相当长的时期内,其成效也不可能十分完美和理想。对此,在建立税式支出制度之初就要有充分的思想准备,以免中途遇到某些挫折和失意之处而迷乱阵脚和引致改革的倒退。

与对税式支出制度作用的合理估价相联系,必须正确把握建立税式支出制度与其他相关改革的关系。从逻辑上讲,建立税式支出制度作为财税管理制度改革的有机组成部分,与整个公共管理体制和其他财税管理制度的改革是相辅相成的。但从消除税收优惠失控、失范的深层次政治、经济动因来讲,建立税式支出制度只是一种必要的配套改革措施,相关的政治、经济和财税管理体制改革更具有事关基础和全局的根本性。因此,在总体改革安排上,应将后者置于首要地位,并将建立税式支出制度与后者有机结合起来,相机协调推进。其中最直接、最重要的,就是要依循这一原则,处理好建立税式支出制度与公共预算管理改革和税制改革的主次关系与推进顺序。因为,虽然税式支出制度是完善公共预算管理的必要措施和促进税制改革的有效工具,但税式支出制度的基本特点,毕竟决定了其要直接依附于一定的预算管理制度和税收制度,且其实施成效也要依赖于一定的公共预算制度、税收制度和税收管理规范。如果预算制度和税收制度的安排很不健全,不仅要大大增加建立税式支出制度的难度,而且税式支出制度的许多目标都会受到连累而难以有效实现。

(2)立足条件,尽力而为

毋庸置疑,税式支出制度的建立和发展与其他所有的制度变迁一样,需要具备一定的主客观条件。这里所谓的立足条件,既指立足现实已经具备的条件,也指立足目前或近期可能创造的条件。所谓尽力而为,既是指最大限度地利用现实条件,达到力所能及的最好结果,也是指尽可能地积极创造条件,争取实现更好的结果。由于建立中国税式支出制度主要是借鉴西方发达国家的经验,同时又要立足中国自身的条件,所以,立足条件,尽力而为的指导思想,也是在一定意义上强调国际经验与中国国情相结合的问题。

从我国当前的现实情况看,建立税式支出制度已具备了前述多方面的有利条件,但也无须讳言,这些条件只是初步的,相对于建立比较完备的税式支出制度的需要而言,还远不够充分。这就决定了目前我国虽然较西方国家有更迫切的税式支出制度需求,但在制度模式的选择与制度设计上不能单凭需要和主观意愿而要求过高。否则,就有可能因缺乏足够的制度基础和技术支撑而影响其可行性,甚至遭遇失败。再者,在制度变迁类型上,建立税式支出制度主要属于因对现有收入进行再分配而引起的强制性制度变迁。而强制性制度变迁的突出特点之一,就是其成功与否要面临相关利害者之间的利益冲突和有关政府执行机构依自身效用函数进行的得失或利弊比较问题。如果过多超越现实条件而对制度模式的选择过于理想化和制度设计过于精细复杂,就有可能因其引起的利益冲突过于激烈而使改革受阻和"搁浅",或者因其给有关政府执行部门带来的"麻烦"过大以至于超过这些部门对其给自身带来的效用的评价而影响这些部门对制度决策者和改革目的的"忠诚",导致制度执行中的敷衍、"偷工减料"或无效率的变通,使良好的制度变成流于形式的"摆设"。当然,这里需要再次说明,税式支出制度并无统一模式,不同模式的条件要求也有高有低,因此,对目前建立中国的税式支出制度也大可不必因现实条件的某些不充分而迟疑和悲观。

另一方面,在立足现实条件与现实可行性的同时,又应尽可能地瞄准国际先进经验,适当超前,提高建立中国税式支出制度的起点。其理由,一是条件与目标、需求与供给、制度安排与制度环境相辅相长,况且税式支出制度的内容和特点决定了其对整个公共管理体制的变革与财税管理基础的改善具有显著的促进功能。适当提高建立税式支出制度的起点,不仅可以加大对制度供给者创造条件的压力,也可以对现有条件的进一步改善和新条件的创造产生拉动与引致作用。二是自科学发展观和建设和谐社会方针提出以后,我国的政治经济体制改革在方向更加明确、目标更加清晰的前提下明显提速,财政预算管理与国际接轨的步伐大大加快,新一轮税制改革也已启动,这不仅将使建立税式支出制度的政治经济环境与制度基础更加完善,也将为我们近期进一步创造和丰富建立税式支出制度所需要的具体条件提供更大的可能性和努力空间。

(3)循序渐进,理性操作

首先,中国税式支出制度的建立和发展总体上应遵循由简到繁、由浅入深、逐步推进、渐次规范的基本原则。这不仅是符合制度演进一般规律的正确选择,也是基于税式支出预算管理比购买性支出、转移性支出等任何直接支出的预算管理都更为复杂,以及对建立中国特色税式支出制度各环节的问题尚需逐步探索,相关条件亦需逐步完备的稳妥做法。

但是,仅仅强调这一点还不够,更关键的是在制度设计和具体的实施操作上要有科学的理性观点。"稳妥有序 + 理性"才是制度变革成功的可靠保证。这种理性观点内含的主要战略意图和指导思想是:

第一,事先要有科学的论证和系统的长远规划与切实可行的现实打算,并对渐进过程中各阶段可能出现的问题有尽可能准确的预见和判断,以尽量避免改革过程的进退反复。

第二,中国税式支出制度的建立,必须从中国的具体国情和实际需要出发,体现中国特色,不能不加分析地盲目照搬外国经验。因为,客观上并不存在唯一的处理税式支出的最佳方案,我们所能做的只是通过探讨规范税式支出管理的基本原则和各国实践的具体案例,以推动优化税式支出制度目标的实现。① 但是,一则必须承认,国外的税式支出制度建设毕竟经历了近40年的历程,已形成了一套比较科学有效的理论与实践规范,我们必须对此尽可能地加以借鉴和利用,没有必要一切"从我做起",泯灭我们的后发优势。二则无论任何国家,税式支出制度赖以存在的政治、经济、财税管理基础和基本运作方式都是一致的,中国税式支出制度的建立在强调中国特色的同时也应该注重遵守基本的国际规范,切忌在"不能一蹴而就"和"中国特色"的"合理"借口下,有意无意地采取或容忍某些贻误长远的扭曲做法。在建立税式支出制度的初期阶段,尤其应该注意这一点,防止形成不良的"路径依赖",使后续的制度建设陷入恶性循环。

第三,税式支出制度是用来分析、监督和控制税式支出成本的,而税式支出制度的建立和执行同样是有成本的,此即作为新制度经济学理论支柱的交易成本概念。交易成本的大小是决定制度可行程度与制度效率的基本因素。因此,在中国税式支出制度的建立及具体的制度设计上,必须有明确和强烈的交易成本意识,处处以交易成本作为税式支出制度推进步速选择和制度设计取舍的衡量依据。例如,美国在税式支出分析中采取重要性标准,对那些数额较小、影响有限的税式支出项目忽略不计,就是一种出自交易成本与制度收益权衡的必要考虑。另外,这里还需特别指出的是,强调建立税式支出制度操作的交易成本意识,不仅仅是出于交易成本与制度变迁的一般关系,更是由于建立税式支出制度的强制性制度变迁特征。强制性制度变迁与诱致性制度变迁不同。诱致性制度变迁是一群(个)人在响应由制度不均衡引致的获利机会时进行的自发性变迁,其本身具有一种较强的内在成本约束机制。而强制性制度变迁是由政府法令引起或由政府行动来促进的变迁,因此,内在的成本约

---

① 世界银行:《税式支出——通过税制实现的政府支出:来自发达和转型国家的经验》。转引自万莹:《税式支出的效应分析与绩效评估》,中国经济出版社 2006 年版,第 10 页。

束机制往往较弱。尤其是在强力政府条件下,强制性制度变迁的成本问题更是容易被忽视。由此而言,强调"成本理性",对于中国的税式支出制度建设具有特别的重要意义。

第四,在建立税式支出制度的具体操作上,不仅应合理把握其与相关的现实和潜在制度条件的匹配关系,而且进一步的,还须注意税式支出制度安排与相关制度功能发挥程度的契合关系。因为,任何一项制度安排都是"嵌在"制度结构之中,它的效率还取决于其他制度安排实现它们功能的完善程度。[①]所以,理性的做法,还应包括对税式支出制度安排及其效能与相关制度所达到或可能达到的实际效果的统一评估和确切把握,以真正实现目标与条件的协调契合和建立税式支出制度与相关制度改革的协调互进。

6.3　中国税式支出制度的目标与基本实施战略

这里关于中国税式支出制度目标与基本实施战略的论述主要是就现阶段而言,部分的也涉及一些更长时期的设想。

6.3.1　中国税式支出制度的目标

税式支出制度的目标体现着实施税式支出预算管理的目的和政策取向,是构建税式支出制度必须首先明确的政策基点,也是税式支出评估的重要基准。针对解决我国现阶段税收优惠运用和财政经济生活中一些突出矛盾的需要,税式支出制度的目标应主要定位于以下三大方面:

(1)财政总量协调目标。其包括两大内容:一是税式支出与财政收入的总量协调;二是税式支出与直接财政支出的总量协调。前者即税式支出规模及其变动与一定数量要求下的财政收入及其变动的适应关系;后者即税式支出规模及其变动与一定数量要求下的直接财政支出及其变动的适应关系。财政总量协调的核心目的在于将税式支出规模控制在国家财政承受

---

① 林毅夫:《关于制度变迁的经济学理论:诱致性变迁与强制性变迁》,《财产权利与制度变迁》,上海三联书店、上海人民出版社 2003 年版,第 383 页。

能力和保证满足必要的直接支出需求的限度之内,同时避免那些虽然于实现一定的政策目标有益,但与直接支出项目相重叠或类似的税式支出,以促进实现财政收支关系的协调平衡和促进形成符合一定公平与效率目标的财政支出结构。

(2)税负公平保全目标。平等竞争是市场经济的灵魂,税负公平是营造平等竞争环境的重要途径。所谓税负公平保全,一方面是指通过对税式支出运用范围、方向和规模的规划与控制,尽量贯彻税收中性原则的要求,不影响、不干扰或少影响、少干扰税收的公平负担目标及相应的税制结构。另一方面,在我国目前地区间社会经济发展严重不平衡的情况下,税负公平保全还是指促进地区间的税负均衡。这要求对不发达地区的税式支出预算规模相对放宽。这样,一来可以在税收优惠政策上对不发达地区有倾斜的余地;二来税收优惠的特点与直接支出不同,其法规确定后纳税人可以在经营活动中自动选择其适用条件。虽然不论发达地区还是不发达地区在税收优惠上都应一律依法行事,但如不发达地区的税式支出预算规模较大,就可以使不发达地区政府从其他方面放松对纳税人更多地选择可享受税收优惠项目的限制,如可使更多的企业采用加速折旧或投资于税收优惠鼓励的项目等,从而相对减轻不发达地区的总体税负水平,增强其自我发展能力。

(3)优惠结构优化目标。首先,在税收优惠内容上,应通过税式支出预算规划和分析,起到避免或及时取消那些对社会经济发展大局不利或利小弊大的优惠项目,及时取消那些因时过境迁而失效或因政策目标已经达到而无继续存在必要的优惠项目,以及避免那些形式不同而优惠对象和效果相同的优惠政策重叠运用等方面的作用,使税收优惠政策体系保持少而精。其次,不同的税收优惠手段各有其不同的适用条件和局限性,应通过税式支出分析和控制,保证各种优惠手段的合理设置和相互间的优化组合,提高优惠政策体系的综合绩效。

6.3.2 中国税式支出预算管理的范围、重点和主要对象

税式支出预算控制范围和重点的确定主要与一国的财税制度条件有关,而税式支出分析的对象又取决于税式支出预算控制的范围和重点。

税式支出预算管理范围的确定必须考虑现实的税制与税收优惠政策结构及税收优惠政策实施条件。

首先,从税种方面看,西方国家多实行以所得税为主体的税制结构,税收优惠政策主要以所得税特别是个人所得税为载体,流转税所占比重较小,且税制设计强调中性,不提倡通过流转税来贯彻税收优惠政策。因此,西方国家税式支出预算管理的重点在所得税方面。而我国目前实行的是以流转税(主要是增值税、消费税、营业税和关税)和企业所得税为主体的"双主体"税制结构,税收优惠政策也主要以流转税和企业所得税为载体。个人所得税及其他非主要税种的法规中虽也存在税收优惠条款,但一是这些税种的收入数额和优惠政策对税收收入的影响都较小;二是这些税种在实际征管中往往采用源泉扣除及其他简易征管办法,法律规定的税收优惠政策与实际实行的办法不一定一致,现实中不容易估计其税式支出;三是目前个人所得税收入流失确实比较严重,但漏洞主要是出在税收收入征管方面,而不是出在税式支出方面。据此而言,我国实施税式支出预算管理的范围应主要为流转税和企业所得税,重点是针对增值税、消费税、营业税、关税等较大的流转税税种和企业所得税。税式支出分析的对象亦应主要是增值税、消费税、营业税、关税和企业所得税等税法及其实际执行中规定的优惠条款。

其次,从领域和纳税主体方面看,我国的税收优惠多集中于经济领域和企事业单位,在社会方案的实施和分配受益方面多是采取直接财政支出的形式,并且我国税收优惠中有关社会性的特殊规定往往较多地直接作用在企事业单位身上,然后通过企事业单位的经济行为间接落实到个人。因此,我国税式支出预算管理的领域和重点对象也应该主要是经济领域和对企事业的税收优惠。

6.3.3 中国税式支出制度的实施步骤

上述建立中国税式支出制度指导思想的论述已经说明,我国税式支出制度的建立,既要立足现实基础和可操作性,适当从简,又要着眼完备,尽可能借鉴国际先进经验,提高起点,并且要循序渐进,逐步规范。从这种指导思想和实现税式支出制度的目的要求出发,笔者总的设想,是以国外全面预算管理的基本模式为目标取向,在仿效和适当改进国外准预算管理模式的基础上,大体分三大阶段渐次推进。

第一阶段,先从少数大税种开始,着手税式支出项目鉴别工作,并对其中已有统计分析资料和已纳入预算,以及比较重要、涉及面较大、影响较显著的税式支出项目进行统计、测算,然后编制简单的税式支出表和税式支出报告,形成一套以成本数据信息为主,兼含粗略的大类税式支出政策结构性绩效分析的统计报告资料和以总额控制为主,并区别不同类型的税式支出项目、具有一定弹性幅度和一定执行指导性与指标约束力的税式支出预算计划。此预算计划可模拟直接支出预算计划程序,主要以指导性方式逐级下达。年终要逐级汇总上报实际的计划执行情况,并提供必要的计划执行总结分析材料。这种小范围和简略的税式支出报告可先不作为财政预算的法定组成内容进入预算过程,但也要作为政府预算的附属部分,模拟正规预算程序,提交人代会讨论和向全社会公布,并作为相应的税式支出控制和税收政策调整的指导性依据。其目的,一是使财政预算管理部门、政府权力机关和立法机关对这一新事物有所认识;二是通过实践发现问题,通过讨论集思广益,以积累经验和获得一些修正意见;三是供财政部门在编制直接支出预算和人代会审查直接支出预算时参考;四是使其公开化;五是为解决目前税收优惠领域和税制改革中的一些迫急问题提供帮助。总之,是为了使税式支出制度一起步就在程序上比较靠近规范。当然,在先期起步时,完全可以先选择一些条件比较完善、操作比较容易并具有突出现实需要的税收优惠项目(如进口税收优惠政策、出口退税和先征后返、即征即退税收优惠政策等)作为实施税式支出分析及其报告制度的试点。[1]

第二阶段,在取得一定经验的基础上,将税式支出统计、预测、分析评估及预算控制的范围扩展到拟议中的全部主要税种和主要税式支出项目,按照政府预算工作程序,编制较系统的税式支出报告,做出较详细的定性、定量分析,形成较具体的绩效导向,并做出总额控制与结构控制并重,有较具体的执行要

---

[1] 财政部税政司:《建立税式支出预算制度的基本思路》,《预算管理与会计》2002(3)。

求的税式支出预算计划,作为正规财政预算的特别组成部分,接受人代会的审查监督。

第三阶段,在第二阶段的基础上进一步补充、发展和完善税式支出项目及其分析,建立统一规整的税式支出账户和较系统的税式支出绩效评价指标体系,编制要素和内容较为齐全的税式支出报告,形成较完整、规范的税式支出预算管理工作规程和较强约束性与必要的灵活性相结合的科学、有效的税式支出预算计划执行办法,并通过正规的预算立法程序,审查和监督税式支出预算计划的内容和执行情况,形成类似于西方国家全面预算管理模式的税式支出管理制度框架。

6.3.4 中国税式支出制度的纵向实施体系

目前,一些国家如美国、意大利、奥地利、荷兰的地方政府也都在编制税式支出预算。鉴于我国目前已初步确立了分税制财政体制框架,税式支出制度原则上亦可在中央政府先行一步,经过必要的论证和探索试验,形成一定的工作规程后,按税种归属和税收管理体制,在中央和省级两个行政管理级次并行实施。中央税和共享税的税式支出预算管理由中央政府负责,地方税的税式支出预算管理由各省、直辖市、自治区政府负责。中央税和共享税范围的税式支出项目的支出报告由财政部和国家税务总局编制,相应的税式支出预算计划由财政部与国家税务系统具体掌握和执行。地方税范围的税式支出项目的支出报告由省级财政预算部门和省级地方税务局编制,相应的税式支出预算计划由省级财政预算部门具体掌握,由各省、直辖市、自治区的地方税务系统执行。在实施税式支出制度的过程中,税式支出项目的鉴别标准、税式支出成本的统计测算方法、税式支出绩效的衡量分析指标、税式支出报告的内容要素及其基本的技术要求等,均由中央统一确定。具体税式支出项目的确立、增删调整,仅涉及鉴别标准、技术原因和分析测算的必要性、可行性考虑的,应按税种归属分别由中央和省级政府各自掌握;但涉及税收法规及其执行中税收政策调整的,其决定权必须与其所属税种的税收立法权和税收政策调整权等税收管理权的划分归置相一致。另外,中央权属范围内税种的税式支出统计、测算、分析等事务,也或多或少地与地方财税部门及地方其他相关管理部门有联系,因此,无论在地方政府实施税式支出制度之后还是之前,还都应将建立中央与地方的多级协调配合机制纳入税式支出制度建设的统一安排,明确赋予各级地方财税部门和其他相关部门为中央政府的税式支出预算管理提供相应的信息、资料及服务的职责或义务。

7 中国税式支出鉴别的考量与尝试

7.1 税式支出鉴别方略的考量

税式支出鉴别是指按照税式支出的内涵,对税收制度中的各种条款进行鉴定,以判明其属于税式支出,还是属于基准税制,特别是判明那些形式上的税收优惠措施和隐含在各税制要素中的特别规定究竟是否属于税式支出。由于人们对基准税制和税式支出的理论认识不同,各国的税收制度与财税政策不同,所采用的税式支出鉴别方略也不一致。因此,选择适宜的税式支出鉴别方略,就成为构建中国税式支出制度的首要基础性工作。

税式支出鉴别是建立在公认的规范性税收形态基础之上的,因此,它适用于任何广基税收,如所得课税、商品课税、财产课税、资源课税、行为课税等。根据我国近期建立税式支出制度的需要,本章拟主要针对所得课税和商品课税的税式支出鉴别方法进行探讨,并据此就企业所得税和增值税税式支出鉴别准则的确定做一例示性的个案尝试。

7.1.1 税式支出鉴别需要权量的主要关节

从各国税式支出分析的实践看,税式支出鉴别中需要权量的关节主要涉及两个层面:一个是理论上的,一个是具体操作上的。其中,理论层面需要权量的主要是以何为税基和采取何种所得定义问题;具体操作层面需要权量的主要是如何判断基准税制结构和如何处理某些优惠条款的税制结构归属问题。

(1)以何为税基:所得还是消费

税基是据以计算应纳税额的基础,包括价值量和实物量两类。判断一项形式上的税收优惠是否形成税式支出,首先要看以何为税基,是所得还是最终消费？如果以所得为税基,那么任何对基准所得税制的背离都应看做税式支出。如果以最终消费为税基,就意味着不应该对所得征税,而只有在收入用于消费时才应征税,因此,任何对所得的征税,不论优惠与否,都形成负的税式支出。目前理论上对采用什么税基为好的争议还没有得出公认的统一结论。但这种争议涉及的是税收制度赖以建立的经济基础上的统一税基的选择问题,在现实中普遍分别以所得为税基设置税种(如公司所得税、个人所得税)和以消费为税基设置税种(如消费税、增值税、货物税、营业税)的情况下,其并不影响对税式支出的具体鉴别。实践中各国基本上是按税种分别鉴别税式支出项目的。

(2)采取何种所得定义:经济所得还是常规所得

这一权量仅是就如何确定所得税的标准税基及相应的税式支出鉴别而言的。由于西方国家的税收主要是对"所得"(与消费相对)课征,因此,所得定义对确定税式支出的构成非常重要。经济所得是以尚茨—黑格—西蒙斯(Schanz – Haig – Simons)的所得定义(简称 S – H – S 定义)来确定所得的。此所得即两个时点之间经济财富的净增加额加上这一时期中的消费额。这里的"消费"包括除在所得获取过程中发生的必要费用以外的一切支出。这些"必要费用"即从毛所得中减除的正当扣除项目。S – H – S 定义为确定所得这一复杂概念的内容(如工资、利息、红利、经营利润、其他投资所得和财产增值等)提供了一种清晰的方法,也为确定何种现金流属于应按无减免的基准税制征税的所得提供了一个良好的基础。如,以个人为例,此人年初的银行储蓄账户余额为 10000 美元,其他资产为 5000 美元;年度中,工资所得为 15000 美元,资产增值为 3000 美元,消费 20000 美元,出售资产 4000 美元,从银行取走 1000 美元。按照 S – H – S 定义,此人年末的财富为 13000 美元(15000 + 3000 – 4000 – 1000),该年所得为 18000 美元(13000 – 15000 + 20000)。如果选择其他所得定义(假定无任何纳税扣除),此人的所得也是 18000 美元(工资所得 15000 + 资本利得 3000)。这表明,理论上的 S – H – S 定义与基于特定现金流确定的所得定义所确定的所得额是相同的。事实上,S – H – S 定义一直是大部分西方国家对所得征税的理论基础。因此,其可以作为所得税税式支出鉴别分析的基本理论架构。

但是,第一,S－H－S定义是一个所得范围非常广泛的经济学定义,它不依靠现行法律定义,而这些法律定义常包括要求在税式支出报告中陈示的绝对税收减免(或税收惩罚)。第二,它未确定应采用的会计方法,未指明纳税人、纳税单位和税率表,未指明税基的决定是基于名义金额还是经通货膨胀调整后金额等。第三,它更适合于纯综合所得税制的情况。按照纯综合所得税制,所得在发生时就是应税的;一切所得,不论是与他人交易实现的还是自己生产自己消费的都应征税;度量所得,可以对资本资产的成本基数及在资产持有期间价格水平变化引起的收项进行调整;并且在纯综合所得税制中,没有分别存在的所得税,或者说不存在一个单独的公司所得税,公司的资产净所得,不论是否以红利形式分配,都只应对股东征一次税。第四,它不反映政府的政策意图。按照这一定义,某个项目被认定为税式支出,不意味着是使该项目成为合乎社会经济需要的条款还是不使该项目成为合乎社会经济需要的条款,也不表明包含在税制体系中的这一项目是好的财政政策还是坏的财政政策。其被认定为税式支出,纯粹只是提供一种参考资料而已,就如同某个支出项目存在于政府直接预算之中只是提供支出资料一样。

由于以S－H－S定义来描述标准的税制结构仅包括了一些基本的方面和少数细节问题,且会导致许多与政策无关的额外税式支出(或税收惩罚)和许多税式支出鉴别的困难,因此,许多国家和财税专家都主张按照建立税式支出预算的实际需要对S－H－S分析方法进行必要的修正,将其从最初的解释扩展到那些需要解决的问题上,并以常规所得来确立标准的税制结构。这种常规所得与"普遍接受的所得税结构"这一要求有关,它考虑了经济所得定义与被广泛接受的商业会计核算准则的结合运用,回避了理论化的经济所得导致的税式支出鉴别的困难,也避免了将一些政策因素都纳入基准税制之中,因而比采用经济所得更贴近实际。例如,按照常规所得概念,对资本利得不是在其发生时,而是在其交易实现时才是应税的,对未实现的资本利得的延迟纳税不认为是一项税式支出;对自有自用住房及农民消费自产品的推定价值也排除在征税之外,不认为是一项税式支出。

（3）如何界定基准税制：更严刻些还是更实际些？

这里仍主要以所得税和首先以这方面最有代表性的美国为例。在美国的所得税税式支出鉴别操作中，国会税收联席委员会一直采用正常基准；财政部在1983年以前只采用正常基准，自1983年同时采用正常基准和参考基准。正常基准属于常规所得税的一个实用变量。它可以按S－H－S所得定义来解释，但又与S－H－S分析方法和纯综合所得税制有所不同：其遵循美国坚持的对公司单独征税的古典制，承认资本利得应税的交易原则，将自产自用品的推定价值等只停留在税收理论探讨阶段的项目排除在应税范围之外，不对财产持有价值进行通货膨胀调整。财政部和税收联席委员会虽然都使用正常基准，但财政部目前使用的正常基准要比税收联席委员会的宽一些，税收联席委员会的税式支出目录中有22项不在财政部的目录之列。这种区别主要缘自所使用的会计准则不同。财政部认为收付实现制和权责发生制都是基准税制的一部分，而税收联席委员会则只把权责发生制作为基准税制的一部分。参照基准与现行的税法密切相关。按照参照基准的要求，税式支出仅限于那些职能特殊的例外情况。正常基准和参照基准都被视为一种不同于纯综合所得税的常规综合所得税，都允许在税基方面与纯综合所得税有所偏离，只是前者对基准税制的界定更严刻，后者更接近现行税法。因此，对于大多数项目而言，两种基准都是一致的。在财政部2004财年税式支出报告列举的151项税式支出中，有140项同时符合正常基准和参考基准的要求。但是，两者也存在一些显著的区别。例如：①税率表。参考基准承认普遍适用于各种纳税主体的单独的税率表，因此，按参照基准，低于法定最高税率的公司所得税率也属基准税制结构；而正常标准只将法定最高税率视为基准税制结构，公司所得税的低税率被视为税式支出，即对小企业的补贴。②资本利得。按参照基准，资本利得适用的优惠税率被视为基准税制结构，只有其他"常规所得"带来的资本利得（如煤矿、铁矿的特许权和木材及特定农产品销售的资本利得）才被视为税式支出；在正常基准下，资本利得适用的优惠税率均被视为税式支出。③转移支付。参考基准和正常基准将个人之间的赠与排除在毛所得之外。但在参考基准下，大部分政府转移支付的免税也被视为基准税制结构，只是将社会保障收益的免税视为税式支出；正常基准则认为政府对个人各类转移支付的免税都属于税式支出。④在参照基准下,加速折旧属基准税制结构;在正常基准下,少于财产使用期限和超出了直线折旧法的折旧都被视为税式支出。类似地,某些小额投资的费用列支和开办费的摊销也只在正常基准下被视为税式支出。⑤外国所得。受控外国公司所得的纳税递延,在参考基准下是基准税制所允许的,在正常基准下则被视做税式支出。⑥研发支出。研发费用列支在参考基准下是基准税制所允许的,在正常基准下亦被视做税式支出。

在如何界定各种税收的基准税制及相应的税式支出问题上,各国均是根据自己的认识,可以说是各有不同的具体特色。加拿大实际使用的基准既不完全同于美国的正常基准,也不完全同于美国的参照基准。例如,在税率及收入级次上,对于个人所得税,现行的税率结构,包括附加税,都被看做是基准税制的一部分,类同于美国的参照基准;而对于公司所得税,基准税制为联邦公司所得税的基本税率,针对不同种类的活动或企业实行的低于该税率的条款均被视为税式支出,其又类同于美国的正常基准。在比利时,个人所得税中任何降低负税能力的扣除项目都被认为是基准税制的一部分,而任何有意识地耗用负税能力的扣除项目都被视为税式支出;公司所得税的应税利润定义服从于会计标准,相应地,直线折旧和加速折旧均被视为基准税制;在增值税的税率结构中,原则上不把实行低税率看做税式支出,但也有部分低税率被列为税式支出,原因是认为这些低税率并非出于收入再分配的目的,而是出于鼓励某些特殊的经济活动。

究竟采用何种判断基准?背后的主观决定因素是基准税制或税式支出鉴别标准的选择。如上述美国的正常基准和参考基准首先都是将某些税式支出条款与直接预算支出的等价性或替代性作为重要鉴别标准之一。此外,参照基准还有两条主要鉴别标准:一是该条款必须是"特殊的",它只适用于很小范围内的交易或纳税人;二是必须有一个"基本"条款作为参照,相对于这种参照,"特殊的"显然属于例外。如果一项税收条款满足这两条标准,就被认定为具有类似直接支出的特征。比利时对衡量个人所得税的基准税率及相应的税式支出采取的是量能负担原则;对公司所得税中的应税利润和折旧的衡量采取的是一种实用性标准;对增值税税率结构的衡量采取的是一种政策目的性标准。

（4）如何处理某些性质模糊的优惠条款的税制结构归属：简易归置还是另案处置？

基准税制的定义及其由此产生的税式支出定义是主观性的，不同的税收政策释义及其运用和分类很可能会产生合理的意见分歧。在技术操作上，这一分歧和权量最有争议的地方是对看似优惠或似是而非，并会造成收入减少的税收规定，究竟划在基准税制之内还是划在基准税制之外。例如，对雇员缴纳的失业保险金在应税收入中的扣除算不算基准税制？如果把它看做是雇员为了挣取薪水所必须付出的成本，那就应该算在基准税制内，而不算做税式支出。但如果强调这项扣除导致的税收收入的减少，又似乎应算做税式支出，因为纳税人已纳税款通常是不能从个人所得税中扣除的。尤其是它作为失业救济的财源，可以减少政府从其他财源中对失业救济的直接支出，因而就更像是税式支出了。对于类似这种情况的项目，澳大利亚采取的是简易归置办法，即如果纳入基准税制中的某一税制因素值得商榷，通常就会从基准税制中排除出去，作为税式支出报告。加拿大采取的办法则是另案处置，即既将其包括在基准税制内，又将其作为税式支出中的备忘项目包括在税式支出报告之中。这样做的好处是，既维护了基准税制的完整性和原则性，又为税式支出报告的使用者提供了尽可能多的信息和尽可能广泛的政策探讨空间。爱尔兰也采取了类似的方法。与加拿大的做法有一定相像之处，荷兰在鉴别基准税制和税式支出时增加了"分级因素"。根据这一因素，当某一条款不体现税收的调节作用时，仍然可以接受某些不同于基准税制的细微区别，即该条款的某些部分可能与基准税制一致，而另一部分可能不一致，此时只是具有政府鼓励性质的条款部分被列为税式支出。荷兰认为，如果不增加"分级因素"的话，那么几乎所有的税法条款都可以定为税式支出，这样将会过分强调税式支出的预算意义。

另外，对于那些在一定政策视角下可以肯定为税式支出的项目，是否都一并作为税式支出列示和报告，也是技术操作上值得权量的重要问题。在这方面，大多数国家都是全部列示和报告，美国则是采取另一种区别处理办法，即按照重要性标准规定了税式支出项目的底限规则。按照这一规则，财政部不考虑 7 年期内总额少于 500 万美元的项目,税收联席委员会不考虑 5 年期内总额少于 5000 万美元的项目,亦即将那些数量重要性相对较小的项目排除在了税式支出清单之外。

7.1.2 中国税式支出鉴别面临的主要现实问题

中国税式支出鉴别方法的考量,既需以国际经验作为基本参照,亦需针对中国的现实财税制度状况合理权衡。认真甄别中国财税制度现状及其使税式支出鉴别面临的一些现实问题,是厘清税式支出鉴别方法设计思路和成功走出税式支出鉴别第一步的关键。

中国税式支出鉴别面临的主要现实问题之一是税收制度和税收政策尚不稳定。1994 年的工商税制改革初步建立了适应市场经济体制要求的税制体系框架,但尚有许多重大问题需进一步解决:一是当时欲改还未改的一些遗留问题,如内外资企业两套所得税制的合并;二是当时改革中由于各种原因所形成的一些过渡性问题,如增值税征税范围不完整、新税制出台后实施的各种过渡性税收优惠政策;三是改革后逐步显现的新税制与社会经济形势发展变化不适应的问题,如生产型增值税和一些落后失效及与 WTO 规则相矛盾的税收优惠措施等。鉴于这些问题,我国新一轮税制改革已于"十五"后期开始启动,并被作为"十一五"乃至更长一段时期内财税制度改革的重点。这预示着我国的税收制度和税收政策将再次进入一个较大调整变动的历史阶段。税收制度和税收政策的不稳定将使本就复杂的税式支出鉴别面临更多的复杂因素,并直接影响基准税制的界定和制约税式支出鉴别标准选择的空间,进而影响到税式支出鉴别准则体系的确立。

中国税式支出鉴别面临的主要现实问题之二是税制内外不统一的格局仍未完全改变。其包括三种情况:第一种情况是同一税种内外两套税制,如企业所得税、房地产税、车船税。第二种情况是税制体系中有的税种,如城市维护建设税,只对国内纳税人征收,而对外资企业不征收。第三种情况是在同一税法的同一税制条款中对内外纳税人设置不同的政策标准,如个人所得税的减除费用标准。在内外税制不统一的情况下进行税式支出鉴别,就不仅仅涉及一种税制规定内部基准税制结构与税式支出的区分判断,而且会不可避免地遇到不同税制规定之间以何为基准的特殊问题。我国实行内外不同税制的基本宗旨在于给涉外纳税人以比国内纳税人更"优惠"的税收待遇,因此,只有以适用于国内纳税人的税制规定为基准,涉外税制规定才有"优惠"可言。但问题是,不同税种在税制精神、基本条款规定和税务处理方式等方面均存在一些具体差异,不同税收政策标准亦往往反映着不同的税制精神,两者之间很难通过基准与偏离基准的比较来确定某些税制条款是否具有税式支出的性质。当然,内外税制的不统一终将通过进一步深化税制改革得到解决。其中作为主体税种之一的企业所得税的内外两套税制合并已经完成,新的统一的企业所得税法已由十届全国人大五次会议审议通过,并自 2008 年实施。但是,为保证改革的顺利推进,新的企业所得税改革合并方案仍然安排了 5 年的过渡期和相应的过渡措施,外资企业原享受的一些特殊优惠政策可在过渡期内继续执行。这意味着企业所得税的税式支出鉴别也仍要在未来一段时间内面对内外不同的税制差别问题。

中国税式支出鉴别面临的主要现实问题之三是税收优惠政策的法规层次低,且许多税收优惠政策的条文规定欠具体、欠严谨,意向不够明确,相互之间的配合关系亦不够科学和严密。首先,税收政策是引导社会经济活动的一个极为重要的信号,严格地说,它应源于最高立法机构和产生于立法过程,或由最高立法机构授权最高行政机关制定,不是任何部门和在任何环节均可随意为之。而我国目前的现状是,许多税收规定和税收优惠政策都是游离于基本税收法规之外,散见于基本税收法规执行过程中出台的某方面的文件或通知,且仍存在一定程度的政出多门现象。由此产生的税收政策往往具有较强的临时性和随机性,且缺乏科学的规则和系统性,常具有针对某一个别情况和利益矛盾"单刀赴会"及不按预算年度调整的特点。该种决策方式导致的突出后果是税收优惠政策零散多变,失去统一的政策标准,并直接影响到税基的稳定性和规范性,这无疑进一步加剧了基准税制与税式支出界分的模糊程度,增加了税式支出鉴别的困难,特别是难以按某种严格、具体的统一标准对各种优惠条款是否属于税式支出进行定断。其次,要清楚地鉴别和梳理某一税种的税式支出,客观上要求同一税种各种税收优惠方法的使用和相应的税收优惠措施的作用边界必须明晰可分,相互独立,并且其产生的税收效应须在方向上保持一致。而我国目前的现状是,同一税种的一些优惠政策交叉重叠,相互勾连,配合关系不科学,以致同时作用于一个纳税人身上时会产生某种相反的税收效应,造成其中某一优惠措施的性质发生异变。比较典型的例子,如企业所得税中的加速折旧和税额减免。加速折旧使企业开办初期的折旧费增大,抵减了税前利润,从而减少了当期的所得税负担。但如果该企业还同时享受某种税额减免的优惠,比如新办的高新技术企业自投产年度起免征两年所得税,则该企业与不同时享受两种税收优惠政策相比,不但不能达到节税的效果,而且还相对加重了整个折旧期间的税收负担。在这种情况下,要判断加速折旧对该企业究竟是税式支出还是税收惩罚显然就成了问题。再次,要准确判断一项税收优惠条款是否会形成税式支出,前提是条文说明必须具体、严谨和清楚。一些内容不确凿、细节不清的优惠规定,也使税式支出鉴别面临诸多操作上的麻烦。

中国税式支出鉴别面临的主要现实问题之四是企业会计和税法采用的会计基础与财政预算采用的会计基础不一致。由前面对美国税式支出鉴别方法的介绍可以清晰地看到:税式支出鉴别方法是在不断发展的,由正常基准法到参考基准法,其趋势是使税式支出项目与直接财政支出及其预算科目相一致。从实现税式支出制度的预算功能角度讲,这具有方向性的意义。然而,我国目前企业会计和税法所采用的会计基础均是权责发生制,与采用现收现付制的财政预算会计不是一个口径。另者,在界定基准税制和税式支出时使用不同的会计核算基础,也会出现不同的界定结果。同一项税制减让条款,在以收付实现制和权责发生制中的一种为核算基础时可能被判定为税式支出,而以另一种为核算基础时就可能被判定为基准税制的一部分。因此,在企业会计及税法与财政预算会计分别采用两种不同会计基础的情况下,以何者作为基准税制要素,也是考量税式支出鉴别方法时需要在现实可行性和科学规范性之间相机权衡的一个重要的基础性问题。

7.1.3 中国税式支出鉴别的若干基本选择

(1)以切实可行为主,避开过高的理论要求,选择借鉴比较贴近实际的国际经验。这主要包括:第一,在税式支出鉴别方法的总体定位上采取折中策略。如第 3 章所述,目前世界各国采取的税式支出鉴别办法主要有两类:一类是较细致、具有较严格的具体标准的鉴别办法;一类是较粗略、标准不太具体的鉴别办法。我国现阶段税式支出鉴别方法的选择可以实行介于两者之间,并兼有两者特色的折中方案。即原则上采取第二类办法避难就易的思路,不求多么详致和严格,同时在此原则下尽求有较明确的标准,以能够据之确立较具体的鉴别判断准则。第二,在界定基准税制时,不考虑理论层面的统一标准税基问题,即避开以所得为税基还是以消费为税基的理论争议,分别按税种确定各自的标准税基和鉴别各自的税式支出项目。第三,以实际税制规定下的常规所得概念界定所得税的基准税制结构,且不考虑我国现行所得税制与 S−H−S 经济所得定义的差异。同时,按国际上实际通行的“交易观点”来确定所得,即某一时期内的所得等于同期内一切完成了的交易所实现的收入减去为取得这些所得而消耗掉的成本费用,再减去同期亏损后的余额。任何未经交易,因而尚未实现的资财增加,都不能算做所得的增加;除灾害损失等极易被证实的资财减少外,任何未经交易,因而尚未被证实的资财减少,也都不能算做所得的减少。第四,在基准税制的判断标准上,应主要仿效美国财政部 1983 年后同时采用参考基准和正常基准的做法。采用参考基准,是因为其更接近于现实税收法规。以现实税收法规的普遍性条款来描述,税式支出就只限于税收法规中具有特定政策功能的例外事项。这更适合我国建立税式支出制度初期适当从简的需要。同时,对那些政策目标比较明确或发生几率和数额较大的优惠条款,如加速折旧、对政府转移支付的免税、研发费用列支等,依据正常基准视为税式支出,则又能较好地兼顾我国实施税收政策和控制税收优惠规模的需要。第五,在某些难以确切界分的优惠条款的税制结构归属的处理上,应主要借鉴一些国家采取的简易归置办法。在建立税式支出制度初期,这既可以减少具体鉴别上的困难,省却一些程序上的烦琐,又比较符合我国目前一些税收优惠政策目标不够清晰情况下避难就易的基本鉴别思路,也与上一章述及的总量控制与协调的税式支出制度目标更相吻合。

(2)采取现实和独立原则。所谓现实和独立原则,主要有两层含义:其一是指针对目前我国税制体系还不够科学完善的现实情况,在进行税式支出鉴别时,应一切从现行的税收制度、会计制度及相关的经济制度出发,把税制结构区分为基准税制结构部分和与此相背离的税制结构部分。如果某项税制条款存在与所规定的普遍性原则的特殊背离,即被认定为税式支出。二是指针对目前我国相关税收制度和税收政策之间的配合关系还不够协调合理的现实情况,在税式支出鉴别中应避开相互之间的矛盾关系,彼此分开,独立对待。只要某一税制条款存在与所规定的普遍性原则的特殊背离,而不论其是否会在一定情况下因受他者影响发生性质上的变异,均要视为税式支出。譬如,我国现行一些税种仍存在内外两套税法或两套政策标准,其适用的会计制度也不尽相同,按照现实和独立原则,就应从各个税法和政策标准的实际规定出发进行税式支出鉴别,而不去顾及同一税种两套税法或税收政策的差异。再譬如,上述高新技术企业同时适用的加速折旧和税额减免,虽然前者因后者影响可能造成纳税人折旧期间税负相对加重的悖反效果,但仍应从现实的政策精神出发,对两者分别进行税式支出鉴别,而不去顾及这种勾连及其产生的细节影响。

　　(3)兼顾避难就易和科学规范,选择适宜的税式支出鉴别标准。根据这一思路,可以从上述国际上采取的第一类鉴别办法中选取较为适合我国的鉴别标准。笔者以为,其主要以实用性标准为宜,即主要以与参照基准精神相一致的现行税制的基本结构作为判别基线。同时,辅以政策目的性标准和适用范围有限性标准。因为,一来实用性标准相对比其他标准直接简易,理想化要求较低;二来我国1994年建立的新税制的基本结构大体符合我国现阶段的社会经济实际,并接近现代市场经济所要求的税制规范。以现行税制的基本结构为基线鉴别税式支出,不仅易于操作,而且也不失现实的合理性。在运用实用性标准和现行税制的基本结构这个判别基线时,应重点以能否保证税收收入和税负公平这两个税收制度的基本目标为衡量依据,在可能的情况下也可以兼及其他。照此来鉴别判断,凡是遵从现行税收法规的基本结构,并旨在保证税收收入、维护公平负担的规定条款,即视为基准税制结构;凡是背离现行税收法规的基本结构和导致税收收入减少并改变公平负担的规定条款,即视为税式支出。通过这种鉴别过程,即可列出一个较为简单粗略,但能大体体现税式支出概念本质要求的税式支出项目表,从而作为税式支出数量分析和预算控制的具体对象。

（4）着眼现实可能和财政预算改革的方向，选取适宜而可行的会计核算基础。在目前企业会计及税法与财政预算会计分别采用权责发生制和现收现付制的情况下，宜应以权责发生制作为界定基准税制和税式支出的会计基础。原因在于：第一，虽然只有使税式支出鉴别的会计基础与财政预算使用的会计基础保持一致，才能真正实现税式支出项目与直接支出项目的内在统合，并更好地彰显税式支出制度的预算意义，但问题是，税式支出鉴别分析的对象毕竟是现行税制，脱离现行税制，改用现收现付制会计进行税式支出鉴别，显然就会使实际操作失去直接。更重要的是，脱离现行税制，改用现收现付制会计，还会给税式支出成本的估算带来很多麻烦。因此，唯有从实际出发，以权责发生制会计为准，以现行税制为基础，才是目前进行税式支出鉴别的便捷可行之路。而后，随着经验的积累和条件的成熟，可进一步研究，寻求更为科学的鉴别方法。第二，实行权责发生制政府会计，是世界各国财政预算改革的共同趋势，也是我国财政预算改革的方向。由此而言，以权责发生制会计为准进行税式支出鉴别，也符合我国财政预算改革与税式支出制度建设长远目标的要求。

（5）正视矛盾，相机灵活。进行税式支出鉴别，必须首先确立各税种的鉴别准则。从科学角度讲，税式支出鉴别准则应是相对稳定的。但是，处在较大变革过程中的税收制度近期内尚难稳定（这也是前面强调现实原则的一个重要原因），从而就形成了税制变动与鉴别准则相对稳定要求之间的矛盾。正确的选择，应是正视矛盾，相机"舍稳就变"，随税制改革的进程对已确定的税式支出鉴别准则进行必要的灵活调整。当然，这样会直接影响不同期间税式支出鉴别结果或税式支出结构的可比性，但面对现实，也只能允许如此。

最后，需要特别指出，由于各种原因，税收优惠政策政出多门和越权减免税的情况在近期内尚难彻底消除。因此，从维护税收政策的严肃性、权威性和维护国家财政收入出发，对那些税收优惠方面实际存在但超越税收管理体制和税收管理权限的"土政策"，不论其税收效应如何，均应一律视为税式支出。

7.2 企业所得税的税式支出鉴别准则例示[①]

首先需要说明,这里对企业所得税税式支出的鉴别尝试仍暂以原内资企业所得税税制为依据。因为,第一,尽管目前内外资企业所得税的合并和统一已完成立法过程,但有些具体规则还有待以后进一步健全和完善;第二,两税合并统一并不影响这里作为一种基本鉴别方法及其操作程序研究的例示性意义;第三,新企业所得税法较原税法在基本税制模式上并未发生变动,且在其他税种税制未改的情况下,两税合并统一后的税制体系环境也未发生变动,因此,基于原税法的鉴别原则和方法对新企业所得税的税式支出鉴别同样适用。

7.2.1 税基准则

(1)税基的构成

按照税制规定和常规所得概念的基本精神,企业所得税的税基为应税所得。应税所得是纳税人纳税年度来源于中国境内、境外的收入总额减去按统一规定口径扣除的与取得收入有关的成本、费用、税金和损失后的余额,即纳税人纳税年度的净收益。其分为生产经营所得和其他所得两大类。生产经营所得包括商品销售所得、劳务服务所得、营运所得、工程及工业性作业所得等;其他所得包括财产转让所得、财产租赁所得、利息和股息所得、特许权使用费所得、营业外收益等。应税所得必须是有合法来源的实物或货币所得。

必须注意,在计算所得时,企业所得税制与企业会计虽然都采用权责发生制原则,但应税所得与企业会计利润不同。企业按财务会计制度核算出的会计利润是确定应税所得的基础,但不直接等同于应税所得额。按照税收的一

[①] a. 作为一种例示性研究,本部分仅以实际实行的税收法规和相关文件的主要条款为鉴别分析对象,因此,其涉及的税制内容和据以确立的具体鉴别准则都是不全面的。凡是涉及具体条款很多的税制内容部分,均仅择取一些较具典型性、代表性和经常性的主要项目或规定条款进行分析,并据以建立相应的鉴别准则。b. 本部分的鉴别分析对象主要以基本税收、财会法规及较能综合反映这些法规和其他相关法规、文件规定的中国注册会计师协会 2005 年 CPA 全国统一考试教材《税法》所载内容为蓝本。

般要求和国际通例,计税时要根据税法规定对会计利润进行调整。这种税务与企业会计上的差异产生于税法的一般要求,不属于对基准税制的背离。

由此可有准则1:企业所得税的标准税基为纳税人纳税期间从境内外取得的全部实物或货币形态的净收益。计算收益时,税务处理与企业会计的差异,不会产生税式支出或税收惩罚。

(2)收入确认的主要特殊规定

除收入和所得确认的基本原则外,企业所得税制还有若干收入确认的特殊处理规定。

①减免或返还的流转税。流转税金属于减少纳税人净收益的准予扣除项目,通过减免、即征即退、先征后退、出口退税等形式返还给纳税人则相应增加其净收益。如对其因用于特定用途等不予征税,则属于标准税基的减损和对纳税人特定经济活动的支持。但按会计核算规定,出口退还的价外增值税与企业净收益无关,且对于所得税来说,对其不征税属于企业出口活动应普遍享受的待遇。

由此可有准则2:减免或返还的流转税属于标准税基的组成部分。如对其不征税,应视为税式支出,但出口退还的价外增值税除外。

②资产评估增值。企业在清产核资、企业改制及以实物资产、无形资产对外投资等情况下,都可能发生资产评估增值。这种增值是未经交易确认的资财的增加,因此,不应计入应税所得额。但资产评估增值后调整了资产账户,并据此计提了折旧和摊销的,属会计上已确认的资财的增加,应相应调增应税所得额。

由此可有准则3:资产评估增值不计入应税所得不属于税式支出。但将已调整账户和相应回收资本成本的资产评估增值计入应税所得属税基的正常增加。

③接受捐赠收入。企业接受捐赠的收入或资产均属可证实的已实现的资财的增加,其在经营中使用或销售时应相应地结转成本或扣除当期的折旧、摊销额。但税制规定,企业取得的捐赠收入较大,并入一个纳税年度缴税确有困难的,经批准可在不超过5年的期间内均匀计入各年应税所得,从而将产生税收递延。

由此可有准则 4:企业接受捐赠的资财及其使用和销售中相应的成本扣除均属基准税制。允许其延后分期计入应税所得将形成税式支出。

④接受财政性补贴收入。企业接受的财政性补贴收入属可证实的已实现的资财的增加,按照税制规定和一般国际惯例要计入当期损益和应税所得。如因某些特殊政策性规定不计入当期损益和应税所得,或者免税,如对吸纳安置下岗失业人员再就业的各种相关补贴的免税,则为对标准税基的扣除。

由此可有准则 5:企业接受的财政性补贴收入属标准税基的组成部分,应计入当期应税所得和征税。否则,将形成税式支出。

⑤国债利息和公益性基金存款利息收入。按企业所得税制的一般原则,国债利息本属于税基的正常项目,但同时对此又分别有不计入应税所得、抵补以前年度亏损和免税的特殊规定,明显是对税基的扣除。至于公益性基金的存款利息收入,其是否应该征税存在一定的模糊性。如就其作为公益性活动的收入来源考虑,似应不征税;如从经营所得角度考虑,征税则是应当的。但从实用性标准和简易归置办法出发,现行税制关于其暂不作为应税收入的特殊规定可视做税式支出。

由此可有准则 6:允许将纳税人的国债利息收入和公益性基金存款利息收入排除在税基范围之外的各种措施,均属于税式支出。

⑥折扣销售与销售退货。企业销售商品所得属正规的应税收入。按税法规定,在折扣销售和发生退货时,只有销售额与折扣额在同一张销售发票上注明的和购货方提供退货证明的,才可按实际销售收入计算应税所得。

由此可有准则 7:纳税人从税基中减除折扣销售的折扣额和退货金额必须是可证实的。否则,不能从税基中减除。

⑦使用自产或自己开发的商品或产品。企业将自己生产或开发的产品、商品用于基本建设、内外投资、职工福利、捐赠、广告、奖励等虽未经过交易,但按税法规定,应视同销售,确认为收入。并且,如此处理也与国际上的 S - H - S 所得定义精神相仿。

由此可有准则 8:纳税人自产自用的商品或产品属于正常收入的组成部分,在计算税基时不得扣除。

(3)准予扣除的主要项目

①固定资产折旧和无形资产、递延资产摊销。企业的固定资产、无形资产和递延资产成本,应通过折旧和摊销在资产产生所得的期间予以扣除和回收。税法对折旧和摊销的方式与年限既有一般规定,也有特殊规定。按照一般规定,固定资产折旧应采取年限平均法或工作量法,无形资产应采取直线法摊销,递延资产成本应在以后年度分期摊销。特殊规定有:某些固定资产可实行加速折旧;少数集体和乡镇企业由于特殊原因,经申请批准可缩短折旧年限。允许资本成本以加速折旧和短于一般规定的时期得到补偿,就会使企业得到部分税收递延的好处,其类似于政府提供的一笔无息贷款。

由此可有准则9:固定资产折旧应按规定年限采取年限平均法或工作量法,无形资产摊销应采取直线法,递延资产成本应在以后年度分期摊销。允许资本成本加速回收的措施构成税式支出。

②存货计价。存货是指企业生产经营过程中的商品、材料、产成品、半成品等。纳税人各项存货的发生和领用,应以实际成本为准计价。具体实行的实际成本价计算方法,可从先进先出法、后进先出法、加权平均法、移动平均法等方法中任选。采用的存货计价方法不同,财务效果也不同。采用先进先出法计算的销售成本最低,销售毛利最高;而采用加权平均法计算的销售成本最高,销售毛利最低。采用先进先出法计算的销售成本与产品销售的时间差距较大,故不能反映本期的真正损益;而采用后进先出法计算销售成本与产品销售的时间差距较小,故能较为正确地反映本期损益。采用后进先出法时,因其价格与市场价格偏离较大,故不能正确反映存货成本;而采用先进先出法计算的存货成本则接近市场价格,故能较为真实地反映企业的存货成本。由于不同的存货计价方法会影响销售成本、销售毛利和存货成本,因此,存货计价方法一经选定,不报请税务机关不得随意改变,更不能采用不同的计价方法来调整应税所得额。

由此可有准则10:财务会计和税收上所允许的任何存货计价方法都属于基准税制结构。如果存货计价方法所做的扣除超出了一般财务方法和税收上所允许的扣除,则构成税式支出。

③工资支出。工资包括企业以各种形式支付给职工的基本工资、加班工资、年终加薪,各类补贴、津贴、奖金,以及与任职或受雇有关的其他支出等。

税法根据企业的经营和分配管理特点确定的工资列支标准有三种,即计税工资、效益工资和提成工资。三者都属于成本扣除的一般规定。

由此可有准则11:计税工资、效益工资和提成工资均为形成税基的正规成本扣除标准。超出正规成本扣除标准的工资不得从收入中扣除。

④职工工会经费、职工福利费和职工教育经费。税法对该三项经费分别按计税工资总额的一定比例规定了扣除标准。纳税人实际发放工资高于确定的计税工资标准的,应按计税工资总额计算扣除三项经费。另外,国务院有关文件对某些从业人员技术素质要求高、培训任务重的企业和行业,有可按高于一般规定比例的标准提取和扣除职工教育经费的优惠规定。由于这种优惠规定究竟是对某些纳税人特殊成本需要的一般承认还是对其提供的税收支持不好确切判断,因此,应按简易归置办法处理。

由此可有准则12:按照一般规定的计税工资总额及其比例提取扣除的职工工会经费、职工福利费和职工教育经费属基准税制结构。如允许以高于一般规定的计税工资和比例提取扣除的,构成税式支出。

⑤公益、救济性捐赠。公益、救济性捐赠,是指纳税人通过中国境内非营利的社会团体、国家机关向教育、民政等公益事业和遭受自然灾害地区、贫困地区的捐赠。按规定,其在年度应税所得额一定比例以内的部分准予扣除。依照所得(收入)与成本相关原则,公益、救济性捐赠不是获取所得的成本,因此,在计算应税所得时不应从收入中扣除。

由此可有准则13:与取得收入无关的支出,在计算税基时不得扣除。允许纳税人按一定标准扣除公益、救济性捐赠构成税式支出。

⑥缴纳各类社会保险基金支出。税法规定,企业为全体雇员缴纳或补缴的补充养老保险、医疗保险和失业保险等各类社会保险基金支出均可税前扣除。纳税人缴纳的社会保险基金支出是否属于企业或个人为获取所得(收入)必须付出的成本,在国际财税界素有争议。对此,在我国亦应按简易归置办法处理。

由此可有准则14:对纳税人缴纳的各类社会保险基金支出的税前扣除构成税式支出。

⑦财产保险费用、运输保险费用和永久性损失。纳税人参加财产保险、运

输保险属防范意外风险,补偿生产经营中可能发生的损失的必要措施。其按规定缴纳的保险费用的扣除属一般可接受的财务或经营方法所允许的扣除。纳税人发生的永久性损失虽不一定都与取得收入相关,但允许扣除其中可证实的部分符合一般的经营常规和会计惯例。

由此可有准则15:纳税人按规定缴纳的保险费用及可证实的永久性损失的扣除属正规扣除。但保险公司给予纳税人的无赔款优待和不能证实的永久性损失及损失中有赔偿的部分除外。

⑧研究开发费用。企业研究开发新产品、新技术、新工艺的费用属于不能全部在当期列支的资本性支出。税法允许企业计入管理费用扣除和在达到一定的增长比例后除据实列支外,还可按实际发生额的50%直接抵扣当年应税所得额的规定,背离了财务制度和税法确认的费用配比原则。

由此可有准则16:允许纳税人将研究开发费用从收入中扣除和直接抵扣应税所得额的规定构成税式支出。

(4)不准扣除的项目

从税基准则方面看,税法关于在计算应税所得时不得扣除的项目主要有六类:第一类是资本性支出和无形资产受让、开发支出。这类支出在会计上已有成本回收制度,不允许扣除符合会计一般核算原则。第二类是违法经营的罚没损失和税收滞纳金、罚金。这类支出是对纳税人违法行为的惩罚,税法对此不允许扣除亦具有同样性质。第三类是销售货物给购货方的回扣。这种回扣是违反一般经营和财务管理规则的,因此,不允许扣除也属对纳税人违规行为的惩罚。第四类是自然灾害或意外事故有赔偿的部分。对这类支出不允许扣除的道理很明显:纳税人不能因此而得到双重补偿。第五类是非公益和救济性捐赠、非广告性赞助支出,以及为其他独立纳税人提供与本身收入无关的贷款担保因被担保方不能还贷而承担的本息等。这类支出均与纳税人取得收入无关,且不是政府要鼓励的,不允许扣除是正常、合理的。第六类是企业已出售给职工的住房的折旧和维修管理费。由于此住房已发生产权转移,因此,这类支出不允许扣除是理所当然的。

由此可有准则17:不允许扣除资本性支出、无形资产受让及开发支出、与取得收入无关的非公益救济性捐赠支出及赞助支出、灾害与事故损失有赔偿的部分、已转移产权财产的成本费用等,不涉及税式支出或税收惩罚问题。罚款、罚金、销售回扣等不允许扣除,将产生税收惩罚。

(5)免税和税收抵免

企业所得税法规、文件及其他相关法规、文件规定了若干免税和税收抵免项目。其中的免税项目包括两类:一类是直接针对某些特殊纳税人或特殊经济活动的免税项目;另一类是对纳入财政预算管理或财政预算外资金专户管理的政府性基金、资金及附加收入的免税。税收抵免是指对技术改造国产设备投资的抵免,即对在我国境内投资于符合国家产业政策的技术改造项目的企业,其项目所需国产设备投资的40%,可从企业技术改造项目设备购置当年比前一年新增的企业所得税中抵免。对应纳税额的全部免征和一定数额规定的抵免,实质上都是对税基的排除,且企业所得税作为一种直接税,免税和抵免均属对企业的照顾或鼓励,因此,其明显具有税式支出的性质。但纳入财政预算管理或财政预算外资金专户管理的政府性基金及附加收入是现行财政管理体制下的一种特殊的财政收入,对其免税与对政府一般财政收入不征税是同一道理。

由此可有准则18:适用于企业所得税的免税和税收抵免构成税式支出。但对纳入财政预算管理或财政预算外资金专户管理的政府性基金及附加收入的免税与税式支出无关。

(6)税基项目的通货膨胀调整

税基项目的通货膨胀调整讨论的是税基指数化问题。对企业来说,通货膨胀要直接影响其资财和成本的价格,其结果是使所得不实,亦不可比。因此,这就面临是否对税基进行指数化和予以调整的问题。如果对税基全部指数化,通货膨胀所带来的收益会增加所得,其损失会减少所得,两者一致,属于正规税制;如果对税基不实行指数化,全部利用名义价格计算,亦属正规税制。但是,在采用名义价格时,对税基中的某些项目而不是全部实行指数化,就将产生税式支出;在对税基实行全部指数化的政策下,有些税基项目又没有指数化,就将产生税收惩罚。这就意味着,在一个国家,只应以全部指数化和全部不实行指数化中的一种政策为基准。按照我国企业会计准则的规定,各项财产物资应当按取得时的实际成本计价。物价变动时,除国家另有规定和投资性房地产与交易性金融工具两个特殊项目外,不得调整其账面价值。也就是说,我国的基本政策法规是对企业所得税的税基不进行通货膨胀调整。

由此可有准则19:对企业所得税的税基不进行通货膨胀调整属于基准税制。如另有规定可予调整的话,将形成税式支出。

7.2.2 税率准则

(1)税率结构

在企业所得税中,税率鉴别需要斟酌的主要问题是单一税率是否是基准的,以及小企业或税基数额较低的企业所适用的特别税率的性质如何认定问题。为了体现税收的横向公平原则,我国企业所得税实行比例税率。企业所得税条例规定税率为33%。同时,为了照顾一些利润较低和规模较小的企业,又以补充规定的形式设置了两档照顾性税率,即对年应税所得额在3万元(含3万元)以下的减按18%的税率征税,对年应税所得额在10万元(含10万元)以下的减按27%的税率征税(新企业所得税法也除25%的税率外,规定符合条件的小型微利企业的适用税率为20%)。笔者认为,这种低档税率虽具有"照顾性",但不应视为税式支出。因为:第一,按照参考基准,承认普遍适用于各种纳税主体的单独的税率表;第二,不将其视为税式支出,符合前述税式支出鉴别的现实原则;第三,所得税是适应纳税人的实际纳税能力,贯彻税收合理负担的主要税种。就此来说,这种低档税率可以看成是在企业所得税采取统一比例税率的情况下实现税收纵向公平目标的必要补充措施,且如此认为,符合前述实用性标准下的维护税负公平原则。

由此可有准则20:企业所得税适用于不同纳税主体的分档比例税率均属于基准税制结构。

(2)低税率

这里的低税率,是指允许各类纳税人以低于其适用的相应档次的税率纳税的税率。如税制规定,国务院批准的高新技术产业开发区内的高新技术企业,可减按15%的税率征税;对设在西部的国家鼓励类产业的企业,在规定期间内减按15%的税率纳税等。这种低税率明显具有不同的政策鼓励性质。

由此可有准则21:允许各类纳税人以低于其适用的相应档次的税率纳

税,构成税式支出。

（3）减税

企业所得税法规、文件及其他相关法规、文件规定了若干针对某些特殊纳税人或特殊经济活动的减税项目。如,乡镇企业可按应纳税款减征 10%；为了支持和鼓励发展第三产业,对新办的交通运输业、邮电通信业的企业或经营单位,自开业之日起,可在第一年免税的同时,第二年减半征税；企业利用废水、废气、废渣等废弃物为主要原料进行生产的,可在 5 年内减征或免征所得税等。减征税款,既可以看做是税率不变条件下税基的部分减除,也可以看做是税基不变条件下税率的降低。虽然两者产生的结果完全相同,但由于税基反映的是征税的广度,而税率反映的是征税的深度,直接表明相同税基情况下的税负轻重,因此,将减税作为税率的降低来认识似更为直观。

由此可有准则 22：适用于企业所得税的各种减税措施,等同于纳税人适用税率的降低,均构成税式支出。

7.2.3 纳税单位准则

所得税的税式支出鉴别之所以要涉及纳税单位问题,首先是根源于综合或一体化的所得税制与单独的个人所得税和公司(企业)所得税的古典制所导致的认识分歧。如果以一体化的综合所得税为基准税制,对分配给股东的股息、红利就只能征一次税,分别以个人和公司作为纳税单位征两次税即构成重复征税；如果以古典制为基准税制,对分配给股东的股息、红利只以个人或公司为纳税单位征一次税即构成税式支出。因此,按国际惯例,公司或企业所得税的纳税单位准则研究的主要是在古典制和部分一体化制情况下,公司各股东的税收待遇是否产生税式支出和税收惩罚问题。同时,联属公司或联属企业之间交易的税收待遇也在纳税单位准则中予以考虑。此外,纳税单位准则也要研究对政府单位、非营利组织、慈善公益性机构和社会组织及非公司实体(如合伙企业、信托公司、合作企业等)的税收待遇。

企业所得税是以在中国境内实行独立核算的企业或组织为纳税人,即纳税单位。其包括按国家规定注册、登记的国有企业、集体企业、联营企业、股份制企业,以及有生产经营所得和其他所得的组织。所谓有生产经营所得和其他所得的组织,是指经国家有关部门批准,依法注册、登记的事业单位、社会团体等(新企业所得税法采用了规范的"居民企业"和"非居民企业"概念)。

我国的企业所得税虽有区别于西方国家的公司或法人所得税,但也是以实质法人说为立论基础的,即以企业为纳税单位,实行独立课税。因此,企业所得税与个人所得税之间没有任何联系,各自独立存在。分配给股东的股息、红利也要征收企业所得税。但税制对企业间相互投资持股情况下投资方分回的股息、红利做了特别调整规定,即投资方在计税时可暂将被投资方实际缴纳的所得税额从应纳税额中扣除抵免,只是在投资方适用税率高于被投资方适用税率时才要补缴税率差异部分的所得税。由于投资方与被投资方均为独立核算的企业,因此这种特别调整构成对投资方的税式支出。

由此可有准则23:企业所得税以独立核算的企业为纳税单位属基准税制。允许对投资方企业分回的股息、红利进行税额扣除并减少了税收收入的特殊调整措施构成税式支出。

有生产经营所得和其他所得的事业单位和社会团体等虽是非营利组织,但在税法中是同独立核算企业一律对待的。同时,税制又规定对其纳入财政预算或财政预算外资金专户管理的政府性基金、资金、附加收入及经核准不上缴财政专户管理的预算外资金、从其所属独立核算经营单位的税后利润中取得的收入、从各级政府和主管部门及上级单位取得的资助和专项补助收入、按规定收取的会费、社会各界的捐赠收入等实行免税。基于纳税单位的规定,这些免税的性质也应与企业免税同样认定。其中,纳入财政预算或财政预算外资金专户管理的政府性基金、资金、附加收入及经核准不上缴财政专户管理的预算外资金亦同企业一样,对其免税属正常情况。

由此可有准则24:有生产经营所得和其他所得的事业单位、社会团体等组织应同企业一样缴纳企业所得税。对其除纳入财政预算或财政预算外资金专户管理的政府性基金、资金、附加收入及经核准不上缴财政专户管理的预算外资金以外的各种收入的免税,属于税式支出。

联营企业或联属企业,是指两个及两个以上相同或不同所有制性质的企业法人或事业单位法人,按自愿、平等、互利的原则,共同投资组成的经济组织。税制规定,对各投资方从联营企业分回的税后利润在计税时实行税额扣除。根据税率差异,投资方企业适用税率高于联营企业的要相应补缴所得税,但投资方企业适用税率低于联营企业的不退还已缴纳的所得税。由于联营企业属法定的独立核算的纳税单位,因此,上述税额扣除将产生税式支出,不退还投资方企业适用税率低于联营企业而应少缴的所得税则具有税收惩罚性质。

由此可有准则25:联营企业与其投资方企业均属企业所得税的正规纳税单位。允许对投资方企业分回的利润进行税额扣除,构成税式支出;不允许退还投资方企业因与联营企业的税率差异而应少缴的税款,形成税收惩罚。

7.2.4 纳税期限准则

我国企业所得税的纳税期限与企业会计核算和财政预算会计核算的期限相一致,均为以日历年度标定的一年时间。根据企业会计制度和企业所得税制规定,收入和支出、成本、费用的确认应以权责发生制为基础。

由此可有准则26:企业所得税的标准纳税期限为一年,即日历年度。相关的核算以采用权责发生制会计为基础。

(1)弥补亏损

根据企业所得税条例,纳税人发生年度亏损的,可以用下一纳税年度的所得弥补;下一纳税年度的所得不足以弥补的,可以逐年延续弥补,但延续弥补期最长不得超过5年。5年内无论盈亏,都作为实际弥补年限计算。这里的所谓亏损,不是企业财务报表中反映的亏损,而是企业财务报表中的亏损额经主管税务机关按税法规定核实调整后的金额。

在国际上,对以跨期结转方式弥补亏损是否构成税式支出一直存在争议,不同国家的鉴别结果亦不相同。如果严格地从纳税期限讲,无论亏损跨年度后转或前转,都使得所得在来源、时间上与成本发生产生了极大的不相关性,从而减少了以后或以前年度的应税所得,形成了税式支出。相反的意见主要是基于企业经营利润的波动性假设,认为企业可能在某些年份有盈利,而在某些年份有亏损,从一个较长的周期来衡量企业的经营与投资收益可能更为合理。因此,国家应该提供一种在一定的合理时期内对所得适用的一般平均法规定,或者换言之,允许跨期的亏损结转符合企业正常经营特点和需要,可以看做是对企业会计计量期限的必要修改,不构成税式支出。但问题在于,任何企业的盈亏波动在时间和数量上都没有固定的规律性,所谓的"合理时期"很难界定。另外,众所周知,我国现阶段企业亏损问题表现比较严重,许多企业的亏损额都较大,亏损时间持续较长,通过亏损结转损失的税收收入也相当可观。因此,笔者以为,无论从客观实际还是从我国税式支出监控的需要来看,将这种弥补亏损规定视为税式支出都是合理和必要的。

由此可有准则27:允许企业将经营亏损结转到规定的以后年度,从以后年度的应税所得中扣除,构成税式支出。

(2)损失准备金

损失准备金是为应付以后年度可能发生的损失而预先提取的准备资金。其包括坏账准备金和存货跌价准备金、短期投资跌价准备金、长期投资减值准备金、风险准备金等。

坏账准备金是基于当期应收账款可能发生坏账损失的情况而提取的。在会计上,坏账损失的核算一般有两种方法,即直接转销法和备抵法。直接转销法就是在实际发生坏账时,作为损失计入期间费用,同时冲销应收账款。按此方法,只有等到坏账实际发生时,才将其确认为当期费用,因此,收入和与之相关的坏账费用不是在同一期间确认,坏账费用的发生与当期销售业务并无联系,显然不符合权责发生制和配比原则,会导致各期损益不实。另外,在这种情况下,资产负债表上的应收账款是按其账面价值而不是按可望收回的净额反映的,从而会歪曲企业期末的财务状况。备抵法是按期估计坏账损失,并相应提取坏账准备金,计入当期费用,待坏账实际发生时,再冲销坏账准备金。这种方法,一则将收入和与之相关的坏账损失计入同一期间的损益,体现了权责发生制和配比原则的要求;二则资产负债表上的应收账款是以账面余额扣减坏账准备后的可实现净值来反映,能够比较真实地反映企业的财务状况。对于上述两种方法,我国会计和税收制度一般都是准许的。因此,扣除按一定数量提取的坏账准备金不构成税式支出。而另一方面,不提取坏账准备金也不构成税收惩罚。因为:第一,只要坏账出现,当期就可作为费用列支;第二,其虽然与权责发生制和配比原则不符,但也得到了财务会计和税务会计的一般允许。

对于存货跌价准备金、短期投资跌价准备金、长期投资减值准备金、风险准备金等,现行税法不允许作为当期费用扣除,不属于与基准税制的背离。因为,这些准备金与坏账准备金不同,提取时并不存在与此对应的应收款项;同时,在其所针对的损失实际发生后,只涉及资产价值的调整和相应的资本成本回收问题,不涉及已实现收入的减损问题。

由此可有准则28:计算应税所得时允许扣除按规定数量提取的坏账准备金,不构成税式支出。不允许扣除存货跌价准备金、短期投资跌价准备金、长期投资减值准备金、风险准备金等,属于基准税制;如允许其做特别扣除,将产生税式支出。

(3)部分采用收付实现制核算的项目

虽然企业会计和企业所得税制采用权责发生制原则,但也同时存在某些实际采用收付实现制核算的项目。如,超过一年的长期投资的损益与不超过一年的短期投资一样,也是按年计算的;以分期付款销售商品的,可以按合同约定的应付价款的日期来确定销售收入的实现等。这些都是基于企业某些经营活动和经营方式的实际特点采取的特殊补充措施,不存在任何特殊政策方面的考虑,因此,其不属于对基准税制的背离。

由此可有准则29:在以权责发生制作为会计核算基础的同时,允许部分适合采用收付实现制的损益前转或后转,属基准税制的适当补充,不构成税式支出和税收惩罚。

7.2.5 国际交易准则

当企业所得税制适用于企业的跨国经营时,就必须相应确立一定的税收管辖权原则。不同国家,税收管辖权的选择有所不同。目前,世界绝大多数国家都同时实行地域管辖权和居民管辖权。我国实行纳税人居住地与所得来源地相结合的税收管辖权原则。税收管辖权原则体现的是国家主权,与税收政策无关。因此,无论选择何种税收管辖权,都不会产生税式支出和税收惩罚问题。

由此可有准则30:按照所采用的税收管辖权原则将企业所得税适用于从事国际交易的居民,不构成税式支出或税收惩罚。如税收法规对特殊类型的所得、活动或纳税人有与采用的税收管辖权不同的特殊变动,无论其出自单方面的决定还是出自税收协定,都将产生税式支出。

所得税的国际交易准则需要讨论的主要问题是国际双重征税的消除。由于国家间采用的税收管辖权原则不同,在纳税人从事跨国经营时,同一笔所得就可能被两个国家同时课税,从而使其实际税负超过两个国家中的任何一个国家,阻碍国际交易活动的正常进行。因此,许多国家都通过单边决定或双边、多边协定,采取一定的技术措施来消除国际重复征税。我国企业所得税亦有此类规定,即对纳税人来源于中国境外所得已在境外缴纳的所得税款,准予在汇总纳税时从其应纳税额中扣除,但扣除额不得超过其境外所得依照我国税收规定计算的应纳税额。由于此系消除国际重复征税的方式之一,所以不构成对基准税制的背离。但同时税法还规定,超过扣除限额的部分可在最长不得超过 5 年的期限内用以后年度税额扣除的余额补扣,此则对纳税人的一种照顾,不属基准税制结构。

由此可有准则 31:旨在消除国际重复征税的抵免扣除措施,不应视为税式支出。但在限额扣除的一般规定下,允许超过扣除限额的部分在以后年度补扣,则属给予纳税人的税式支出优待。

另外,按照中外双方已签订的国际税收协定,可以对纳税人来自境外的所得实行税收饶让抵免。由于税收饶让抵免是准予将纳税人在国外得到减免的所得税在汇总纳税时从应纳税额中扣除,因此将形成双重税收减免,其实质是一种国家税收管辖权和税收利益的让渡与损失。

由此可有准则 32:按照国际税收协定对纳税人来自境外所得实行的税收饶让抵免构成税式支出。

7.2.6　税务管理准则

企业所得税法规和税收征管法对具体的征收管理,如纳税地点、所得清算、征收缴纳方式等,都有相应的规定。这些规定均为必要的一般征纳规范,与税式支出无关。这里需要详加说明的是,在税收征管规定中,有两点与纳税期限原则存在出入:一是在纳税年度内,税款要分月或分季预缴,年度终了后 4 个月内汇算清缴,多退少补;二是纳税人因有特殊困难不能按期缴纳税款的,经批准可以在规定期限内延期缴纳税款。对于前者,虽然汇算清缴和多退少补的时间超出了纳税年度,但其是由于所得清算和完税必需的时间过程所致,显然仍属正常的征管程序,因此亦不涉及税式支出或税收惩罚问题。至于后者,则明显是对纳税人的一种照顾,将产生税收递延损失。

由此可有准则33:所有适用于企业所得税的必要征管程序和措施,均属基准税制结构。与一般可适用的管理和程序法规相偏离的条款,如延期纳税,构成税式支出。

7.3　增值税的税式支出鉴别准则例示[①]

7.3.1　税基准则

增值税是一种多环节课征和在各环节实行进销抵扣的商品与劳务课税。所有商品与劳务课税的共同特点是纳税人与负税人不一致,无论是单个交易环节课征还是多个交易环节课征,税收负担的最终归宿都是消费商品和劳务的人。规范的增值税应覆盖所有的商品与劳务交易环节,因此,其税基应为所有经由销售最终用于消费的商品和劳务。具体到我国的增值税,有两点需要加以特别说明:

第一,我国现阶段除对部分消费品进行特殊调节的消费税外,一般意义上的商品与劳务课税有两种,即增值税和营业税,二者在课税范围上平行并立,"两分天下"。其中,属于增值税征税范围的是销售或者进口的货物和提供的加工、修理修配劳务。因此,现行增值税的税基比规范增值税的税基要小。但这并不产生税式支出,而是由不完善的税制结构所致。

第二,现行增值税的征税范围还包括一些特殊项目和视同销售行为。特殊项目如货物期货销售、银行的金银销售、典当业的死当物品与寄售物品销售、集邮商品的生产、调拨与销售等。这种特殊项目规定的本意,主要是为了防止出现增值税与营业税并存情况下的税收空漏,因而属于对增值税一般征税范围的必要补充。视同销售行为包括三类:一是由他人代销和为他人代销货物。其只是销售形式的改变,性质与一般销售无别。二是在不同县(市)设

[①] 本部分的内容处理方式及所依据的内容蓝本与上述企业所得税税式支出鉴别准则例示部分相同。

有两个以上机构并实行统一核算的纳税人将货物从一个机构转移到其他机构销售。对其视同销售征税主要是为了防止纳税人以此逃避纳税,属于保全税收的必要措施。三是将自产或委托加工的货物用于非应税项目、用于对外投资、分配给股东或投资者、用于集体福利或个人消费、无偿赠送他人等。对这些行为视同销售征税,目的是为了防止由此造成征税链条的中断和避免由此造成货物销售税收负担不平衡及逃税,并且投资可以被认为是延期的消费。所以,其均不构成对基准税制的背离。

由此可有准则1:增值税的税基为税法征税范围规定的最终用于消费的商品和劳务。

就增值税的税式支出问题而言,在税基方面需要甄别的主要涉及免税、减税、特殊抵扣、即征即退、先征后返等税制条款。

(1)免税

免税是现行增值税制最典型的形式上的税基排除项目。但增值税的免税与所得税的免税意义不尽相同。在所得税中,免税是将某一应税项目从税基中全部排除。而在增值税中:首先,如在最终交易环节免税,意味着被免税的销售者购买投入品时要缴税,但却不能对已缴投入品的税款予以扣除。因此,消费者得到的只是部分免税的好处。只有实行零税率,才表示销售者购买投入品所缴的税款都能得以扣除,才是完全的免税。因为零税率的规定旨在退还销售者购买投入品已付的税款。其次,如在中间交易环节对销售者免税,则购买者还要支付比不免税时更多的税款。鉴于这种征税机制,在对增值税的免税条款进行鉴别时,必须区别如下两种情况,即免税是在最终交易环节给予的,还是在中间交易环节给予的。

①最终环节的免税

在此,可通过表7-1来考察最终环节的免税效应。为便于计算,设增值税税率为10%。其中的免税环节为零售商的销售。[①]

---

① 这里的表7-1和后面的表7-2、表7-3均借用了国家税务局税收科学研究所《税收支出理论与实践》一书第九章所介绍的国际上研究欧洲各国增值税免税鉴别所使用的表式分析方法。

在表7-1的例子中,消费价格100中有10因免税而从税基中排除,即对零售商的不含税销售价格与不含税购置成本之间的差额(100-90=10)免税,从而潜在的税式支出净额为1。对此例另一种可能的判断是,把最终环节的免税看成是税式支出与税收惩罚的综合措施,即消费者被认为得到了税式支出10,而零售商要承受税收惩罚9。但是,这样一来不符合增值税的立法精神,因增值税的免税是为了使消费者受益,而非为了抑制和惩罚零售商的活动;二来会造成税式支出预算的混乱。因此,前一种判断更为妥当和符合实际。其若从统一的财政预算角度(直接支出+税式支出)来反映,即有:政府应收收入=实际增值税收入9+估算增值税收入1(来自税式支出)=10;政府实际支出合计=实际支出9+估算税式支出1=10。

表7-1 增值税最终环节免税效应

	不含税成本	不含税销售价格	进项税额	销项税额	税收抵扣	实征税收净额
生产者	0	60	0	6	0	6
装配者	60	80	6	8	6	2
批发商	80	90	8	9	8	1
零售商	90	100	9	0	0	0
						9

由此可有准则2:为达到不纳税的目的而使消费者受益之在最终环节免征增值税,构成税式支出。但由此不允许最终环节的销售者扣除已缴投入品的税款,不构成税收惩罚。

我国现行增值税法规和有关政策文件中均有若干构成税式支出的最终环节免税条款。如,对避孕药品和用具的免税,对向社会收购的古旧图书的免税,对军队、军工单位提供的军警用品的免税,对直接用于科学研究、科学实验和教学的进口仪器、设备的免税,对残疾人用品及由残疾人组织直接进口供残疾人专用的物品的免税,对高校后勤部门为师生提供的各种食品、餐具的免税等。这些税制条款均起到了实际减轻消费者税负的作用。

②中间环节的免税

中间环节免税的效应可用表7-2来说明。这里仍假设税率为10%。其中免税交易为装配者向批发商的销售。

表7-2 增值税中间环节免税效应

	不含税成本	不含税销售价格	进项税额	销项税额	税收抵扣	实征税收净额
生产者	0	60	0	6	0	6
装配者	60	80	6	0	0	0
批发商	80	90	0	9	0	9
零售商	90	100	9	10	9	1
						16

该例表明,对装配者销售免税的结果是,装配者没有得到对其购买投入品已缴税款的抵扣,批发商则对其购买投入品没有付税。此后,当批发商向零售商供货时由于没有进项税额可以抵扣,从而要多付税款6(9减去没有免税情况下装配者和批发商实缴税款净额之和3),即等于装配者已缴税款6又被批发商如数重付了一次,政府最终实际征收的税款为16,而不是按10%税率应征的10(100×10%)。由此可见,中间环节的免税不仅未形成税式支出,反而具有税收惩罚效应。只有在对中间销售实行零税率时,才可避免这种税收惩罚。但另一方面,中间环节的免税又非没有政策目的,其往往是为了援助某些中间部门,确有一定的优惠色彩。如该例中对装配者销售的免税,就使批发商在购买投入品时不用垫付税款,增加了其在销售纳税前的周转资金,也因此增强了装配者销售的实际价格优势。不过,从税式支出制度的要义和是否减少税收收入这一主要判断标准出发,还是不应将中间环节的免税视为税式支出。

由此可有准则3:中间交易环节的增值税免税措施,不构成税式支出。

现行增值税法规和政策中不构成税式支出的中间环节免税条款如,对某些钢铁企业销售给加工企业用于加工生产出口产品的钢材的免税,对经营国产棉的公司向国内加工出口企业销售的以出顶进国产棉的免税等。

③中间环节和最终环节同时免税。

中间环节和最终环节同时免税的效应可用表7-3来说明。其中,除生产者与装配者的交易征税外,其余环节均免税,并仍沿用前表的税率假设。

表7-3　增值税中间环节和最终环节同时免税效应

	不含税成本	不含税销售价格	进项税额	销项税额	税收抵扣	实征税收净额
生产者	0	60	0	6	0	6
装配者	60	80	6	0	0	0
批发商	80	90	0	0	0	0
零售商	90	100	0	0	0	0
						——
						6

由表7-3可见,在中间环节和最终环节同时免征增值税,一方面使消费者减轻了税收负担,使国家减少了税收收入;另一方面也使各中间部门得到了一定好处,且税收收入减损的程度比单一的最终环节免税还要大,即税收收入减少$4(100 \times 10\% - 6)$。

在我国的增值税实践中,中间环节和最终环节同时免税的例子,如对农药在生产、批发、零售等环节的销售,均免征增值税。这种措施,既降低了农产品的价格水平和农产品消费者的税负,也达到了支持农业生产的目的。

由此可有准则4:中间交易环节和最终交易环节同时免征增值税,构成税式支出。

④环节不确定的免税

增值税是一种对物税和销售税,其免税一般是针对特定商品、劳务及其销售对象和用途,由此可以清楚地辨别其所处的交易环节。但是,我国现行增值税制中也有一些单纯针对纳税人或提供者而环节不确定的免税项目。例如,基层供销社销售的货物和残疾劳动者提供的加工、修理、修配劳务,这些销售活动虽多发生在最终环节,但也有可能发生在中间环节。再如,农业生产者销售自产的农产品和外国政府、国际组织无偿援助的进口物资和设备,其可能用于消费,也可能用于生产。对此类条文规定欠具体和欠严谨,且与增值税作为对物税的本质特征有出入的免税项目,笔者设想的处理办法是,从简易原则出发,在税式支出鉴别和编列税式支出表时一律视为税式支出,但在税式支出成本统计和估算上可视实际情况将中间环节的免税加以剔除。

由此可有准则5：单纯针对纳税人或提供者的增值税免税，构成税式支出。

（2）特殊抵扣

增值税一般采取在征税范围内凭增值税发票或进口完税凭证以进项税额抵扣销项税额的办法来确定纳税人的应纳税款。这种抵扣是增值税征税要求的正常抵扣，自然与税式支出无关。问题是现行增值税对一般纳税人还有一些来自非应税项目和免税项目的准予抵扣规定。比较典型的，如对外购货物的运输费用，允许按运费结算单据所列运费金额的7％作为进项税额抵扣；对购买农业生产者销售的农产品，允许按买价的13％作为进项税额抵扣；对购入废旧物资回收经营单位销售的免税废旧物资，允许按普通发票注明金额的10％作为进项税额抵扣等。这些特殊抵扣与正常抵扣不同，其仅是初次生产环节的扣除，对以后环节没有影响（不会增加后续环节缴付的税款），实质为现行税制结构和政策背景下针对纳税人的一种旨在减轻其税收负担的特殊优待。其结果是既不会导致后续环节缴付税款的增加，也有利于降低生产者的成本费用，并最终有利于降低消费者的消费价格和税收负担。

由此可有准则6：允许一般纳税人将购买非应税劳务和免税货物的成本费用按一定比例作为进项税额抵扣，构成税式支出。

另外需要顺便说明的是，从税基角度看，增值税有生产型和消费型之分。两者的区别是，对纳税人当期购进固定资产已缴付的税款，消费型增值税允许作为进项税额正常抵扣，生产型增值税则不准抵扣。如果以消费型增值税为基准税制，则不准抵扣将构成税收惩罚；如果以生产型增值税为基准税制，则允许抵扣即成为特殊抵扣，将产生税式支出。按照实用性标准和现实原则，一旦一国选定了增值税的类型，不论是消费型的还是生产型的，都应视为基准税制。目前世界上绝大多数国家实行的都是消费型增值税，而我国实行的是生产型增值税。问题是我国的增值税也正处在由生产型转向消费型的改革之中，并已于2004年作为振兴东北老工业基地的特殊政策之一在东北地区先行试点。这种试点，无疑将减少税收收入，具有税式支出的性质。但是，这种试点的主要意义还是在税制改革方面，因此，可以将其作为税制改革的成本来对待,而不视为税式支出。

(3)即征即退和先征后返

即征即退,即对按税法规定缴纳的税款,由税务机关在征税时部分或全部退还纳税人。现行增值税的即征即退政策,如对销售自行开发生产的软件产品或改造进口软件后对外销售的,按17%的法定税率征税时实际税率超过3%的部分,实行即征即退;对销售自行生产的集成电路产品,按17%的法定税率征税时实际税率超过6%的部分,实行即征即退;对利用煤炭开采过程中伴生的舍弃物、油母页岩生产加工的页岩油及其他产品实行即征即退;对利用城市生活垃圾生产的电力实行即征即退等。以上4项政策中,后两项为增值税已征税款的全额退税,实际是一种中间环节的免税。但其又与一般的中间环节免税不同,该免税部分仍可在后一环节作为进项税额抵扣,不产生连锁影响。前两项为增值税已征税款的部分退税,实际是一种中间环节的减税。其与后两项政策一样,对以后环节没有影响。因此,无论何种即征即退政策,实质都是对税基的一种特殊扣除,都是针对纳税人的特殊生产活动提供的税式支出扶持。

先征后返,即对按税法规定缴纳的税款,由税务机关征收入库后,再由税务机关或财政机关按规定程序予以部分或全部退还。如,对各党派、各级政府、人大、政协、各群团部门和军事部门及新华社的机关报刊,实行增值税先征后返;对列入"三线脱险搬迁企业"名单的三线企业,实行增值税基数返还;对民政福利企业安置"四残"人员占企业生产人员50%以上的,实行增值税先征后返等。先征后返与即征即退政策的性质与效应相同。先征后返与即征即退不同的是这种办法有两种基本形式:一种是由税务机关先征收,后返还,另一种是由税务机关先征收,由财政机关后返还。前者纯属税收问题,形成税式支出。后者从规范意义上讲,则是一个财政预算问题,即"先征税"形成预算收入,"后返还"则构成直接预算支出,不属税式支出。但如果不经财政预算收支程序,而是以支冲收,即应为税式支出。

由此可有准则7:适用于增值税的即征即退和由税务机关直接实施及未经财政预算收支程序的先征后返政策,属于税式支出。

(4)减税

除免税、即征即退和先征后返外,现行增值税中还有少数直接减税措施,如对利用煤矸石、煤泥、油母页岩和风力生产的电力及部分新型墙体材料产品实行减半征税,对旧货、旧机动车的销售在按规定的征收率计税后减半征收等。增值税的减税只能是从应纳税额中做部分扣除,而增值税的税率只是就计算销项税额而言的,因此,这种减税不能像所得税的减税那样等同于降低税率,其税收效应与即征即退或先征后返相同。

由此可有准则8:对增值税纳税人实行的减少征收应纳税款的各种政策措施,属于税式支出。

7.3.2 税率准则

我国现行增值税与许多其他国家的增值税一样,实行的是复式税率结构,即分别为17%、13%和0。由于零税率的适用对象是出口产品,所以这里主要讨论前两档税率,零税率将在国际交易准则中考虑。

由于增值税是一种对物税和普遍征收的税,因此,可以基本上不考虑消费者个人及家庭的差别而对国内消费征税实行单一税率,以实现消费中性。基于这种考虑,国际上一般都将单一税率视为增值税的基准税制。我国增值税中17%的税率为基本税率,适用于一般的销售和进口货物;13%的税率为低税率,适用于粮食、食用植物油、自来水、暖气、冷气、热水、煤气、液化气、天然气、沼气、民用煤炭制品、图书、报刊、杂志等生活必需品,饲料、化肥、农机、农药、农膜等农业生产资料,以及煤炭和国务院规定的其他货物,其目的旨在照顾广大消费者和支持农业及煤炭生产等。如依照单一税率观点和税收立法意图,13%的税率就类同于一种部分免税措施,显然可能会产生税式支出。但是,这种低税率又与一般的免税不同,一是其适用面相对较广,二是其适用的纳税人与适用17%税率的纳税人互有交易,具体税收效应不一,判断估算起来异常复杂。因此,在我国目前阶段,比较现实和适宜的选择是将其完全从税式支出中排除出去。

由此可有准则9:增值税17%和13%的税率规定,均属基准税制。

7.3.3 纳税单位准则

在所得税中,纳税单位即纳税人。而对于增值税来说,不存在所得税那样的纳税单位问题。因为增值税是一种销售税,纳税人与实际的负税人不一致,所以,在增值税制度下,严格和真正意义上的纳税单位是消费者,税法规定的纳税人只是一种形式上的纳税人或纳税单位,其实际是税收的收入代理人,或可解释为承担直接缴付税款义务的人。由此而言,增值税税式支出鉴别中讨论纳税单位的意义在于确定谁是最终消费者和谁是经营者。如果不是最终消费者,将其经营活动排除在纳税链条之外,或者是最终消费者,将其某些消费排除在纳税范围之外,都将产生税式支出,而这些也正是增值税税基准则部分所要涉及的关键内容。余下的问题主要是,如何鉴别那些一般认为不从事经营活动的政府部门和非营利机构的增值税待遇问题。

道理很简单,如果政府部门和非营利机构购买的商品与劳务是用于履行自身的行政职能和社会职能,其就可视为最终消费者;如果政府部门和非营利机构购买了商品与劳务再通过加工、交易转售出去,用来从事营利活动,其就不应被视为最终消费者,而应被视为同企业一样的经营者和形式上的纳税人或纳税单位,并适用同企业一样的增值税待遇。我国增值税法规和政策也明确规定:凡在中华人民共和国境内销售货物或者提供加工、修理修配以及进口货物的单位和个人,都是增值税的纳税义务人。这里的单位是指国有企业、集体企业、私有企业、股份制企业、外商投资企业和外国企业、其他企业和行政单位、事业单位、社会团体及其他单位;个人是指个体经营者或其他个人。显然,这一规定已将政府部门和各种非营利机构包括在内。

由此可有准则10:政府部门和非营利机构属同企业一样的增值税纳税单位。针对企业的基准税制和税式支出鉴别准则,均同样适合于有经营活动的政府部门和非营利机构。

7.3.4 纳税期限准则

增值税作为一种对物税和销售税不同于所得税的另一突出特点是,不存在会计和税基核算意义上的纳税期限。从理论上说,只要商品和劳务交易发生,纳税义务就随之发生。但是,在增值税的扣税法下,税额又非逐笔交易分别计算,而是按一定期间总算一次。因此,增值税的所谓纳税期限,指的只是这种总算一次的期间。纳税义务发生时间的确定,旨在明确纳税人在计算应纳税额时对"当期销项税额"的时间限定。我国现行增值税制是根据销售结算方式的不同来具体确定纳税义务发生时间的。在此基础上,将纳税期限分别规定为1日、3日、5日、10日、15日和1个月。不能按固定期限纳税的,可按次纳税。以1个月为一期纳税的,自期满之日起10日内申报纳税;以1日、3日、5日、10日、15日为一期纳税的自期满之日起5日内预缴税款,于次月1日起10日内申报纳税并结清上月应纳税款。由此产生的结果是,在纳税义务发生到税款入库这一期间内,纳税人将以负债的形式占用应缴国家的税款,获取税收递延之利。但由于这种结果属完成纳税的必要时间过程,因此,不应视为税式支出。

由此可有准则11:增值税纳税期限方面的规定,不构成税式支出。

7.3.5 国际交易准则

这里主要需要讨论的是出口退税、免税和进口征税的性质。

增值税的国际交易准则分析与所得税一样,也存在一个税收管辖权原则问题。从理论上讲,其也有两种税收管辖权原则可以利用,一是来源地(产地)原则,二是目的地(消费地)原则。目的地原则是按商品和劳务消费地来确定是否应课征增值税。根据这一原则,增值税主要旨在对用于国内的消费支出课税,出口供他国消费的商品与出口国无关,因此无需征税,即通过零税率方式免去其出口环节的销项税,同时退还其以前购进环节已缴付的进项税;而进口商品是供本国消费的,因此应该征税。来源地原则与目的地原则恰好相反:对出口必须课征增值税,而对进口则无需征税。我国现行增值税实行的是对进口货物征税,对出口货物退税,即其采行的是目的地原则。依此而论,出口退税不应视为税式支出。

但是,对出口退税的判断,除税收管辖权原则外,还需有另外两个方面考虑,即国际交易中的贸易利益原则和财政利益原则。第一,根据贸易利益原则,出口退税无疑有利于促进一国的出口贸易,其实质目的是为出口贸易提供一笔鼓励性的税收补贴。第二,根据财政利益原则,出口退税无疑是一种税收收入的让渡损失。第三,贸易利益原则与财政利益原则间存在明显的矛盾,即出口越多,贸易利益越大,但对境外的财政利益让渡损失也相应越多。目前各国一般采取的协调这一矛盾的做法:一是实行选择性退税,即对不符合本国出口鼓励政策,影响本国总体贸易利益的出口货物不予退税;二是在零税率规定下实行差别性退税率,即一般以征税时的基本税率为上限,对各种出口货物设定不同的低于或等于该上限的退税率。我国现行增值税采取的也是这种做法(同时,现行增值税制还规定,对不具备相应的税务管理条件的出口货物,如持有普通发票的出口货物及使用普通发票的小规模纳税人的自产出口货物不予退税)。这一做法表明,各国出口退税制度的设计,除税收管辖权原则这一理论基础外,实际更多的是出于平衡贸易利益原则与财政利益原则的矛盾的政策考虑。而如单纯依税收管辖权的目的地原则考虑,出口退税应是无任何限制条件和无任何保留的退税。基于以上三点,将出口退税视为税式支出也是应该的。另者,如前所述,判断一项税收条款是否属于税式支出,并无固定的统一标准,更多的是取决于各自的目的和认识。由于我国现阶段税式支出制度的首要目标是实现财政资源高度稀缺背景下收支运用的协调控制,因此,尽管不少国家都根据所实行的税收管辖权原则将出口退税视为基准税制,但在我国将货物出口视为应税交易,并采取与其不同的出口退税判断准则也是适宜和十分必要的。

由此可有准则12:适用于增值税的出口退税或零税率政策,属于税式支出。但对某些出口货物不予退税,亦不视为税收惩罚。

此外,为鼓励出口,我国现行增值税是在货物出口环节将退税与免税措施配合使用的。由此,即有三种不同的政策组合:一是同时给予免税和退税。其本身就是零税率的运用,即准则12的内容。二是既不免税也不退税。其适用对象,如国家禁止出口的天然牛黄、麝香、铜与铜基合金、白银及国家计划外出口的原油等。三是只免税但不退税。其又具体包括两类:一类是对国内免税的出口货物只免不退,另一类是对如上述不具备相应的税务管理条件的出口货物只免不退。对于前一类情况,道理很明显,既然以前已经免税,出口时再退税就成了双重补贴,这里的免税只是国内免税的继续。对于后一类情况,出口环节的免税,则部分地减轻了该出口货物承担的税负。由于就增值税征税的"境内"规定而言,货物出口也属于最终销售环节,因此,这两类免税都具有税式支出的性质。

由此可有准则 13：增值税只免不退规定范围内的出口货物的免税，属于税式支出。

至于货物的进口，可以按税收管辖权的目的地原则视为与在境内销售货物一样的应税交易，对其征税属于基准税制。但同时，现行增值税制对某些进口货物有减免税的特殊规定，如以来料加工、进料加工贸易方式进口国外的原材料、零部件等在国内加工后复出口的，对进口的料、件按规定给予免税或减税。其中的减税与对来源于国内货物的减税一样，无疑将直接减少纳税人的应纳税额。而其中的免税则比较曲折。首先，这种料件进口免税明显属于不构成税式支出的中间环节免税。其次，如对其不免税，则加工成产品出口时理所当然地应该退税。现时税制规定是，对包括以其制成产品在内的免税货物出口均不予退税，如不能出口转成内销的，要予以补税。由此可见，这种与出口不退税相对应的进口免税，实质上就相当于一种提前实施的出口退税。如果将出口退税视为税式支出的话，那么这种进口免税就与一般的中间环节免税不同，也属税式支出。

由此可有准则 14：对货物进口实行的税收管辖权的目的地原则，属于增值税的基准税制；而对某些直接用于生产后复出口产品的进口货物的特殊减免税政策，构成税式支出。

7.3.6　税务管理准则

一般而言，适用于增值税的必要征管程序和措施均属基准税制结构，但根据我国现行增值税制，还有不少特殊问题需加甄别。择其要者有：

(1)小规模纳税人的征管方式

现实中各国都存在为数众多的小企业，其或者是销售规模较小，或者是财会核算不健全，很难按一般规范化的增值税征收方式进行管理。为此，多数实行增值税的国家都对小企业实行免税，同时，其负担的购入品的增值税也不得抵扣。我国采取的办法是，根据应税销售额标准和财会核算标准将企业分为一般纳税人和小规模纳税人，并将应税销售额超过小规模纳税人标准的个人、非企业性单位和不经常发生应税行为的企业也视同为小规模纳税人，在征管上对小规模纳税人实行简易征税方式。这种适用于小规模纳税人的简易征收方式的基本特点：一是按销售全额计税,并在计税时采用较一般纳税人适用税率为低的 6% 和 4% 的征收率;二是其负担的购入品的增值税不得抵扣,自营出口或委托出口自产货物只能免税,不能退税;三是不使用增值税专用发票,因而与其发生交易的以后环节的纳税人一般也不得扣除由其购入货物的税款,外贸企业由其购进并持普通发票的货物出口也只能免税,不能退税。

就税式支出问题而言,小规模纳税人简易征收方式下需要具体甄别的主要问题有四:

第一,6% 和 4% 的征收率。6% 和 4% 的征收率是在按销售全额计税的情况下,依照统一的平均增值率和适用于一般纳税人的 17% 与 13% 的税率换算得出的,由此形成的税负水平大体分别与 17% 与 13% 的税率等值。所以,其也属于基准的税制结构。

第二,适用于小规模纳税人的免税和减税条款。由于对小规模纳税人的免税和减税对以后环节不发生影响,且与简化征税没有关系,因此均可视为税式支出。

第三,适用于个人的起征点规定。现行税制规定,个人销售货物和应税劳务的幅度起征点分别为月销售额 600～2000 元和 200～800 元;按次纳税的,幅度起征点为月销售额 50～80 元。各省级国税局在上述幅度内确定本地区适用的起征点。这种规定虽然也是单纯针对纳税人的,并确有税基减除效应,但一则这种减除效应非常微弱,二则其也主要是基于税收成本考虑,对小规模纳税人"小而又小"的交易活动所采取的一种进一步的简化征管方式。另外,从一般意义上讲,各税种的起征点和免征额条款,都属于针对低收入纳税人采取的固定和普遍性的减免,应看成是旨在贯彻税收合理负担原则的正常税制结构。因此,亦不将这种起征点规定视为税式支出为妥。

第四,对一般纳税人的影响。一般纳税人在与小规模纳税人发生交易关系时可能要受到一些损失,但这是税制难以尽善尽美和两类纳税人并存情况下所采取的必要征管办法导致的不可避免的结果,故而不属税收惩罚。

由此可有准则 15:对小规模纳税人的简易征税方式本身不产生税式支出和不引致税收惩罚;但与简易征税需要无关的适用于小规模纳税人的减免税措施构成税式支出。

(2)特殊经营行为的税务处理

由于我国增值税实行复合税率和征税范围未覆盖所有的经营活动,因此客观上面临着一些特殊的税务管理问题。其一是兼营不同税率的货物和应税劳务的税务处理。税制规定,对兼营不同税率的货物和应税劳务的,应分别核算销售额,而对兼营不同税率货物和应税劳务取得的混合在一起的销售额,应从高适用税率,由此就有可能产生税收惩罚效应。其二是既涉及应税货物又涉及非应税劳务即营业税规定的各项劳务的混合销售行为的税务处理。对此,税制规定,以从事货物生产、批发或零售为主,并兼营非应税劳务的企业、企业性单位和个体经营者的混合销售行为,视为销售货物,征收增值税;其他单位和个人视为销售非应税劳务,征收营业税。由于两税的税负水平不同,因此就可能分别产生税收惩罚和税式支出效应。其三是兼营非应税劳务但与应税交易无直接联系和从属关系的经营行为的税务处理。对此,税制规定,两者亦应分别核算销售额,不能分别核算的一并征收增值税。因为多数营业税征税项目的税率都低于增值税,故而也可能产生税收惩罚效应。显而易见,以上三种税务处理办法,有的是为了促使纳税人正确核算销售额,有的是从简的一律对待政策。但无论如何,都是出于主观或客观的征管需要,因此,不应视为税式支出或税收惩罚。

由此可有准则16:由于税制原因而对某些特殊经营行为采取的税务处理办法,不构成税式支出或税收惩罚。

(3)缓缴税款

现行税收征管法关于纳税人因有特殊困难不能按期缴纳税款的,经批准可以在规定期限内延期缴纳税款的规定,同样适用于增值税。其在适用于增值税时,是针对纳税人的应纳税额或国家实征税收净额而言的,无疑也是对纳税人的一种照顾,将产生税收递延损失。

由此可有准则17:允许纳税人因特殊困难延期缴纳应纳税款偏离了增值税的一般管理原则,构成税式支出。

(4)销售计价问题

在销售税中,如税率既定,销售计价问题就成了应纳税额多少的决定性因素。严格和科学地讲,消费者的消费成本,应与商品和劳务的价值相符。如果销售计价时,价格组成项目包括不全,或者包括了额外的项目,就将产生税式支出或税收惩罚。而我国增值税对一般销售方式下的计价规定恰恰是如此。按照现行税法,销售额不仅包括向购买方收取的全部价款,而且还包括随同销售向购买方收取的有关价外费用,如补贴、基金、集资款、代收款项、代垫款项等。这种做法虽不科学,但确属防止纳税人以各种收费名目减少销售额逃避税收的必要管理措施。如进一步看,一则这种管理措施对所有纳税人和销售环节都是普遍适用的;二则增值税是在最终消费前环环征税,环环抵扣,不是在一个环节征税。因其普遍适用,前一销售环节增加的税款,可以等额增加下一销售环节的抵扣,除抬高消费者的消费价格外,总体上不增加纳税人和消费者的税收负担。

此外,现行增值税对各种特殊销售方式下的销售计价,也有类似的规定。如,采取折扣销售方式的,折扣额如不在同一张发票与销售额注明证实的,不得扣减销售额;采取以旧换新销售方式的,要按新货同期销售价格确定销售额,不得扣减旧货的收购价格;采取还本销售方式的,其销售额就是货物的销售价格,不得从销售额中减除还本支出;等等。这些规定也都属具有普遍适用意义的防止逃避税的必要管理措施。还有,对视同销售而无销售额的货物,税法规定要按纳税人当月或近期同类货物的平均销售价格确定销售额。其虽然可能导致少缴或多缴税款,但作为一种不得已而为之的必要管理措施,也不应视为税式支出或税收惩罚。

由此可有准则 18:增值税关于一般销售方式下销售额包括价外收费和特殊销售方式的销售计价规定,均不应认为是对基准税制的偏离,不构成税收惩罚或税式支出。

8 中国税式支出成本估算的策略设想

8.1 税式支出成本估算的技术要领及我们的策略选择

税式支出成本估算作为对各种税式支出项目的定量分析,既包括对以往预算年度税式支出数额的统计测算,也包括对当前和以后预算年度税式支出数额的估计预测;既包括微观层面的税式支出成本估算,也包括宏观层面的税式支出成本估算。估算税式支出成本所使用的技术及所遇到的问题取决于税式支出估算的具体对象、税收管理制度、可利用的数据及税收法规的复杂性。在有些情况下,可能需要利用具有税收模型的模拟计算程序;而在另外一些情况下,则更需要利用传统的统计和估算技术。

8.1.1 各种税式支出成本估算方法的特点与要领分析

本书第 3 章已经述及,估算税式支出成本可选用的方法有收入放弃法、收入收益法、支出等量法、现金流量法和现值法。这些方法都是各国在实施税式支出制度的过程中科学探索的结果,中国税式支出成本测算方法体系的建立无疑也要以此为基本的参照基础。因此,了解这些方法的特点和运用要领,对于我们正确选择税式支出成本估算的策略十分必要。

首先需要指出,任何税式支出措施的立废,都要在长时期中"多回合"地、持续地影响纳税人的经济行为和税收收入的变化。但是,税式支出成本估算测度的是各种税收宽免条款造成的年度税收收入的放弃数额,因此,所有税式支出成本的估计数均假定"次阶"效果不存在,而只关注税式支出措施的"初阶"效果,即增删或变动一项税式支出后,其第一回合影响所造成的年税收收入变化。这是许多国家采用的税式支出成本估算的一般规则。

（1）关于收入放弃法和收入收益法

收入放弃法是以包含了有关税式支出条款的新立法与没有包含该税式支出条款的旧立法之间的比较为基础，计算政府因提供税式支出措施而造成的年税收收入的减少额。它是将税式支出视做给予纳税人的一项非应税收益，并对各种特定的税式支出成本进行事后或正向检验的一种估算方法。收入收益法与收入放弃法相反，计算的是如果取消一项税式支出，政府的年税收收入可能增加多少。这种税收收入增加额，即该项税式支出条款存在的支出成本。它是以事前假定为基础逆向测定税式支出成本的一种估算方法。

为了获得对确立或取消一项税式支出条款所受到的收入损失或所得到的收入收益的准确估计，在采用收入放弃法和收入收益法进行测算时，原则上要考虑到与此变化有关的一些连带效应：一是纳税人行为效应。即许多税式支出措施都旨在鼓励某些纳税人从事某些特定的活动，确立或取消一项税式支出措施，就会改变纳税人的行为方式，从而改变其应纳税所得及相应的税收收入。二是经济反馈效应。即一项税式支出条款的确立或取消将会影响经济活动的总水平，进而对政府收入水平的变化产生反馈作用。三是税种间互动效应。即在现代复合税制下，某一税种制度条款的变动可能影响到其他相关税种税收收入的变化。例如，旨在鼓励能源保护的所得税税收抵免将对能源产品的消费税收入产生冲击。按照 OECD 财政事务委员会 1984 年税式支出报告的观点，在采用收入放弃法时，特别强调应将纳税人在计算年度里的行为表现考虑在内；而在采用收入收益法时，则应全面考虑以上三种效应。但是，在实践中，采用收入收益法的国家在具体测算时一般都未考虑或未充分考虑这些连带效应，因为要对这些连带效应进行计量，操作上将面临许多非常复杂的难题，实际上难以做到。

（2）关于支出等量法

这种方法设计的基点是：要通过税式支出使纳税人的社会经济活动朝着某一政策鼓励的方向发生变化，那么，为了达到同样的目的，要用多少直接支出才能替代相应的税式支出，也就是要估计税式支出的"等额直接支出"。该项金额代表能产生等额税式支出税后结果的税前直接支出成本。这种方法实际是一种资源成本衡量法,其前提假设是可以用一项能完全复制税式支出分配状态的直接支出计划取代相应的税式支出计划。对于现存的税式支出而言,它是视纳税人的现在行为既定不变和视预算状况总体不变(即税式支出不影响税基总规模,或换言之,没有乘数效应)。

支出等量法与收入放弃法和收入收益法相比较,主要有三点不同之处:

第一,收入放弃法是将税式支出视为一种给予纳税人的非应税收益,而支出等量法则将税式支出视为一种给予纳税人的应税收益,因此两者计算结果的数量关系可表示为:收入放弃法计算结果 = 支出等量法计算结果 ×(1 - 税率)。也就是说,如果收入放弃法下的税式支出成本为100元,税率为20%,则支出等量法下的税式支出成本为125元。这意味着若税式支出受益目标100元既定,政府需花费125元的直接支出,才能使纳税人达到相同的税后受益水平。由此而言,在运用支出等量法进行测算时,欲产生等额的税后结果,就需要有两点要求:第一,由于直接支出预算中的各项支出是以税前数字表示的,故税式支出成本亦须按同样方式表示;第二,直接支出的受益人在税后必须得到与税式支出同样的满足,因此,若一项税式支出改成应税直接支出形式,则其应纳税额亦须计入该项税式支出的年支出成本之中。

第二,较之收入放弃法和收入收益法,支出等量法的计算结果使得税式支出成本能够与政府直接支出成本在一个更为一致的基础上进行比较,从而大大提高了税式支出表的信息和预算控制价值。但运用支出等量法有两点重要限制:一是运用这种方法估算税式支出成本,须能够在财政预算支出账户中找到与之对应的直接支出项目;二是支出等量法估算的数额与所得税对相关直接支出的税收处理方式有着密切的依存关系。显而易见,若相关直接支出的受益人所接受的资金列为应税所得,则该项税收即须予以加总还原,等额支出数字将大于年收入的损失数;若该项直接支出资金免征所得税,即无须加总税额,两个数字也因此而相等。在某些情况下,按支出等量法衡量,会使一些税式支出项目的成本被低估。但尽管如此,此法仍可凸现多数税式支出项目的特殊分配效果。

第三,相对来说,支出等量法较为曲折,要求较为严刻,操作起来比较复杂和难度较大,这就是为什么目前只有税式支出制度建立较早和较为成熟的美国才在一些税式支出项目成本测算中采用这种方法的缘故。收入放弃法比较直观,操作起来比较简易,是目前绝大多数国家所普遍采用的税式支出成本测算方法。收入收益法虽不及支出等量法复杂和有明确的特定限制条件,但亦比较间接,因此,也只有为数较少的国家采用或曾经采用这种方法。

(3)关于估算递延税式支出成本的现金流量法和现值法

现金流量法是以一年中产生的来自税收递延条款的"贷款"扣除该年因税收递延终了而发生的"偿还贷款"后的净额作为当年的税收收入损失。也就是说,从纳税人角度看,税收递延成本的数额是下列两项的差额:①若无递延条款时应产生的税负;②实际税负。现金流量法可显示通过税收递延条款提供的税收贷款,并且测算操作比较直接和简单,但其测算结果不够确切和客观。因为,依照这种方法,一来未能计量免息因素的价值;二来如果过去年度延迟税收的到期收入额超过当年的延迟纳税额,则得出的税式支出数量是一个负数,这显然没有说明当年的延迟纳税对于政府来说确实是一种成本。对于当年新实施的延迟纳税规定来说,这种方法则又夸大了当年政府的税式支出成本,因为这种延迟纳税并不是相应的政府收入的完全放弃,而只是相当于政府的一笔无息贷款,最终政府还是要收回的。

与现金流量法不同,现值法计算的是每年各种税收递延所减少的税负现值。它可以避免免息价值的漏计和反常的负值出现,并且针对某些税式支出项目的现值估算结果还可以为按照其他方法计算得出的基础性的税式支出提供有用的补充信息。采用这种方法,税式支出数额的大小一方面取决于当年因税基或应纳税额缩小而减少收入的多少,另一方面取决于未来多取得的收入折成现值的多少,因此,其基本要领之一是要选择适当的折现率。运用这种方法的另一基本要领是必须确切了解某些递延项目(如国外子公司的税收递延)的递延期限。而这些,实际做起来都有一定困难。

8.1.2 税式支出成本估算需要进一步说明的问题

(1)税式支出成本的当年效应与后期效应。税式支出成本的当年效应系指取消某税式支出条款的财政年度内将会取得的额外收入;税式支出成本的后期效应系指取消某税式支出条款完全发生效果的第一个财政年度及其以后取得的额外收入。税式支出成本当年效应和后期效应的区别说明,一些特定的税式支出(如递延纳税条款)的全部效果只有在经历一年或几年后才能体现出来。这是使用收入收益法必须注意的一个重要问题。

(2)现金估计与应计估计。本书第 3 章曾经指出,无论使用何种方法来估算税式支出成本,都有一个会计基础的选择问题。其既可以按收付实现制原则,以一定财政年度内对政府税收现金流量的影响来估计,也可以按权责发生制原则,以一个财政年度内对应计入纳税人纳税义务的影响来估计。究竟以何为会计基础?各国在实践中除了考虑政府预算制度、税收制度及企业会计制度等因素外,还根据本国税式支出管理的特点和需要,在其与使用的税式支出估算方法之间选择了某种特定的匹配关系。另者,税式支出估算以何为会计基础与税式支出鉴别中视何种会计基础为基准税制并非同一问题,后者多服从于企业会计和税收制度采用的会计基础。因此,作为基准税制的会计基础与税式支出成本估算采用的会计基础并不一定一致。

(3)不同税式支出项目的成本不能富有意义地直接相加。因为一种税式支出项目会影响其他相关税式支出项目成本的价值,简单加总各项税式支出的成本会产生不确切的结果,所以,必须审慎注意不同税式支出项目的相关影响和互动效应。具体而言,在收入收益法下,同时取消两种税式支出所产生的收入影响与单独取消两者所产生的收入影响的合计数并不一样。例如,在所得税中,同时取消两项纳税扣除所增加的年税收收入可能低于按两者单独取消时计算的年税收收入增加额的加总数,因为所得税前的列支项目有重叠现象。反之,同时取消多项减免税所增加的年税收收入将高于按单独取消计算的年税收收入增加额的加总数,因为同时取消多项减免税会将纳税人推向更高的纳税档次。与此同理,在收入放弃法下也会反方向地产生类似问题。这意味着,要想在一个特定范围内获得全部税式支出的加总数额是很困难的。支出等量法原则上能避免一些这样的问题,但在实践上也不便对不同税式支出项目的成本进行富有意义的加总。

(4)在采用收入放弃法和收入收益法的情况下,有时不得不对什么是基准税制持有某种见解。而这种见解与税式支出鉴别时决定哪些税收减免应视为税式支出的看法和意义并不完全相同。但是,前已多次述及,要对不存在特殊减免的基准税制应该是什么做出判定,绝非易事和难有统一的意见。譬如,在英国,雇员向公司养老基金的交款取得了税收减免权,并且该基金本身也是免税的。然而,如果取消了这些税收减免,对于养老基金和养老金交款的恰当税收待遇又该如何,就可能出现不同的观点。这就是说,关于基准税制的判断,不仅关涉税式支出项目的鉴别,同时也关涉到税式支出成本估算时对某些税式支出应否存在和能否取消的问题,进而影响到对税式支出成本估算方法的认识和选择。此外,由于各国或不同估算部门对基准税制的认识或使用的基准税制不同,即使是同都采用收入放弃法或收入收益法,也并不意味着其估算结果就具有可比性。

(5)税式支出与直接支出的数量统合。估算税式支出成本的经济意义,一是在税式支出与直接支出之间进行资源花费数量上的衡量比较,二是观察、控制税式支出对政府财政收支总量、结构及收支对比关系的影响。而这都不可避免地涉及税式支出成本与直接支出成本的数量统合问题。

首先,单从直接支出方面看。直接预算支出数字旨在衡量政府为完成某项职能或任务所要花费的资源成本。这些成本所反映的应是这些资源的税前价格。GDP 中的货物和劳务价格包含间接税、工薪和企业的税前收入,财务会计的连贯性原则也要求预算支出的所有项目都以税前标准统计。政府的直接购买支出一般都含税,直接补助支出一般也要计入受补者的应税所得。在对某些直接补助支出免税的情况下,该直接支出数所反映的金额就会低于该预算项目所耗资源的实际成本。因此,为了能与其他同类或不同的直接预算支出保持可比口径,这笔直接补助支出就必须再加上相应的免税补贴数额才行。

其次,税式支出成本的估算数与直接支出相似,在许多情况下也不能将其理解为税式支出措施立废后直接随之产生的财政收入的减增或预算赤字的增减。其主要是因为:第一,许多税式支出项目都不是绝然独立的,取消一项税式支出,其影响常常要波及该税式支出受益人之外的其他人和部门,并导致对其他税式支出或补助项目需求及其成本的增加。因此,取消该项税式支出对预算产生的影响就不等于所估算的那笔税式支出数额。第二,各种税式支出都是通过个人和企业的税务账户结算。基于此原因,其金额之间有相互依存关系。譬如,若对一项收入免征所得税,同时会使纳税人的应税所得减少。在实行累进税率的情况下,这不仅可能降低纳税人适用的税率档次,而且能使其他纳税扣除项目,如慈善捐赠的金额减少。因此,该项免税措施的支出数额也不等于其对预算的实际影响。第三,如前所述,一项税式支出条款的确立或取消将会影响经济活动的总水平,引起国民收入和生产总额预计增长速度的改变,也即引起预测期税基的改变。但是,预算中的一切收支项目数字都是根据对国民收入和经济增长的预测编制的,而这种预测又是以现行既定税法的延伸(除预算本身建议做出的修改之外)为前提的。如此,也会导致税式支出条款变动对政府收支数量的影响结果与预算反映的收支数量之间产生出入。

上述对税式支出与直接支出的数量统合问题的说明,实际是从更深层次的目的性角度进一步讨论税式支出成本估算方法的全面性、科学性问题。实现税式支出与直接支出的数量统合,既是税式支出分析应坚持的必要原则和应有的质量要求,也是税式支出制度建设的重要目标和方向。从一定意义上说,税式支出成本估算方法中关于考虑税式支出的连带效应及后期效应的理论要求,支出等量法和现值法的采用,以及税式支出预算的多年期滚动编制等,都反映了人们与之相关的探索努力。尽管税式支出与直接支出的数量统合实难完全做到,但认识和关注这一点,对于建立和完善税式支出制度是非常必要和有益的。①

8.1.3 中国税式支出成本估算的国际经验借鉴与取舍

在现代市场经济与现代财税制度下,不同国家的税式支出存在大致相同的成本发生形式和机理,税式支出成本的估算亦须遵循基本相同的原则与技术要求。因此,中国税式支出成本估算的探索,首先必须立足已有的国际经验。但由于我国财税活动和财税管理的某些特殊性,特别是由目前阶段的相关条件所决定,对此又不能机械地因袭套用,而应兼顾科学性和可操作性,有选择地借鉴吸收,适当地加以取舍和变通,并循序发展与完善。

---

① 关于税式支出与直接支出数量统合的更详致具体的分析,可参见刘心一:《税式支出分析》,中国财政经济出版社1996年版,第260~262页。

对于我国税式支出制度建立初期的税式支出成本估算,笔者设想的策略要点是:

第一,在估算数额上遵行"初阶"规则。"初阶"规则,无论就其操作上简便易行的技术禀赋和有利于与税式支出估算的期间要求保持一致的合理性而言,还是从其作为许多国家采用的税式支出成本估算的一种一般性规则来看,都需要我们以"拿来主义"的态度予以承袭。另外,这里之所以强调对其采取"拿来主义"的借鉴方式,还与如下以收入放弃法和收入收益法为主的税式支出成本估算方法选择相关。因为收入放弃法和收入收益法都属根据其原理派生的估算方法。①

第二,在估算方法上主要以收入放弃法和收入收益法为借鉴对象,即采取两种方法的基本原理,并根据现实条件,适当加以变通和改造,灵活运用。例如,对某些税式支出项目的支出数额,可以通过先测算因此而减少的税基,再在此基础上计算这部分税基按无优惠规定应承担的税款,其结果就相当于现行税法包含了这一优惠条款较之不包含这一优惠条款的税法所减少的税收收入。再如,对某些税收优惠项目可以先在测算相关税基的基础上计算出不含税式支出的标准纳税额,再扣减实际缴纳或预计应纳税额,以确定其支出数。实际缴纳或预计应纳税额与标准纳税额的差额,反映的就是若取消或不存在该税式支出项目所能增加的税收收入。另外,在对税收递延项目的支出成本估算中,可以按收入放弃法原理计算损失的利息,也可以考虑引入现值法的做法。

之所以要以收入放弃法和收入收益法为主要借鉴对象,一是因为在现有三种基本的税式支出成本估算方法中,收入放弃法最为直接简易,也最便于具体计算方式的设计和最容易为税式支出报告的使用者所理解,且实际估算出的成本对于有关纳税人行为的相关假设不具备敏感性,是多数国家公认的衡量各种税式支出的最有用的方法及使用最多的方法;收入收益法虽不及收入放弃法的上述优点突出,但适当加以取舍,在具体计算方式设计和为人理解上也颇有方便之处。而支出等量法虽在资源成本衡量上具有前两者所不及的科

① 参见刘心一:《税式支出分析》,中国财政经济出版社 1996 年版,第 254 页。

学意义,但在理论和操作上都比较复杂,特别是由于税式支出政策与直接支出存在诸多客观差异,要按其要求将税式支出项目与直接预算支出项目严格对应起来十分困难。鉴于我国现阶段税收和预算实施的规范程度都较低,要利用和驾驭此方法是力所不逮的。何况,对于不少税式支出项目,利用收入放弃法和收入收益法与利用支出等量法的计算结果是一致的。二是因为在我国建立税式支出制度初期,对基准税制的界定还难以做到多么严谨和科学,而收入放弃法和收入收益法可以全面包容各种税收减让,借此进行税式支出成本估算,恰恰有利于避开对基准税制的严格定义。

之所以在采用收入放弃法和收入收益法的原理时又要适当加以变通和改造,主要是由于我国的税收制度与税收政策在较长时期内还不可能做到稳定和完全符合国际一般规范,其调整变革的随机性和非程序性、非系统性亦不可能完全避免,再加之财税管理与经济分析水平相对落后,因此,很难严格满足收入放弃法和收入收益法的前提假设与条件要求。可行的出路,只能是从实际出发,不失科学地变通改造,以"粗"弥"短",求取一种"大体相当"的做法和效果。

第三,在具体的估算要求上合理处理理论原则与可及目标、科学理念与现实需要的关系,适当舍繁就简。税式支出估算不是严密的数学运算,其理论原则与可及目标、科学理念与现实需要之间总是存在一定的距离和矛盾。对此,世界各国普遍的态度是,在应有的理论原则与科学理念指导下,优先考虑实现可及目标和满足现实需要,适当舍繁就简。例如,对收入放弃法和收入收益法的运用,各国理论上都强调重视税式支出的连带效应,但基于其复杂性,在实践上一般又不予考虑,我国亦应照此办理。但对于各税种间相互作用对税收收入和税式支出影响的处理,则不应因袭西方国家的做法。因为我国的流转税是主体税,且优惠政策繁多,流转税优惠政策的存在对企业利润水平和企业所得税收入的影响至关重要。如果在税式支出成本估计时不考虑这一因素,就可能过分地夸大一定时期内的税式支出数额。另如,不同的税式支出成本原则上不能简单相加,但从便于对税式支出进行总量控制角度看,对不同税式支出成本加总反映又是现实需要的。基于这一点,一些国家,如美国、德国、澳大利亚、荷兰、西班牙、奥地利等还是在税式支出报告中对各项税式支出项目的数量进行了加总或一定范围的合计。不过,为使加总结果尽量确切,有的国家在加总时适当考虑了不同税式支出间的相互作用,故其税式支出表中的单项数字之和与合计数有时是不一致的。对此做法,我国也很有必要效仿。再如,为了实现税式支出与直接支出的数量一致性和便于税式支出与直接支出的数量统合,美国引入了支出等量法,但对那些在预算中找不到对应项目的税式支出,仍允许按其他方法估算。在我国,特别是在现阶段还不可能采用支出等量法的情况下,就更应该允许存在税式支出与直接支出间的项目和数量差异。

第四,在税式支出成本估算的会计基础选择上,应与我国现行企业会计和税收制度使用的会计基础保持一致,即采用权责发生制。这样,既便于直接从企业财会核算和税收制度中取得相应的测算依据,又比较适合我国现阶段以生产经营领域和对企事业单位生产经营活动的税收优惠为税式支出管理重点的制度建设构想,也有利于迎合未来我国政府会计由现金制转向应计制的改革方向。

第五,在对将来年度税式支出成本的预测上只能"尽力而为"。对将来年度税式支出成本的预测与对以往年度税式支出成本的测算不同,其需要建立在预测期间经济政策稳定及对经济变量之间关系的准确判断的基础上,而在当前年度往往不能对这些政策变化做出准确的预测,也不能保证经济变量之间的关联完全遵循主观判断。因此,任何对未来年度的预测都难免发生误差,这一点在直接支出预测中同样存在。出自上述原因,熟悉预测的分析家都倾向于认为预测不是一种精确的科学,故税式支出成本的预测值也应该被认为是"尽力而为"的产物,而不能对其精确度寄予不切实际的期望。在目前中国经济政策不稳定和经济变量间关系及其相互影响错综复杂的情况下,这更应成为我们在税式支出成本估算方面进行方法设计和具体操作的重要指导思想。

8.2 主要税式支出形式的成本计算方法

估算税式支出成本的关键是对各种形式的税式支出项目的成本如何具体

计算。本部分拟按上述对国际通行的税式支出成本估算一般方法的借鉴和运用思路,提出我国若干主要税式支出形式成本的具体计算方法(其中涉及企业所得税的税式支出成本计算方法仍以 2007 年改革合并前的内、外资企业所得税为依据)。

我国现行税收法规涉及的税式支出形式主要有免税、减税、优惠税率、纳税扣除、税收抵免、亏损结转、缩短折旧年限、加速折旧、优惠退税、缓交税款等。从成本发生机理上看,各种税式支出均可以归结为一定形式或一定时间的税基与税额、税率减除,并且税额和税率的减除亦都可与税基相联系。因此,对各种形式的税式支出项目的支出数额多可在相关的税基估测基础上进行计算。

显而易见,依照这种设想计算各种税式支出的成本,其逻辑起点是相关税基的测算。其中,各种产出、收入形式的相关税基,可根据纳税人以往年度的生产经营、财务成果实绩或计划年度的生产经营计划、销售计划、出口计划、利润目标,以及相应产品、服务的平均价格、平均利润率等参数,再加上必要的整理、分析来计算测定。各种投入、支出形式的相关税基可根据纳税人的有关生产资料存量、与生产经营计划相应的有关投资计划和设备、原材料购进计划等来测算。

8.2.1 直接冲减税基式税式支出成本的计算

直接冲减税基的税式支出包括免税和纳税扣除。前者是以全部免除某些应税项目或应税收入来源承担的纳税义务的方式直接减少税基。后者是在计算应税收入时,以部分或全部将某种合乎规定的特殊项目预先从应税对象税基中扣除或加大费用的方式直接减少税基。两者都是减轻纳税人税收负担的一般形式。其中,免税适用于所有税种的税式支出,纳税扣除适用于所得税的税式支出。我国企业所得税中缩短折旧年限的规定,实际也可视为以加大纳税期间费用来减少税基的一种特殊纳税扣除形式。

(1)免税。如属企业所得税免税,以 T_e 表示年度税式支出量,Y 表示免税项目所对应的原始标准税基,则:

$$T_e(免税) = Yt \quad (t 为企业所得税税率)$$

如属流转税免税,还应考虑由此而导致企业所得税收入增加的情况。假定流转税免税额全部转化为企业利润,且不考虑纳税人可能出现的亏损情况,以 T_e 表示税式支出量,Y 表示流转税免税项目所属课税对象的原始标准税基,则:

$$T_e(免税) = YT(1 - t) \quad (T 为流转税税率,t 为企业所得税税率)$$

由于我国现行企业所得税实行不同档次的差别比例税率,为适当简化,在计算流转税免税对所得税收入的影响时所采用的所得税率以所有档次税率的算术平均数为宜。

(2)纳税扣除。以 T_e 表示年度税式支出量,Y 表示纳税扣除项目所属课税对象的原始标准税基,k 表示扣除比率,则:

$$T_e(纳税扣除) = Ytk \quad (t 为企业所得税税率)$$

(3)缩短折旧年限。其前提为仍允许纳税人在提取折旧时采用普通折旧法(直线折旧法),只是因缩短了折旧年限而使折旧期间各年度分摊的折旧费用增加,应纳税所得额及应纳税额减少。如对固定资产残值忽略不计,以 T_e 表示年度税式支出量,则:

$$T_e(缩短折旧年限) = (C/n' - C/n)t \quad (C 为固定资产原值,n' 为缩短后的折旧年限,n 为原折旧年限,t 为当期所得适用税率)$$

考虑到我国现行企业所得税实行高低不同档次的比例税率,可能由此连带导致税率损失的情况,计算公式可改为:

$$T_e(缩短折旧年限) = Yt - yt' \quad (Y 为纳税人未缩短折旧年限的当期所得,y 为缩短折旧年限的当期所得,t' 为扣除了折旧增加额的当期所得适用的低档税率)$$

8.2.2 税率优惠和直接冲减税额式税式支出成本的计算

税率优惠一般是以对某些特殊的纳税人或课税对象在征税时采用较法定税率规定为低的优惠税率或直接降低税率形式实现的税式支出。直接冲减税额的税式支出形式主要包括税收减征、税收抵免等。税收减征即通过直接减少应征税额方式实现的税式支出。税收抵免是以准许纳税人把某种或某些合乎规定的特殊支出项目,按一定比例或全部抵冲其应纳税额方式实现的税式支出。税率优惠和税收减征是我国最常用的传统税收优惠方式,适用于所有税种的税式支出。税收抵免适用于所得税的税式支出。其中,对于税收减征和税收抵免,如果是已实施的税收减征和税收抵免措施,即可直接根据征税过程中减征或抵免的额度统计记录,无需再专门计算;如果是对未来税收减征和税收抵免成本的预测,则需进行计算。

(1)税率优惠。如属企业所得税优惠,以 T_e 表示年度税式支出量,Y 表示税率优惠项目所对应的原始标准税基,则:

$$T_e(税率优惠) = Y(t - t')$$ （t 为企业所得税标准税率,t' 为优惠后的实际企业所得税征税税率）

如属流转税优惠,则与免税的计算同理:

$$T_e(税率优惠) = Y(T - T')(1 - t)$$ （T 为流转税标准税率,T' 为优惠后的实际流转税征税税率）

(2)税收减征。如属企业所得税减税,以 T_e 表示年度税式支出量,Y 表示减税项目所对应的原始标准税基,则:

$$T_e(税收减征) = Ytj$$ （t 为企业所得税税率,j 为企业所得税减征率）

如属流转税减税,则与免税和税率优惠的计算同理:

$$T_e(税收减征) = YTJ(1 - t)$$ （T 为流转税税率,J 为流转税减征率,t 为企业所得税税率）

出于与流转税免税同样的简化考虑,在我国企业所得税实行不同档次差别比例税率的情况下,计算流转税税率优惠和税收减征对所得税收入的影响时所采用的所得税率也以所有档次税率的算术平均数为宜。

(3)税收抵免。以目前我国企业所得税中应属税式支出的鼓励企业在技术改造中使用国产设备的有限额的投资抵免和国外税收饶让抵免为例。以 T_e 表示年度税式支出量,则:

$$T_e(投资抵免) = Id \quad Id \leq 抵免限额$$ （I 为国产设备投资额,d 为抵免率）

$$T_e(税收饶让抵免) = \sum_{i=1}^{n} Yi(ti)$$ （Yi 为来源于与我国缔结国际税收协定的 i 国的所得额,ti 为 i 国所得税免税项目的税率或其他优惠形式的优惠政

策系数，$i = 1, 2, \cdots, n$ ）

8.2.3 亏损结转式税式支出成本的计算

亏损结转即允许纳税人以当期的盈余抵补其他年度的亏损,其特点是以跨期缩小税基数额的方式减少企业应缴纳的所得税。当期所得中用于抵补亏损年度亏损的结转额即当期损失的税基。以 T_e 表示年度税式支出量,Y 表示亏损结转纳税人的原始标准税基,y' 表示亏损结转额,y 表示结转剩余所得,在所得税实行一档比例税率(如合并改革前的外资企业所得税),或者按所得额大小实行多档比例税率(如合并改革前的内资企业所得税),但限定结转后的剩余所得仍按结转前适用税率纳税的情况下:

$$T_e (亏损结转) = y't = (Y - y)t \quad （t 为当期所得适用税率）$$

在按所得额大小实行多档比例税率,同时允许结转后减少的所得额按其相应的低档税率纳税的情况下,T_e 还应包括由于结转使剩余所得适用税率降低而造成的税收收入损失。即:

$$T_e (亏损结转) = y't + y(t - t') \quad （t' 为结转剩余所得适用的低档税率）$$

由于我国实行的是用以后年度的盈余抵补以前年度亏损的办法,因此,对于式中 y 和 y' 项的数额,如是计算已实施的亏损结转措施的成本,可由征税资料中直接取得;如是计算未来年度亏损结转措施的成本,可根据上年度待弥补的亏损额和计算期的利润计划来测算确定。

8.2.4 纳税递延式税式支出成本的计算

纳税递延式税式支出的最常见形式是加速折旧和缓缴税款。前者是企业所得税的一种税式支出措施,后者适用于所有税种的税式支出。

(1)加速折旧。加速折旧也是一种通过变动税基数额实现的政府对企业的税式支出。在加速折旧规定下,由于允许企业在不变的固定资产折旧年限中前期多提折旧,多计成本,随着固定资产使用年限的增加,折旧额逐年递减,故而对政府来说,在整个固定资产使用期间有收入延迟之失,即损失了一部分收入的时间价值或利息,并且这个损失量不能为折旧后期企业多交的税额所全部抵消。

以 T_e 表示年度税式支出量，i 表示年份（$i=1,2,3,\cdots,n$），n 表示折旧年限。如对固定资产残值忽略不计，并按我国传统习惯的单利法简便计算，则第 i 年的税式支出量为：

$$T_{ei}（加速折旧）=(Z_i-Z)tr(n-i) \qquad \qquad ①$$

式中：Z_i 为加速折旧方法下第 i 年的折旧额，Z 为直线折旧法下的年折旧额，t 为企业所得税率，r 为年利率。

对此，试以下例进一步加以具体说明。

假设某企业适用的企业所得税率为 33%，其某固定资产原值为 10000元，折旧年限为 10 年，采用加速折旧中的双倍余额递减法计提折旧，则该企业按两种折旧法计提的折旧额的差别及其对税收收入的影响如表 8-1 所示。

表 8-1　直线折旧与加速折旧的差别及其税收影响

单位:元

年份	1	2	3	4	5	6	7	8	9	10
直线法折旧额	1000	1000	1000	1000	1000	1000	1000	1000	1000	1000
双倍余额递减法折旧额	2000	1600	1280	1024	819.2	665.4	522.3	417.8	835.7	835.7
加速折旧差额	1000	600	280	24	-180.8	-334.6	-477.7	-582.2	-164.3	-164.3
税收差额	330	198	92	7.9	-59.7	-110.4	-157.7	-192.1	-54.2	-54.2

注:采用加速折旧法，将有一定数量的余额不能计提折旧。为避免这一现象，实际工作中一般采用简化办法，在固定资产预计耐用年限到期前的两个年度转换成直线法，故表中第 9、第 10 年的折旧额系按直线法计提。

由表中可见，该企业因采取加速折旧法而导致在折旧期的前 4 年政府少收税款和发生税式支出（即少收税款的利息损失），自第 5 年开始逐年收回少收的税款，即由于加速折旧差额为负，少收税款及其利息损失也变为负值。再假设年利率为 5%，按上式依次计算，则该企业折旧期前 4 年的税式支出量分别为 148.5 元、79.2 元、32.3 元、2.4 元。

但是,上述计算意味着前 4 年少收的税款都是在折旧期的最后 1 年才被一次补回的。因此,各年的税式支出成本数额显然被夸大了。为抵消这种夸大因素,可将上式改为:

$$T_{ei}(加速折旧) = (Z_i - Z)tr(n - i) + (-\sum_{j=1}^{n'} T_{eij}) \qquad ②$$

其中:$(-\sum_{j=1}^{n'} T_{eij})$ 为第 i 年少收税款在以后补收期间各年的税式支出成本负值之和,n' 为第 i 年少收税款的补收年限,j 为第 i 年少收税款的补收年份($j = 1, 2, 3, \cdots, n'$)。

式②是假定折旧前期各年少收税款的补收顺序为先少收的先补收,直到补齐为止,则该例中前 4 年少收税款补收的年份分布如表 8-2 所示。

表 8-2　前 4 年少收税款的补收分布

单位:元

少收税款		补收税款的年份与数额					
年份	数额	5	6	7	8	9	10
1	330	($j=1$)59.7	($j=2$)110.4	($j=3$)157.7	($j=4$)2.2		
2	198				($j=1$)189.9	($j=2$)8.1	
3	92					($j=1$)46.1	($j=2$)45.9
4	7.9						($j=1$)8.3

注:由于折旧方法的原因,表中最后一笔损失税款与收回税款之间存在少量误差,对此可忽略不计。

按②式计算,则该企业折旧期第 1 年的税式支出量为:$330 \times 5\% \times (10 - 1) + [(-59.7) \times 5\% \times 5 + (-110.4) \times 5\% \times 4 + (-157.7) \times 5\% \times 3 + (-2.2) \times 5\% \times 2] = 87.6$ 元。同理,可算得第 2、3、4 年的税式支出量分别为 59.8 元、29.8 元、2.4 元。

如果在以上基础上改为运用现值法的原理,仍对固定资产残值忽略不计,并按国际通行的复利法计算,则第 i 年的税式支出量为当年少收的税款减去以后各年补回该笔税款的现值之和。即:

$$T_{ei}(加速折旧) = (Z_i - Z)t - \sum T_{ix}\frac{1}{(1 + r)^{x-1}} \qquad ③$$

式中：T_{ix} 为第 x 年补收的第 i 年少收的税款，x 为补收税款的年份(在该例中，$x = 5,6,7,\cdots,10$)，$\frac{1}{(1 + r)^{x-1}}$ 为贴现系数。

如计算折旧期第 1 年的税式支出量，可根据表 8-2 先列出该年少收税款在以后各年补收的现值表，即表 8-3。

表 8-3　第 1 年少收税款在以后年份补收现值表

单位:元

各年贴现系数		$x = 5$		$x = 6$		$x = 7$		$x = 8$	
年份	贴现系数	补收税款	补收税款现值	补收税款	补收税款现值	补收税款	补收税款现值	补收税款	补收税款现值
5	0.8227	59.7	49.1						
6	0.7835			110.4	86.5				
7	0.7462					157.7	117.7		
8	0.7107							2.2	1.6

按照③式可计算出第 1 年的税式支出量:330 - (49.1 + 86.5 + 117.7 + 1.6) = 75.1 元。其他年份的税式支出量则可依此类推。

前已指出，估算纳税递延式税式支出的成本，基本要领之一是选择适当的利率或贴现率。根据国际经验，其可按同期国债利率确定。

还应该指出的是，在实行多档比例税率的情况下，加速折旧在折旧前期也可能带来税率损失。但由于前后各年的税基可以大小互补，故为简便起见，对此可忽略不计，即式中税率一律为加速折旧方法下的当期所得适用税率。至于 Z_i 和 Z 的数额可在企业现有固定资产规模和计划期固定资产购置计划的基础上，根据所适用的折旧制度规定和采用的加速折旧方法加以测算。

(2)延期纳税。延期纳税的目的在于照顾纳税人在履行纳税义务过程中遇到的特殊困难，其之于政府与加速折旧一样，并未少收税款，只是损失了延迟期间应征税款的时间价值或利息。如果是已实施的延期纳税，其成本可按照经批准的延期税款数额,加计利息或贴现来确定。如果是对未来延期纳税成本的估计,可根据对纳税人履行纳税义务情况的分析预测,以延期税款对应的税基和延期时间规定为基础进行测算。以 T_e 表示税式支出量,Y 表示纳税人延期税款对应的税基,t 表示适用税率,n 表示延期时间即月数(我国现行税收法规规定的延期时间是以月计。$n=1,2,3,\cdots$),r 表示月利率或贴现率。

若按单利法简便计算,则:

T_e(延期纳税)$= Ytrn$

若按现值法和复利法计算,则:

$$T_e(延期纳税) = Yt - Yt\frac{1}{(1+r)^n}$$

8.2.5 优惠退税式税式支出成本的计算

优惠退税可以是全部退还已征收的税款,也可以是部分退还已征收的税款。我国的优惠退税有多种情况,包括增值税优惠中的先征后返、即征即退和鼓励外商投资企业采购国产设备的投资退税,增值税、消费税优惠中的出口退税,外资企业所得税优惠中鼓励外商以分得的利润在我国进行再投资的再投资退税等。对以往各种优惠退税的税式支出成本可由税收征退统计资料直接获得。对未来优惠退税税式支出成本可根据其税基项目和退税规定加以估计。以 T_e 表示税式支出量,则:

T_e(先征后返、即征即退)$= Yt$ 或 $Y(t-f)$ (Y 为返、退项目对应的税基,t 为原征税税率,f 为政策规定应保留的纳税人税收负担率)

T_e(出口退税)$= Yt'$ (Y 为退税项目的税基,即增值税的应退税购进额或消费税的应税销售额,t' 为退税率)

按我国税法规定,增值税投资退税为全额退税,外资企业所得税再投资退税中企业已纳的地方所得税不在退税之列,故:

T_e(投资退税)$= It$ (I 为应退税设备投资额,t 为适用税率)

T_e(再投资退税)$= [I/(1-T-t)]Tt'$ (I 为再投资额,T 为外资企业原适用的企业所得税率,t 为外资企业原适用的地方所得税率,t' 为退税比率)

上式中的再投资额可在纳税人计划期盈利目标基础上，依其利润分配与使用计划来测算。

8.3 税式支出成本估算其他方面的设想

除各种税式支出项目成本的具体计算方法外，税式支出成本的估算还涉及估算步骤的安排、微观模拟模型的构建及所需数据资料体系的建设等其他方面的事宜。

8.3.1 税式支出成本估算的步骤安排

严格地讲，税式支出成本估算应从微观层面到宏观层面循序展开，即宏观层面的税式支出成本估算应以微观层面的税式支出成本估算数据为基础。但考虑到微观层面的税式支出成本估算精度要求较高，短期内不可能一蹴而就，且短期内微观层面的税式支出成本估算也不可能涵盖所有的税式支出项目，以及考虑到不同税式支出项目的成本不能富有意义地简单相加和税式支出宏观控制的需要，我国的税式支出成本估算可以在微观、宏观两个层面上同时展开探索试验，并努力谋求两者的相互结合和有机衔接。

微观层面的税式支出成本估算，应以每个纳税人作为各个税式支出项目成本统计、测算的基本单位，然后分项目对各纳税人的税式支出成本数额进行加总和自下而上的层层汇总，与宏观层面的税式支出成本估算结果相互辅助，一同作为各级财税部门进行税式支出政策评估和编制税式支出报告的依据。

在建立税式支出制度初期，宏观层面的税式支出成本估算应主要以各个税种为对象来粗略估算各自税式支出成本数量的近似值。[①] 这样，既便于满足税式支出总量控制与结构分析的基本需要，又能够为税收制度的评价和改进提供比较直接的依据。以后随着条件的完善和经验的积累，再相机向多元

---

① 之所以为近似值，除估算方法本身的某些局限性之外，主要是因为不以或不严格以微观层面税式支出估算结果为依据的宏观税式支出成本估算，无法建立在具体的税式支出项目鉴别的基础之上，一般只能以所有减少税收收入的税收优惠近似地替代税式支出。

化和精确化方面推进。

立足于现有的相关工作与研究基础及可能获取的数据资料,并为简易起见,近期内各税种税式支出成本数量的估算方法可先考虑做以下三种选择。

第一种选择是税收收入能力估算法。其基本思路是以某税种税收收入能力估算的不计税收优惠的标准化税收收入,减去现行税收优惠政策下实际税收收入的实现数或计划数,再减去偷逃税等非优惠税收收入流失额,得出某税种的税式支出成本总额。该方法主要是借助现有税收能力估算的理论与实践基础和财政预算工作基础。[①] 其一般计算公式为:

某税种税式支出成本 = 某税种的标准化税收收入 - 某税种实际税收收入的实现数或计划数 - 非优惠税收收入流失额 = 某税种标准化税基 × 某税种标准化税率 - 某税种实际税收收入的实现数或计划数 - 非优惠税收收入流失额

上式中,实际税收收入的实现数或计划数可由估算年度的财政预决算中的各税种收入科目直接获取。偷逃税的税收收入流失额可通过抽样调查、审计及税收征管效率预测来推算获得。所谓标准化税收收入,是指在既定税制下经济运行中所形成的税收储量,是一个潜在的可征税收的总能力概念。税收收入能力估算的关键是标准化税基和标准化税率的确定。

标准化税基可由相关宏观总量指标中选择获取,它接近某税种的法定税基。税种不同,标准化税基的具体确定方法自然也不同。例如,就现行增值税而言,依增值税条例的征税规定,其总税基应包括工业增加值、净出口和批零贸易增加值三大部分。从国民经济核算规则看,如用生产法计算 GDP,即用总产出减中间投入得到增加值的方法,是把净出口排除在外的,因此,可以将工业增加值与进出口分开估算。用进出口额估算得到海关代征增值税的税基量。用工业增加值减净出口价值,再减存货增加价值,得到扣减净出口和存货增加价值后的工业增加值指标。对这个指标所含的增值税可利用投入产出表等工具进行详细估算,再与存货价值所含税收加总,得到国内工业增值税税收

---

① 从实践基础看,税收能力估算在税务部门的税收分析工作和财政部门的转移支付制度实施中均已起步。关于税收能力估算的理论与实际操作研究,近年来也已取得很大进展。这方面比较系统和具有代表性的论著如刘新利主编的《税收分析概论》(中国税务出版社 2000 年版)。

收入能力。最后加总国内工业、国内商业及进出口环节增值税税收收入能力，即可得到增值税总的税收收入能力。对小规模纳税人可采取简单的估算方法，直接用总产出或总收入指标作为标准化税基。① 就企业所得税而言，依据税法规定，可在国民经济核算体系中的营业盈余指标基础上求得。营业盈余指常住单位创造的增加值扣除固定资产折旧、支付劳动者报酬和生产税净额后的余额。它反映企业参与增加值创造而得到的原始收入份额。该指标扣除利税项目中开支的工资、福利及公益金后，与营业利润相当。

标准化税率可以使用法定税率，也可使用平均税率。在税基与宏观经济指标有明确关系及税率单一的情况下，可直接依法定税率作为标准化税率。在采取复合税率并可以大致地将不同档次的税率与相应的税基对接的情况下，可用相应的税基将几档法定税率做加权平均，以此平均税率作为标准化税率。

第二种选择是样本推算法。其基本思路是由样本来推测总体，即以某地区某税种税式支出情况的统计或调查测算资料为样本，来推算该税种全部的税式支出规模。运用这种方法估算各税种的税式支出成本总量，关键是样本的选取要有较强的代表性，否则就难以保证据此推测出的总体数据的准确性。但是，我国现阶段各地区的经济结构和发展水平差距悬殊，税收优惠政策的区域性特点亦十分突出，在这种情况下，要选出具有普遍性和代表性的地区样本客观上是很困难的。为了尽量缩小样本与总体之间的偏差，可以考虑先划分地区类别。如可根据经济发达程度将全国分为东部、中部和西部三个大的区域，每个区域选取一个较有代表性的地区为样本，分别推算出各区域某税种税式支出成本的数量，然后再进行加总。如果再细致一点，也可以考虑先根据所估算税种的各种税式支出形式所对应的经济特点划分区域，如对于企业所得税中的加速折旧，可按设备资产集中程度划分出老工业区、一般工业区和新兴工业区，对于亏损结转，可按企业的经营效益情况，划分出亏损程度不等的若干区域，然后选取各自有代表性的样本，据以推算出其税式支出成本总量，最后再对各种形式和各个区域的税式支出成本加总，得出全部的税式支出成本数额。

---

① 关于该种增值税标准化税基和税收收入能力估算方法的具体内容，详见刘新利主编：《税收分析概论》，中国税务出版社 2000 年版，第 108～155 页。

第三种选择是基数估算法或回归分析法。在已取得历史年度各税种税式支出成本总量的统计、调查或测算数据的情况下,对未来年度各税种税式支出成本总量的预测可以采取基数估算法或回归分析法。前者是以历史年度的支出数为基数,再根据预测年度相关经济计划指标、经济情况和拟议中税收政策的变化进行增减调整。后者是依据税式支出与某些经济变量之间的相关关系,利用以前若干个年度的历史数据,以税式支出量为因变量,以预测年度与之相关的经济变量为解释变量,采用时间序列递推和因果回归方式进行预测。根据税种的不同,解释变量可以是某些宏观经济预测指标,如GDP、就业、企业利润、投资支出及消费支出等,或者是以往税式支出的变动趋势。采用这种预测方法,亦须考虑可以预见到的预测年度税收政策变化因素的影响。

8.3.2 税式支出成本估算微观模拟模型的构建

根据已有的税收数据,结合相关经济变量,利用计算机微观模拟模型进行计算,是现今许多先进国家确定税式支出成本数额的重要手段和方法。对于税式支出成本估算而言,微观模拟模型实际是各种税式支出项目成本计算方法的系统化和自动化。其基本原理是将各税式支出项目的成本看做该税式支出忽略不计所导致的税收收入增量,使用纳税申报表的抽样资料建立数据库,并根据其他部门的统计资料进行补充,通过一套运算法则模拟特定税制与税收政策发生变化给税收收入和纳税人带来的影响,从而测得各税式支出项目的成本数值。例如,要估算残疾税收抵免,即应将在税式支出报告中出现的每个纳税年度的残疾税收抵免值设为零,然后运行模型并在假定状态下与政府税收值进行比较。运行结果与现状间的差异即产生一个因残疾税收抵免而导致的税收收入减少估算值。由于微观模拟模型对各个税式支出项目的成本是独立计算的,且一般不考虑行为反应的因素,因此属于静态模型。

目前加拿大、澳大利亚、德国、比利时、意大利、荷兰、美国等都已经开发出了各自需要的所得税和销售税微观模拟模型。如,加拿大自20世纪90年代初期相继开发出了以SAS作为编程语言的用于所得税的T1、T2微观模拟税收模型和用于货物与劳务税的国家销售税模型。T1、T2模型均以个人电脑为基础,分别用来模拟个人所得税和公司所得税。其中,T1 模型内包括的电子申报表样本已多达全部纳税申报表的 1/3 以上,包括的参数可使其用于模拟任何一个指定的纳税年度。T2 模型经过 2001 年财政部公司所得税处的重建,可以快速回应测度潜在税收政策影响的税收模拟调查。每次运行,程序都会在所使用的格式中产生一个输出值或详细的模拟结果,以及由不同特征引起的变化的具体分布影响(比如资产大小、行业部门、公司类型等)。同时,还会产生一个带有扩展文件的日志文件,其包含诸如产生的信息错误等的执行结果。国家销售税模型模拟的货物与劳务税相当于中国的增值税。该模型采用"产出 = 投入 + 最终消费"等式,通过对投入产出表的不同部分设定"征税比例"建构而成,并将这套"征税比例"应用于生产矩阵和使用与消费矩阵。"征税比例"展示了某个单元中分别属于货物与劳务税应税、零税率、免税或退税的支出比例。生产矩阵"征税比例"显示了各个产业部门生产的各种商品的免税因素,使用和消费矩阵"征税比例"则表明各种商品的应税成分。此外,该模型是基于一个基年来运行的。所谓基年是指最新的投入产出表数据所代表的年度,然后再经过校准,通过运行得出税式支出估算结果。再如,澳大利亚主要是采用另外三种模型方法估算微观层面的税式支出的。一是总计模型。该方法使用交易总量的资料来计算某一特定税收减免的数值,最适宜于计算免税和占相关总交易比例很小的减免价值。二是分布模型。此方法主要使用更详细的分布数据来计算由分布数据确定的特定群体的税收减免值,适合用于直接面向特殊纳税人群且补助水平因数据分析所用变量的变化而不同的减免。三是微观模拟。其需要拥有一个针对所有纳税人的综合数据库,主要是根据数据库中详细的纳税人资料确定每个纳税人应税细目的金额和所纳税额,进而以税收基准条件下的应纳税额与实际纳税额相比较计算税式支出。此方法专门用于模拟计算针对特定纳税人群体的税收减免和由于纳税人行为或环境差异而导致的支付率的不同。[1]

---

[1] 关于加拿大与澳大利亚微观模拟税收模型的详细介绍,可参见 Marc Seguin 的《加拿大税式支出及评估报告》、Colin Brown 的《澳大利亚的税式支出》,楼继伟主编《税式支出理论创新与制度探索》,中国财政经济出版社 2003 年版,第 76～87、139～140 页。

国际经验证明,建立计算机微观模拟税收模型,不仅可以大大提高税式支出成本估算的效能,而且可为政府年度预算的编制提供十分有益的帮助,因此,从发展方向看,其无疑也是未来中国税式支出成本估算策略的长远大计。微观模拟模型研制的复杂程度很高,且要具备一系列制度、知识和技术条件的支持,须有较长时间的数据积累和软件开发过程。这里仅暂且根据国际经验,对建立微观模拟模型的前期准备和建设指导思想提出一些粗略设想。

就前期准备而言,主要需强调以下三点:

(1)税收与相关经济变量的关联关系、各种税式支出项目的成本估算方法及其原理、税收微机管理系统是微观模拟模型的三大基本支撑元素。鉴此,一是在税式支出成本估算方法研究伊始,就应将其与微观模拟模型的设计研究结合起来;二是应将微观模拟模型的开发研究纳入税收微机管理系统建设的统筹规划,在税收微机管理系统的建设中有目的地考虑构建微观模拟模型的需要;三是在税收分析的探索中,有意识地加强税收与经济关系的程序化研究。通过这些工作,为微观模拟模型的研制奠立必要的理论和软硬件基础。

(2)统计置信度是微观模拟模型有效运行的关键。各种微观模拟模型只有在获得高统计置信度时,才可用于税收收入预测。而高统计置信度的核心又在于数据的有效性。最有效的税收数据应当取自税收征管机关,其中最重要的又当属纳税申报表资料。因此,作为税式支出成本测算的必要基础和建立微观模拟模型的必要准备之一,必须加快推进纳税申报制度的实施和完善,并本着全面性、系统性原则,不断完善纳税申报表结构。同时,相应研究、筹划其他相关数据的来源和进行参数变量的筛选工作。

(3)微观模拟模型不单纯是一个技术问题,它需要具备对税收政策和会计准则的丰富知识,以及对不断变化的社会经济制度的信息处理的正确判断。为此,应有针对性地开展经济、社会、财政税收、财务会计等方面多元一体的综合性定量研究,并着手培养兼通税收政策、财会操作、经济运行并具有现代信息处理能力的综合性管理人才。

就指导思想而言,应着重强调以下四点:

(1)坚持持续性和有效性两条标准。持续性标准意味着要在建立微观模拟模型的过程中科学论证,采取有前瞻性的正确策略,使建立过程的每一步都能够形成一个坚实的基础,以便于以后利用和进一步提高。有效性标准是指在持续性的基础上判断成本与效益,在适当处理成本与效益关系的情况下保持建立进程的持续性。

(2)微观模拟模型不存在统一的标准化结构。不仅用于不同税种和不同类别的税式支出项目的模型结构不同,而且不同国家模拟解决同一类问题的模型结构亦有所不同。我国微观模拟模型的具体结构,必须在借鉴国际一般设计思想的基础上,符合并体现我国的税收政策特点、基准税制界定特点和税收经济运行特点,同时适合我国的数据来源,以及能够对应并满足我国每一特定的税式支出定量分析的目的需要。

(3)必须有切实而又可行的阶段性安排。总体上可将微观模拟模型的建立过程分为初级阶段和完善阶段。初级阶段的任务应是基于我国目前税收优惠政策过多、过滥和低效的情况,主要以其服务于那些最迫切需要拓宽税基和提高政策效率的税制改革环节。相应地,其范围应主要限于成本较大的优惠项目与基准税制的比较,数据的覆盖度应主要限于那些享受优惠规模较大的纳税人。既然如此,在这一阶段就不应将定量的精确度放在首位,而应把重点放在通过模拟税收政策对税收收入的影响而对所研究的税收政策定性调整的分析上。到完善阶段,再逐步将其任务移位于全面服务年度预算,将其范围和数据覆盖度分别扩展到更多乃至所有的优惠项目和更多的其他纳税人,同时以定量估算的精确度作为首要模拟运行目标。

(4)一个敏感的微观模拟模型应当保持样本规模和数据源内容(即域数)之间的平衡,这是微观模拟模型有效运行的一个基本技术规律。为了保证微观模拟模型的科学和效率,我国微观模拟模型的设计和开发研制都应以此为重要技术指导原则。

8.3.3 税式支出成本估算所需数据资料体系的建设

税式支出成本估算作为税式支出的定量分析,无论针对何种层面、何种时期,也无论采取何种估算方法和方式,都须有充分、适用的数据资料的支撑。数据资料体系的建设是税式支出成本估算与分析中具有先决意义的基础工程。对此,根据我国情况和全面考虑税式支出成本估算的需要,除数据资料的采集外,起码要做五个方面的工作。

一是确定数据资料的内容及其来源。这是数据资料收集的基本前提。在税式支出成本估算所需要的数据资料中,首要的一类是来自财税管理部门的直接反映税收征收和税收政策执行情况的税收征管信息资料。其包括纳税申报表、税收统计数据、税收会计资料、税收减免及退税的审批与执行资料、税收收入入库与决算数据、税收收入计划及预算信息等。第二类是主要用于测算基准税基的来自纳税人的基础数据资料。其包括各个纳税人的销售情况表、资产负债表、利润及利润分配表、现金流量表、存货表、资产折旧与摊销资料、成本、损失、捐赠及其他财会资料。目前我国已规定纳税人须将这些数据资料作为相关税种纳税申报表的附表报送,税收征管部门亦可直接掌握。第三类是主要用于测算基准税基和测度税式支出变动趋势的来自政府统计、计划及其他管理部门的统计、核算及计划资料。其包括各种经济与社会统计资料、国民经济核算账户资料、投入产出表、资金流量表、行业生产销售数据等。第四类是用于核实、印证税收制度与税收政策执行情况和用于推测估算的信息资料。其包括来自有关监督部门、中介机构的查账、财务审计及资产评估资料,来自财税部门专门进行的典型抽样调查资料等。

二是改造、完善统计体系和现有的信息渠道。显而易见,我国现有的数据资料和信息来源还不能充分满足税式支出估算的需要。这虽有统计体系本身存在的种种问题,但在建立税式支出制度之初原有的数据资料来源与之不适应也是客观必然的。为此,第一要尽可能地加强和完善对可直接确知的税收优惠数量的统计记录,健全税收减免台账,逐步建立各种税式支出手段的统计档案;第二要改造现有的统计渠道,即根据各统计渠道的特点,分别增加一些税式支出估算所需要的新的统计指标;第三要充分利用和大力发展现代信息手段,加快"金税"、"金财"、"金关"工程的建设与完善,建立多部门联网的信息网络。

三是在收集原始数据资料的同时,根据估算需要对数据资料进行补充和加工开发。尽管各方面的原始资料可为税式支出成本估算提供大量的数据源,但仍不可能应有尽有地提供出税式支出成本估算需要的所有数据。这就要求进行必要的数据资料补充和加工开发工作。例如,按我国的管理常规,享受法定免税或免税期的企业或个人是无须履行纳税申报程序的,税务部门也无须按一般征管规定对其实施管理。这样,没有免税企业或个人的财务和税收资料,也就无法计算相应的税式支出数额,无法估算取消对这些企业或个人的免税对税收收入的影响。因此,应不分纳税身份地将所有纳税人纳入资料采集的范围,并对享受法定免税或免税期的企业或个人采取专门的管理调查措施,以补充估算免税成本所必需的数据资料。再如,对实行复合税率结构的税种来说,平均有效税率是其税式支出总量估算或运用微观模型模拟估算的关键数据。而这一数据是不能从原始资料中直接得到的,因此就需要在各档税率所对应的税基分布调查的基础上,通过利用一定的计算技术进一步加工开发来获取。

四是对进入数据源的信息资料进行鉴别、校正。所谓鉴别,一方面是鉴别数据资料的有用性,以便确定数据资料的集存范围。一项数据资料是否有用,取决于该数据资料的内容性质和税式支出成本估算的现实需要。前者是指数据资料与估算对象之间是否存在内在的关联关系,后者是指现实估算对象和现实采用的估算方法对数据资料的特定使用要求。这里须着重指出,数据资料的集存范围应随着估算对象和估算方法的发展而扩展。在建立税式支出制度的初始阶段,由于估算对象和所采用的估算方法有限,即使从长远发展和国际经验来看是有用的数据资料,也暂不应纳入集存范围,以避免造成数据资料的"超前膨胀"和繁杂混乱,给数据资料的具体应用筛选带来不必要的麻烦。信息资料鉴别的另一方面是鉴别其有效性,即数据资料是否真实可靠。数据资料的真实可靠性是税式支出成本估算的生命线。信息虚假失真是现阶段我国一个非常突出的社会问题,在数据资料体系建设中对此必须予以高度注意。另外,还须特别注意信息不对称对信息可靠性的影响。一般来说,越是与税收关系间接疏远和越是与自身利益、政绩无关的单位提供的信息可靠性就越高;反之,可靠性就越低。但是,后一类信息恰恰对税式支出估算更直接、更重要。因此,这就需要对获取的数据资料进行认真的真伪鉴别分析,然后设法予以必要的调整校正。尤其是来自纳税人自动报告的数据信息往往质量最差,在使用时必须非常慎重,并可用宏观、行业及平均水平等指标进行对比校正。

五是在数据资料收集、鉴别和补充开发的基础上建立专供税式支出估算分析使用的数据库。数据库建设须突出注意两点:第一点是要按照各种数据的具体估算用途和指标特征,做好数据的梳理分类,以便于进行估算时使用。第二点是对数据库中的数据要根据时间进度及时更新,并保持各项数据指标的历史连续性。因为在许多估算方法中,往往需要利用多年和足够多的连续数据才可做出可靠的估算结果。在运用微观模拟模型估算分析时尤其如此。

9 中国税式支出评估体系的构建思路

9.1 税式支出评估内容、目标与方式构想

如本书第 3 章所述,建立税式支出制度的根本意义在于提高税式支出运用的绩效和财税管理系统的效能,并进而提高税收政策和财政资源配置的效率,而税式支出绩效的高低必须通过科学的评估来判断和反映。不论各国是否安排了正式的税式支出评估程序,其作为完整的税式支出制度不可缺少的一部分都是毋庸置疑的。在政府预算前的磋商过程中,税式支出评估形成有关各方提出改进税式支出建议与政府管理者预算决策的依据和基础。在整个税式支出实施过程中,税式支出评估是税式支出监控和达及税式支出制度目标的必要手段。

9.1.1 税式支出评估的内容

首先,税式支出是一项通过操作(实施)政策工具对经济运行过程中的经济参量进行控制和调节的重要的工具性公共政策。[①] 税式支出评估属于公共政策评估的范畴。酌定税式支出评估的内容,离不开对一般公共政策评估内容的讨论。

所谓公共政策评估,即评估主体依据一定的评估标准,通过相关的评估程序,考察公共政策过程的各个阶段、各个环节,对政策绩效进行检测和评价,以判断政策结果满足目标群体需要和价值取向的程度的活动。关于公共政策评

① 王国清主编:《税收经济学》,西南财经大学出版社 2006 年版,第 113 页。

估的基本对象,目前学术界的观点不尽一致。主要有:①公共政策评估主要是对政策方案的评估。②公共政策评估是对政策全过程的评估,既包括对政策方案的评估,也包括对政策执行及政策结果的评估。③政策评估就是发现并修正政策的误差。其实际是强调对政策与政策需要之间关系的评估。④政策评估的着眼点应是政策效果。公共政策评估是了解公共政策所产生效果的过程,是试图判断这些效果是否为所预期的效果及判断这些效果与政策成本是否符合的过程。① 关于公共政策评估的具体内容,有的著述将其大致归结为如下几个方面:①政策成本评估。即评估政策投入与产出之间的比例关系。政策成本指整个政策过程中所投入的全部政策资源,如人力、物力、财力、时间、信息和风险等。政策产出是政策执行的直接结果。②政策需求评估。政策需求评估是评估政策运作所需的社会条件及满足社会需求的程度等问题,即社会组织或个体有什么样的问题需要政府采取政策措施来解决。③政策效益评估。即评估政策目标得以实现的程度。④政策过程评估。即对政策运行的各个环节进行评估,它涉及政策制定过程、执行过程和调整过程的操作状况。⑤政策影响评估。政策影响涉及政策实施是否获得了预期的政策结果、政策对社会环境的干预是否已经发生了作用、政策影响中是否包含着意想不到的结果等问题。政策影响有直接影响与间接影响、积极影响与消极影响、整体影响与局部影响之分。政策影响会产生两种结果方式:一种是净结果,包括政策的直接结果、间接结果;另一种是总结果,它既包括政策的直接结果和间接结果,还包括环境对政策所产生的影响结果。政策影响评估的主要任务是将净结果从观测到的总结果中分离出来,并把净结果作为政策影响评估的重点。⑥政策价值评估。即对政策在价值上的意义进行评估。②

综合上述一般公共政策评估内容的讨论,着眼税式支出政策的工具性意义,笔者认为,税式支出评估须以"政策效果"和"政策方案"为核心内容。"政策过程"内容则可寓于"政策效果"与"政策方案"的交互衔接之中。

税式支出政策效果包括政府实施税式支出政策的结果和有效性。其中,

---

① 参见宁骚主编:《公共政策学》,高等教育出版社 2003 年版,第 407 页。
② 宁骚主编:《公共政策学》,高等教育出版社 2003 年版,第 416~417 页。

政策结果包括两个基本类别:一是政策产出,二是政策影响。政策产出即政府实施税式支出政策的成果,是目标群体和受益者所获得的各种财政资源和好处。政策影响既包括税式支出成果所引起的纳税人行为和态度方面的变化,也包括税式支出成果对财政资源运用和整个经济、社会活动的宏观影响。税式支出的直接受益者是微观经济单位,通过这种支出政策,纳税人个体的税收负担减轻,收益相应增加,并致力于从事税式支出政策鼓励和援助的社会经济活动,其微观成果和影响是明显的。但站在政府的角度看,通过税式支出对纳税人进行补贴或援助,目标并不只是实现某种微观方面的目的,而是要谋取一定的宏观方面的经济效益和社会效益。可见,税式支出结果评估的主要问题是在承认微观成果的前提下,检测、评价税式支出给整个社会经济带来的得失和影响。政策有效性也包括两个基本类别:一是税式支出政策成果的有效性或成功性。其是指税式支出活动实际取得成果达及政策目标的程度,它反映成果同政策目标之间的对比关系,同时说明某种税式支出形式和政策手段所取得的成果是否是理想、合意的。二是税式支出政策成本的有效性或经济性。其是指以一定的资源成本实现政策目标的程度,或者说是为实现既定政策目标所花费资源成本的多少。与成果有效性不同,它反映的是成本与政策目标之间的对比关系,同时说明某种税式支出形式或政策手段是否是适当、经济的。此外,如果以量化的效益概念来反映税式支出政策成果及其达及政策目标的程度,并将这种成果看成税式支出成本或政策投入的产出的话,还可以在成果有效性与成本有效性的基础上,引申出成本效益比。其反映税式支出成本与成果之间的对比关系,说明某项税式支出政策效率的高低。

税式支出政策方案,从大的方面讲是指税式支出政策的整体安排。由于税式支出是通过税收制度来实施的,因此其自然牵涉到税收制度的安排问题。从小的方面讲,税式支出政策方案是指各种税式支出政策手段的采取或使用。税式支出政策方案评估的主要内容是评估税式支出政策与政策需求和政策运作条件的符合程度。在一些国家(如加拿大、澳大利亚)的税式支出评估实践中,这一评估内容被概括为税式支出的适合性。其重点是评估某项税式支出政策是否符合并真实地反映了社会经济的实际需要,以及在备选的方案设计中是否以最有效的办法来实现政策目标。税式支出政策方案评估的具体内容是与一国的税制运行环境和税式支出控制的需要密切联系的。在西方发达国家，由于税收法治比较完善，因此对税式支出政策方案的评估内容一般主要限于适合性。我国现阶段的情况是税收法治尚不健全，税收优惠政策政出多门，且一些税收优惠政策的执行具有较大的灵活性，由此导致违规和滥用税收优惠政策的现象十分突出。基于这种情况，我国税式支出政策方案评估内容的确定就不能只考虑适合性，对实际存在的税式支出措施是否符合国家统一的基本税收法规精神的合规性分析，也应作为税式支出评估的一项主要内容。在已对税式支出实行预算管理的情况下，合规性评估还应包括税式支出政策的实际运用是否在预算数量控制范围之内方面的内容。

其次，税式支出是一种特殊的财政支出形式，税式支出评估是政府财政支出评估的重要方面。酌定税式支出评估的内容，除依据一般的公共政策评估内容外，还须基于财政支出评估的内容。迄今为止，较系统的财政支出评估理论与实践都是针对直接预算支出而言的。当然，直接预算支出评估也属公共政策评估的范畴，但由于税式支出与直接预算支出在政策形式上的同质性，考察直接预算支出评估的内容较之考察一般公共政策评估的内容，在一些方面对酌定税式支出评估内容的指导意义更为直接和具体。

目前国际学术界对直接预算支出评估内容的界定是在一般公共政策评估内容的基础上具体化而成的，并主要集中于业绩与成效评估方面。其按照绩效标尺的不同，大致分为单一或非组合型评估内容与组合型评估内容两大类。非组合型评估内容由那些反映某种单一结果的绩效标尺构成，包括：①投入。即预算中安排的用于生产产出（物品与服务）所使用的财力资源（包括用财力测度的人力和物力）。预算中安排的投入通常可理解为支出数量本身，这一点对税式支出评估同样适用。②产出。即一定的投入财力的活动所生产的物品与服务。在直接预算支出评估中，产出通常被定义为政府机构所生产的公共物品与服务。税式支出与此有所不同。其作为一种特殊的政府支出寓含的是公共利益，但经由受益的纳税人生产的产出则许多属私人物品与服务范畴。③成果。成果是以预算支出生产的产出所要实现的目的，这种目的反映政府战略及相应的预算支出政策的最终目标。对税式支出来说，同理亦然。④影响。在直接预算支出评估中，影响通常作为成果的同义词，但更恰当的定义是

"净成果",即一项支出活动所带来的增加价值。它等于总的成果减去外部的非本支出政策因素所做出的贡献。税式支出成果也存在类似的这种总成果与净成果之分。⑤过程。其作为一种单一型评价内容,具体是指财政支出活动中取得投入、生产产出或实现结果的方式。它主要着眼资源获得规则和支出使用规则遵守情况的评估。税式支出与直接支出的一个共同之处,就是成果与过程并不必然一致。从短期和局部看来是好的成果,并不一定都是遵守合理规则的结果,而不严格遵守规则的成果实现方式不意味着绩效良好。组合型评估内容由那些在更高程度上使用两个相关绩效标尺组合而成的评价对象构成,其一般包括各种预算支出的成果有效性、成本有效性和成本效益比。这些与税式支出评估的内容要求亦都是一致的。①

总而言之,上述直接预算支出评估的重点及其具体内容,都应该和可以为税式支出评估所套用。但另外还有两点需要补充:

一是税式支出与直接预算支出的比较评价问题。因为许多税式支出与直接预算支出之间存在同质性基础上的可替代性,所以,对于实现一定的政策目标而言,某项税式支出与直接预算支出相比,是否为最适当和最简便有效的政策手段,就自然成为税式支出评估必须关注的重要方面。一些西方国家是将其作为成本有效性或成本效能的评估内容之一来看待的。尽管我国在短期内还不可能将税式支出与直接支出一一对应起来,也不可能采取税式支出成本估算的支出等量法,但尽可能对那些与直接支出项目有明显类同关系的税式支出做些两者间的比较评价,于实现税式支出制度的目标还是十分有益的。

二是税式支出的风险评估问题。税式支出不同于直接预算支出的一个显要区别是依源于税收制度的政策相对稳定性和依源于纳税人主观选择的支出发生不确定性,由此决定了税式支出的或有支出或或有负债性质。而这种性质又决定了其潜在的风险性。与体制转轨期其他的或有负债问题一样,现阶段我国税式优惠政策的潜在风险也是比较突出的。因此,很有必要将风险性评估纳入税式支出评估的内容范围。

---

① 此处直接预算支出绩效评估的内容,可参见王雍君:《公共预算管理》,经济科学出版社2002年版,第225~229、235~236页。

再次,在不同的历史时期,公共政策评估的内容有不同的侧重点。20 世纪 50 年代和 60 年代,西方国家主要关注政策活动的结果和重视事实评估,侧重于效率、效能或效益,对政策活动中应包含的伦理考量不够,不重视价值评估。实际上,政策活动不仅与效率、效能或效益的政策结果密不可分,而且无法排斥公平性、公正性的价值观。自 20 世纪 70 年代以来,人们逐渐对传统公共政策评估提出质疑,认为评估不仅应当是客观真实的,而且应当是正义的。这样,政策价值评估就成了公共政策评估的重要内容之一。效率和公平是税收制度与税收政策的两大基本原则,税式支出制度更是以谋求社会公平为主要出发点之一的。因此,在评价税式支出的政策结果、政策影响及成果有效性、成本有效性时,也理所当然地应该融入公平性价值观的内容。进一步讲,社会公平与正义还直接关涉到社会的稳定与和谐。税式支出评估必须考虑效率、公平与稳定三大方面的统一。在我国建设社会主义和谐社会的战略目标下,如此考虑税式支出评估的内容尤其必要。

以上是对税式支出评估内容的较全面的讨论,但由于税式支出评估的复杂性,任何国家都不可能在较短的时期内尽善其事。从实践看,目前西方国家的税式支出评估主要限于适合性、成果有效性和成本有效性三大方面。我国建立税式支出制度初期亦应以此为基本点和研究探索的主要着力点,特别是应首先着重于税式支出的成本收益分析,并在其具体内容选择上体现我国现阶段的实际需要和在可能的情况下兼及其他。

9.1.2 税式支出评估的目标

税式支出评估的目标,即税式支出评估所要达到的目的,它反映了税式支出评估的性质和意义,规定了税式支出评估的用途和作用。税式支出评估的根本目的在于反映和促进提高税式支出的绩效,从而最大限度地促进实现公共利益,这一点是无须多言的。这里所谓税式支出评估的目标,指的是其具体的制度目标,即税式支出评估作为税式支出制度的一种制度安排在税式支出制度实施中所要发挥的具体作用,它取决于税式支出制度的目标和任务。根据我国现阶段建立税式支出制度所要解决的问题,税式支出评估目标的确定,应主要侧重于以下几个方面:

（1）为确定适度的税式支出规模提供数量信息。税式支出规模是现代市场经济和政府干预体制下的一个重要的宏观经济指标,它标示着税收优惠政策运用的力度和政府通过税收优惠政策干预社会经济运行的程度,也从税式支出与直接支出关系的角度决定着财政资源的配置格局和配置效率。税式支出规模是否适度,不仅决定于税式支出数量在全部政府支出中所占比重是否符合一定时期的财政经济要求,而且决定于税式支出的有效性和税式支出成本与效益的对比关系。对税式支出成本和效率的分析评估,可以直接提供这些方面的数量信息。面对中国税收优惠规模盲目膨胀的现实和实现财政总量协调的需要,以此作为税式支出评估的首选目标,其必要性和时宜性都是十分明显的。

（2）为优化税式支出结构提供行动指向。税式支出结构包括不同类别、不同形式的税式支出手段的运用结构,税式支出资金的投向结构,税式支出的税种分布结构,以及税式支出的领域分布结构。不同类别、不同形式的税式支出手段的运用结构关涉到各种税式支出政策功能的发挥及其相互间的组合状况,关涉到税式支出的综合效力。税式支出的资金投向结构关涉到各种税式支出与相应社会经济需要的对应关系。税式支出的税种分布结构关涉到各种税式支出与其所属税种制度特点的契合关系。税式支出的领域分布结构关涉到各种税式支出与相同领域的直接支出的衔接关系。从制度安排、政策关联及各种税式支出的特定适用性角度讲,结构决定效益,决定影响。长期以来,我国的税收优惠政策之所以绩效不佳,其结构不合理是主要原因之一。另外,税收优惠规模的过度膨胀也与结构不合理存在必然的伴生关系。而要确切地揭示和解决这些问题,都须进行系统的税式支出结果和影响检验,都须依赖于税式支出政策方案的适合性评估分析。由此而言,为税式支出结构优化提供行动指向,就应是税式支出评估目标的题中必有之义。

（3）为税式支出政策资源的重新配置和适应性调整及税收制度改革提供决策依据。税式支出政策的突出特点是具有很强的时效性。当税式支出政策制定和政策执行到某一阶段,由于客观环境和主观价值取向方面的变化,就需要及时对政策内容和形式进行适应性调整。又由于税式支出政策调整直接牵涉到税基、税率及其他相关税制要素的变动,因此,税式支出政策调整又往往演化成一定范围的税制改革。税式支出政策的适应性调整一般有三种走向：一是政策延续。即政策问题尚未彻底解决，政策目标尚未完全实现，而实践证明政策的制定与执行活动符合实际需要，具有必要性、可行性与有效性。在这种情况下，必然和最好的选择是使政策在原有的性质、问题、目标及途径等轨道上继续运行。二是政策革新。即针对政策执行过程中遇到的新问题、新情况，对照现有的政策目标、公共价值及环境、条件状况，对政策进行局部性调整，包括税式支出政策内容、运用方式的调整，政策着力点及对优惠对象的援助力度的调整，以及政策执行程序和技术的调整等。三是政策终结。如果实践证明政策制定存在片面和失误，依靠现行政策，原有的政策目标无法实现，原有的政策问题无法解决，或者由于预期不周，政策实施的代价太大，甚至导致了得不偿失的负面作用，或者由于时过境迁，使政策成为多余及完全失去了原有的积极作用，就应完全终止现行政策，并以新的税式支出政策或直接支出政策取而代之。毫无疑问，无论何种政策调整，都需要对政策问题进行重新决策。而为各项税式支出政策是否应该继续、改善、扩展或终止提供决策帮助，正是税式支出评估的一般性使命。在我国体制转轨期社会经济形势变动和税收制度、税收政策调整比较频繁的情况下，强调这一税式支出评估目标的现实意义尤其突出。

（4）为构建良好的公共财政关系和促进财税管理的科学化、民主化提供必要保证。税式支出管理是财税管理系统的重要组成部分，税式支出管理的科学化、民主化是公共财政建设的重要内容。公共财政建设的真谛不仅在于构造有效解决市场失灵的政府财力分配模式，而且在于形成有利于提高财政资源配置效率的制度机制和有利于增进公平、和谐的社会公共关系。税式支出评估活动可以增强税式支出政策及其执行的透明度，便于政府确切地向社会坦陈其履行相关受托责任的情况，并给税式支出的利益相关者提供一个了解、交流信息与发表建议的平台，从而在政府管理者、立法机构、纳税人及其他公众之间营造融洽的环境氛围。再则，税式支出决策及其实施是一项复杂的公共经济活动，其能否取得良好的绩效，不仅要依赖科学的思维、方法和手段来进行系统的多层次的政策分析，使政策符合社会经济发展的客观规律，而且需要充分发扬民主，听取专家与利益相关者的意见，使政策结果最大限度地体现公众利益和国家利益。从此意义上说,服务于公共财政建设和良好公共关系构建,亦应是税式支出评估必须侧重考虑的主观动机和出发点。

9.1.3 税式支出评估的方式

由于税式支出评估的具体内容、目的、条件等诸多相关因素的差异,税式支出评估方式存在多种不同类型和不同类型组合,主要的如定量评估与定性评估、客观评估与主观评估、内部评估与外部评估、事先评估与事后评估、正式评估与非正式评估等。

按照绩效的属性要求,税式支出评估可分为定量评估与定性评估;按照绩效的判断标识,税式支出评估可分为客观评估与主观评估。绩效具有数量和质量两重属性。定量评估是用以说明评估内容数量特征的评估方式,定性评估是用以说明评估内容质量特征的评估方式。客观评估主要是以客观事实说明评估内容特征的评估方式,主观评估主要是以主观判断说明评估内容特征的评估方式。对于社会经济政策的评估来说,评估内容的数量特征一般都有事实依据,而客观事实也一般都容易通过数量指标来说明;评估内容的质量特征一般难有确切的数量标准,更适宜以主观判断来说明。因此,客观评估一般与定量评估相联系,主观评估一般与定性评估相联系。但是,定量的客观评估与定性的主观评估又不是截然分开的。事实上,定量评估中的一些计算因子也是主观选定的;而质量特征亦可以通过调查、来自政策使用者的系统性的信息反馈等使之适当量化,只不过质量特征的量化远不及数量特征的量化来得容易和精确。在包括税式支出在内的公共政策评估中,客观的定量评估一般是最具权威意义的评估方式,因为其有利于减少或避免不必要的评估分歧与争论。进一步讲,用事实和数据说明评估问题也易使政策的评估主体及利益相关者接受评估结论,尽快达成共识。然而,从质量角度看,客观、量化的事实不一定就是公正、合理的。不论何时何地,公共政策的评估都无法离开人们特有的价值观念与思想。况且,量化的评估结论不一定具有可解释性,即有关各方不一定能够明了其真正的含义,这反过来会诱使人们采纳带有片面性或误导性的绩效观念。而在许多情况下,主观的定性评估可以通过清晰的语言,来更为贴切地描述政策的绩效问题。另外,不同的评估方式,还都有相对于特定评估内容特点、可达到的评估技术水平及现有的评估信息条件的不同的适宜性与可行性。因此,我们在税式支出评估方式的选择上,首先必须坚持两条基本原则:一是定量评估、客观评估与定性评估、主观评估并重;二是定量评估、客观评估与定性评估、主观评估有机结合。例如,对旨在刺激某些投资、生产、贸易及消费行为的税式支出措施的经济效益可主要采取定量与客观评估方式,对旨在保证公平分配和提高人文发展水平的福利性、照顾性税式支出的公众满意度可主要采取定性与主观评估方式;对税式支出的微观绩效可多以具体的数量标识方式来描述,对税式支出的宏观和社会绩效可侧重其质量与价值特征的判断说明;对那些国民经济和社会发展具有重大战略意义的长期持续性税式支出政策,以及那些外部效益、生态效益比较明显的税式支出项目,可主要以量化方式说明其直接和短期效应,以定量预测与定性分析相结合的方式判断其间接和长期影响。

按照评估主体不同,税式支出评估可分为内部评估与外部评估。内部评估是指由政府内部即财税部门负责税式支出政策运行的机构和人员所进行的评估。外部评估是指政府管理部门外的评估主体所进行的评估,具体包括立法机关评估、公众评估、研究机构评估、大众传媒评估等。内部评估主体本身就是税式支出政策的策划者和管理执行者,因而这种评估的优势在于其掌握和了解政策运行中的内幕情况与第一手信息,有利于评估活动的有效展开和系统进行。但需要注意的是,由于一些评估结论往往与内部评估主体的某些机构和人员的利益存在一定的相关性,因而可能会在一定程度上影响评估过程的客观公正性。外部评估主体不是税式支出政策的直接策划者和管理执行者,且身份各异,因而其优势在于不受具体部门利益的牵制,有利于评估结论的客观公正,并能够广泛表达和代表社会各方面、各阶层对于税式支出政策的基本看法。外部评估的不足之处是在采集评估信息方面困难较多,且观察视角往往受到一定限制,有时评估结论缺乏可靠、翔实、完整的依据。基于这种比较和结合我国财税政策及其运行信息透明度状况的综合权衡,现阶段应以内部评估方式作为制度构建的主要侧重点和着力点,以外部评估作为辅助方式。其中,为尽量保证评估结论的客观公正性,内部评估应考虑由税务机构和财政部门的税政及预算管理机构分别同时进行。外部评估则应以人大常委会下设的财经和预算机构评估为主,同时发动和引导有关社会研究机构介入税式支出评估领域,并充分关注公众和舆论媒体的评价反映,以为内部评估提供鉴照。

按照评估涉及的政策运行阶段,税式支出评估可分为事先评估与事后评估。事先评估属针对政策方案进行的预测性评估。其既包括对即将出台的税式支出措施的可行性评估、适合性评估、优缺点评估、预期有效性与影响评估、优先顺序评估,也包括对原有税式支出政策未来可能出现的结果与影响的评估,还包括对未来可能采取的新的税式支出政策的论证评估。事先评估的功能和作用主要在于预测判断政策的前景,及时发现存在或可能发生的问题,借以对政策的未来结果实施基本的控制,缩小实际结果与预期目标的差距。由于影响政策未来结果的因素尚无定数,较难准确把握,因此,事先评估需要利用先进的预测技术和分析工具,对评估能力的要求较高。事后评估属针对政策执行后实际效果的检验性评估。由于税式支出政策的运行过程已告结束,所以事后评估能较客观、全面地对政策的制定和执行进行评判,指陈利弊和优劣,并根据时间间隔的长短,分析判断各种税式支出政策对经济生活、社会生活、政治生活及生态环境所产生的影响。不过,事后评估对现行税式支出政策的制定与执行活动已无补益,只是对下一个政策制定与执行过程有总结经验和吸取教训的意义。有鉴于此,我国建立税式支出制度初期的税式支出评估应以事后评估方式为主,并主要在事后评估方式的探索与完善上下工夫。而在事先评估方面,只能尽力而为,逐步发展。相应地,对未来税式支出的规划、控制,也可主要倚重事后评估结论的前鉴指导作用。

按照评估在制度实施与管理程序中的安排,税式支出评估可分为正式评估与非正式评估。正式评估是指在税式支出制度实施过程中设定独立、正式的评估程序,由专门的机构和人员根据一定的评估理论,围绕达到一定的评估工作目标,按照一定的操作要求对评估内容进行评估的方式。正式评估的主要特点是评估的组织比较严格,评估程序和方法比较规范,评估结论亦比较系统和全面。非正式评估是指不将税式支出评估作为税式支出制度实施过程中的单独程序,没有严格的专门组织机构,评估形式和评估内容也不够固定化,但最后仍有某些评估结果的评估方式。在西方国家的税式支出管理实践中,加拿大是采取正式评估方式的典型范例。1987年,加拿大政府根据总审计长的建议并得到参议院国家财政委员会和公共会计常务委员会的认可,在财政部税政司下面成立了专司税收措施估算与评估的税收措施评估处。1991年主要由于财政部内部重组税收评估职能,税收措施评估处解散。此后,税政司的每个处都将相应税收措施项目的评估和研究工作并入本处业务范围,并纳入到由税政司司长管理的税收评估计划之中。1998年,政府间税收政策处又成立了专门的评估与研究小组,使税收措施评估得到了新的统一和加强,并且进一步补充了评估措施,形成了从提出评估依据,到确定评估方案,再到具体评估及最后起草、修订、通过评估报告的一套完整的评估工作程序。对于我国的税式支出评估来说,从规范角度考虑,并为了职能的清楚和工作协调的方便,以及为了避免政府具体职能部门间惯常存在的扯皮流弊,笔者以为有必要借鉴加拿大的做法与经验。基本的组织设想是,在财政部和国家税务总局分别成立专门的税式支出评估机构,以前者为统领,两者分工合作,共同统筹税式支出统计、估算和评价工作。财政部的评估机构可由其税政、预算与统计评价部门共同派员组成。另外,在筹划和建立税式支出制度初期,还可由财、税两家共同组织一个由相关各方面专家组成的专门研究小组,系统从事税式支出估算、评估问题的研究工作。

9.2 税式支出评估方法浅识

相对于税式支出评估的科学性、有效性要求而言,构建税式支出评估体系的关键是正确选择评估的方法。由于税式支出绩效衡量的种种困难和国际上尚无系统、成熟的经验可以借鉴,这里只能根据国内外的相关理论成果和研究意见及笔者的设想,对一些主要评估内容可资运用的简易方法零散述之,并且对各种方法的论述也只是一种基本思路,若真正付诸应用,还需就其中一些细节问题做进一步的缜密研究和设计。

9.2.1 成本效益分析评估法

成本效益分析是经济管理领域中广泛使用的一种评估决策方法。它是从私人部门经济效益分析方法中借鉴而来的,同样可以用于各种激励投资、生产等经济活动的税式支出效果的评估。在具体运用上,成本效益分析法又通常分为以下三种:

(1)净效益现值法。净效益现值法是将一定时期内税式支出的"成本流"和"效益流"加总,再分别求出各自的现值,最后求出两者之差,得到净现值,并根据净现值的正负情况来判断一项税式支出的效果。其计算公式为:

$$NPV = \sum_{t=0}^{n} \frac{B_t}{(1+r)^t} - \sum_{t=0}^{n} \frac{C_t}{(1+r)^t}$$

其中:NPV 为税式支出项目的净效益,B 为收益,C 为成本,r 为贴现率,t 为评估设定的年限。这里的贴现率应选用社会贴现率。这种贴现率一般比私人企业的投资收益率要高。这是因为:第一,社会贴现率是站在国家宏观经济角度对其投资所应达到的收益率标准,它不但要考虑该项投资在当代的收益,还要考虑下一代的收益;第二,即使不考虑下一代的因素,私营部门也往往较为短视,因而将投资的收益率估计得较低;第三,税式支出作为一种公共支出往往会带来外部效应,这种外部收益亦应纳入项目效益之中。

根据该公式的计算结果,可做出如下判断:

若 $NPV > 0$,说明该项税式支出政策效果较好,具有经济上的可行性。

若 $NPV < 0$,说明该项税式支出政策效果较差,可以考虑取消或者改革。

若 $NPV = 0$,则需采用内部收益率法作进一步的比较判断。

(2)内部收益率法。内部收益率即税式支出项目的收益现值与成本现值相等时的贴现率。内部收益率法的计算公式为:

$$\sum_{t=0}^{n} \frac{B_t}{(1+r)^t} = \sum_{t=0}^{n} \frac{C_t}{(1+r)^t}$$

其中:r 为税式支出项目的内部收益率,其他参数的含义与上式相同。

内部收益率反映的是税式支出项目的最高收益率。如果它高于社会平均收益率,说明该项税式支出可接受;反之,则该项税式支出就应进行一定的调整。

(3)效益成本比法。效益成本比即效益对成本的比率。效益成本比法是一种与净效益现值法具有同样意义的评估方法,只不过该方法是用相对数形

式进行衡量分析,表示的是现值意义上的单位成本所产生的收益的大小。其计算公式为:

$$B/C = \sum_{t=0}^{n} \frac{B_t}{(1+r)^t} \bigg/ \sum_{t=0}^{n} \frac{C_t}{(1+r)^t}$$

公式中的 B、C、r、t 等参数的含义与净效益现值法公式相同。

当 $B/C \geq 1$ 时为正效益,说明税式支出项目的效率较高或可接受;当 $B/C < 1$ 时为负效益,则说明税式支出项目的效果较差,即有取消或改革的必要。

上述方法不仅可以用于税式支出效果的事后评价,也可以用于税式支出方案的事先评价。在用于不同税式支出方案或税式支出与相应的直接支出的比较评价时,如采用净效益现值法,可按净效益的大小排列政策方案的顺序或比较税式支出与直接支出的优劣,以此选出最佳的方案或支出形式;如采用内部收益率法,则具有较高内部收益率的项目或支出形式应优先考虑;如采用效益成本比法,则正效益高的项目或支出形式为最佳。从各种方法的适用性方面看,在税式支出总量固定的情况下,如果在各方案之间进行最佳分配,宜采用效益成本比法来进行评估。而当税式支出方案是一个单独的整体,与其他方案没有关联时,则宜采用净效益现值法来进行评估。因为效益成本比法更适用于税式支出的宏观评估,而净效益现值法更适用于税式支出的微观评估。[①]

此外,以上三种方法的成本与效益都是用货币价值来计量的,且都面临一个共同的难题,即成本可以直接取税式支出成本估算的数据,但收益的测定相当困难。在收益数据不易确定或不易用货币来衡量时,可采取成本效益分析评估法的变通形式——最低成本选择法或成本效用比较法进行分析判断。

最低成本选择法,即在税式支出政策目标既定情况下,无需计量各项目的收益,只比较不同优惠项目或不同支出形式之间成本的高低,成本最低者为优。

成本效用比较法适用于收益不易用货币来计量的税式支出项目效果或政策方案的评估。它是以货币化的税式支出成本与以实物数量表示的收益即效

---

① 史耀斌:《努力建立适合中国国情的税式支出管理制度》;楼继伟主编《税式支出理论创新与制度探索》,中国财政经济出版社 2003 年版,第 26 ~ 27 页。

用(如通过实施税式支出政策所实际或预期增加的产品产量、资产数量、研发项目数量、就业人数、环境净化程度等)之比来分析税式支出的成本有效性。成本与效用的比值越低,就说明其成效越大。由于效用指标比较简单和直接,因此成本效用比较法的适用范围较广,其既可用于经济性税式支出政策的评估,也可用于社会性、政治性税式支出政策的评估。

9.2.2 效应分析评估法

效应分析评估法是理论界依据经济效应分析的原理提出的一种税式支出评估方法的理论设想,包括财政政策乘数效应分析法和剩余效应分析法。[①]其旨在从税式支出的特定经济影响的角度评价其成效。

(1)财政政策乘数效应分析法。财政政策乘数效应是指政府购买性支出和政府税收通过影响总需求而导致国民收入成倍增减的经济效应。财政政策乘数效应分析法可通过计算税式支出的乘数效应评估其宏观经济效益。

为了便于说明,我们首先可以根据三部门经济中国民收入决定的方程式推导出财政政策乘数。国民收入的决定公式为:

$$Y = C + I + G \qquad\qquad ①$$

式中:Y 为国民收入,C 为私人消费支出,I 为私人投资支出,G 为政府购买性支出。其中,

$$C = C_a + bY_d \qquad\qquad ②$$

式中:C_a 为消费函数中的常数,b 为边际消费倾向,Y_d 为可支配收入(即扣除税收 T 后的收入)。

$$Y_d = Y - T \qquad\qquad ③$$

如果引入税式支出因素 T_e,则式③变为:

$$Y_d = Y - (T - T_e) \qquad\qquad ④$$

将式②、式④代入式①可得:

$$Y = C_a + b(Y - T + T_e) + I + G = C_a + bY - bT + bT_e + I + G$$

$$(1 - b)Y = C_a - bT + bT_e + I + G$$

---

① 参见李玉芳:《建立我国税式支出制度研究》,中国人民大学硕士论文(2002)。

$$Y = (C_a - bT + bT_e + I + G)/(1 - b) \qquad ⑤$$

根据以上公式,求式⑤对 G 的导数,即可得出政府购买性支出乘数:

$$\partial Y/\partial G = 1/(1 - b) \qquad ⑥$$

求式⑤对 T 的导数,即可得出税收乘数:

$$\partial Y/\partial T = -b/(1 - b) \qquad ⑦$$

求式⑤对 T_e 的导数,即可得出税式支出乘数:

$$\partial Y/\partial T_e = b/(1 - b) \qquad ⑧$$

政府购买性支出乘数为正值,说明政府购买性支出增减与国民收入呈同方向变化;税收乘数为负值,说明税收增减与国民收入呈反方向变化;税式支出如被纳税人用于投资和购买活动,则与政府购买性支出同质,而与税收对国民收入的影响相反,故税式支出乘数亦为正值。

在其他条件不变的情况下,税式支出会减少应征的税收收入,从而增加私人部门的可支配收入,并使投资增加,最终会使国民收入成倍增加。因此,在税式支出成本估算的基础上,以税式支出额乘以税式支出乘数,即可求得税式支出影响国民收入增长的数量结果。

(2)剩余效应分析法。衡量税式支出收益的大小,可以将支出前后的资源配置效率进行比较,而资源配置效率又可以用消费者剩余和生产者剩余的净增量来衡量。剩余效应分析法即以消费者剩余和生产者剩余的增量来评价判断税式支出的效益。

以企业所得税为例,设税率为 t,产量为 q,价格为 p,成本为 c,则企业应纳税额 T 为:

$$T = t \times (pq - c)$$

方程两边对产量 q 求导,得:

$$\partial T/\partial q = t \times (q\partial p/\partial q + p - \partial c/\partial q)$$

式中,$\partial c/\partial q = MC$,即不考虑税收时的边际成本;$\partial p/\partial q$ 为需求曲线的斜率;$\partial T/\partial q$ 是从量税率。则:

$$p = 1/t \times \partial T/\partial q + MC - q\partial p/\partial q$$

若考虑税收因素,则边际成本为 $MC' = MC + \partial T/\partial q$,即征税使得边际成本变大。若企业获得税式支出,就相对降低了边际成本。如图 9-1 所示:

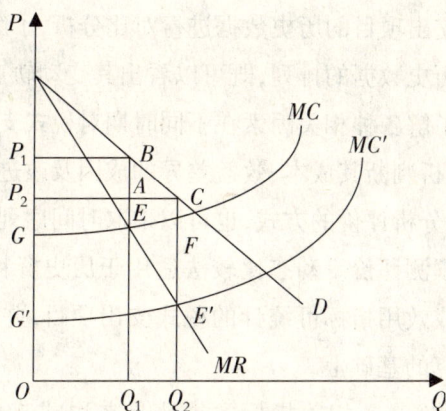

图 9-1

图中 MC 代表相同税率 t 时企业的边际成本曲线；MC' 是获得税式支出后企业的边际成本曲线。MC' 的位置较 MC 低，说明在其他条件不变的情况下，税式支出降低了边际成本。

此外，获得税式支出后的边际成本曲线 MC' 与边际收益曲线 MR 交于 E' 点，对应的利润最大化时的价格为 P_2，产量为 Q_2，与没有税式支出时的价格 P_1 和产量 Q_1 相比，产量由 Q_1 增加到 Q_2，价格由 P_1 降到 P_2。进一步分析，在生产者剩余中，$ACEE'$ 是由于产量增加而增加的部分；$GG'E'F$ 是由于税式支出降低了边际成本而增加的部分；P_1P_2AB 是由于价格变化而减少的部分。消费者剩余增加为 P_1P_2CB。

可见，税式支出既能降低价格，又能扩大市场份额。如果税式支出使生产者剩余和消费者剩余增量大于税式支出成本，则税式支出就是有效的。因此，建立有关税式支出的生产者剩余和消费者剩余分析模型也可以作为评价税式支出影响和效益的一种方法。

9.2.3 动态比较、相关指标类推及优势分析评估法

动态比较法、相关指标类推法与优势分析法都是技术要求相对不太严格，且适用范围较广的税式支出评估方法。

（1）动态比较法。动态比较法是将某一税种的税式支出、某一类税支

出或某一具体税式支出项目的历史数据进行对比分析,了解其成本、效益的历史变动情况。通过历史数据的排列,既可以看出其变动轨迹和发展趋势,也可以从中进一步分析了解各种相关因素在不同时期对税式支出实施效果的影响及作用机理,从而分析判断其成本、效益差异的成因及改进方向。运用这种方法,既可以采取主观分析评价的方式,也可以采取时间序列递推和因果回归方式进行较为客观的预测评价。动态比较法适用于历史资料比较健全的情况,特别是适用于效益或效用指标可统计的税式支出项目,并需建立在对税式支出成本持续统计估算的基础上。

(2)相关指标类推法。相关指标类推法是在税式支出成本估算的基础上,借用与税式支出政策具有类同作用的相关指标,来大体推测税式支出可取得的效益。运用该方法,有助于实现对税式支出效果的客观评价。税式支出政策的作用程度一般与相关产业或地区的投入量和产出量成正比,因此,可通过考察受优惠产业或地区的投入量与产出量等相关指标加以评估。具体的,如对高新技术产业的投资税收抵免,在分析中可按企业投资高新技术产业的平均报酬率与抵免税额的乘积间接地推算出其经济效益。此外,还可通过考核税式支出的用途,追踪其对科技开发与应用、吸引外资、增加企业再投资及基础产业发展的作用程度,在既定的条件下,通过相关数据和指标的对比分析进行评估。再如,对那些旨在实现某种社会目标的税式支出项目,许多都可以在直接财政支出中找到具有类同作用的项目。因此,可以以直接财政支出的相关效益指标作为推测其效果的依据。例如,对支持教育事业发展的税收减免,可按照单位或相同数额的直接教育支出在扩大教育规模、改善办学条件、提高教育质量等方面取得的效用,再结合受益单位对该税收减免资金的实际使用情况的调查分析,推测出其对促进教育事业发展的作用程度。

(3)优势分析法。优势分析法是一种借助相关的经济理论对税式支出的适合性进行分析判断的定性评估方法。其主要适用于分析哪些领域可能成为税式支出最值得参与即具有比较优势的领域,哪些领域市场力量或直接财政支出可以更好地发挥作用,即税式支出具有比较劣势,由此推定某些税式支出政策的适合性,并据以判断其有效性。例如,对意在促进投资和产业发展的税式支出,可考察投资对税式支出弹性的大小。有些基础行业、微利行业对税式支出呈弱弹性,即使优惠再多,投资也不会增加很多,因此,不如削减税式支出,将增加的收入转由财政直接投资。再如,对扶持国有企业的减免税,可考虑国有企业对税式支出的利益敏感性。在国有企业激励和约束机制不健全的情况下,再多的减免税成效也不会太显著,因此,不如减少或取消减免税,改行其他的税式支出手段或其他方面的政策措施。

9.2.4 公众评判和评分评估法

公众评判法与评分法都属主观性的评估方法。

公众评判法是在无法直接计量某些税式支出项目的收益的情况下,以公众或受益者对税式支出政策及其实施结果的主观认同和满意程度来直接测量其效果的评估方法。运用这种方法,既可以选择有关专家进行评估,也可以对公众进行问卷调查或抽样调查。这种评估方法在一定程度上具有民主性、公开性的特点,并有利于在事实评价的同时,贯彻公正性、公平性等价值评价标准,适合于对促进公益事业建设和贯彻社会福利政策等方面的税式支出项目的评价。其缺点是应用范围有限,且评价结果具有一定的模糊性,容易产生意见分歧,故一般只能作为一种主观辅助性评估措施。

评分法是对各因素的功能或各功能因素的价值进行评分,通过评分将定性的概念转为定量的数值,进而进行数学运算的评估方法。因素功能重要或功能因素价值高的,分值就高;因素功能次要或功能因素价值低的,分值就低。在税式支出评估中,这种方法可有两个方面的用途。

第一种用途是在某种可计量的总效益数值既定的情况下,用以确定某项税式支出政策的"净成果"。例如,对一项促进投资的税式支出政策来说,其直接影响就是这一投资活动的增加,而最终成果是由于投资活动的增加而带来的相应的产出或国民收入。但产出或国民收入的增加又是包括税式支出政策在内的多种因素共同影响的结果,那么如何判定税式支出政策带来的产出有多少?此时即可用评分法来分析。具体办法是,先按各产出影响因素的功能的重要性评出各因素的分值并加总,然后以税式支出政策的分值除以总分值得出税式支出政策的分值权重,最后再以产出增加总量乘以该权重,求得该项税式支出政策的效益数值。

第二种用途是在一项税式支出政策具有多种效益功能的情况下,用以观察其综合价值。例如,一项鼓励"三废"利用的税式支出政策可有节约资源、保护人们身体健康及净化空气、水质和保护土壤等多种功能。这时,即可运用这种方法求得其综合价值或效益程度。

假设该项税式支出政策的效能 T_{eu} 有 n 个子功能因素 $U_i=(1,2,\cdots,n)$,第 i 个子因素的数量指标为 a_i,单位分值为 w_i,则:

$$T_{eu} = \sum_{i=1}^{n} a_i w_i$$

如果子因素不能获得数量指标,也可直接给各子因素评分,然后加总。进一步地,通过对不同税式支出政策项目的评分及加总计算,即可以以此为依据进行其相互间的比较评价。

在评分法中,由于各因素的分值或单位分值是主观赋予的,因此其实质仍是在效益无法单独或直接用货币计量情况下采取的一种主观评价方法。

9.2.5 摊提计算评估法

对于那些旨在鼓励投资、生产及弥补亏损的税式支出政策而言,其实质相当于政府的一笔投资支出。它的最终效果,是通过政策作用增加以后时期纳税人创造的利润或税收收入。因此,可据之仿效企业投资评估中的摊提计算法,从投资回收的角度来测度其经济效果,并评估这类税式支出措施的风险。摊提回收时间越短,说明支出效率越高,风险越小。其计算公式为:

摊提时间(按年计算) = 一定时期内的税式支出额/纳税人以后年份回收项目的年度回收额

式中,回收项目的年度回收额可以是纳税人的年度利润,也可以是纳税人的年度纳税额,但其不是纳税人年利润或年纳税额的全部,而是其中税式支出的贡献部分。对此,可将税式支出视为纳税人全部投资的一部分,按税式支出额占纳税人全部资本的比例对年度利润或纳税额进行分割求得。

摊提计算法是用来补充说明税式支出的成本有效性和评价税式支出的经济风险的。如果某一税式支出项目的摊提时间小于或至少等于预期的时间,则表明这一税式支出项目是经济、安全和对财政稳定及财政可持续性不存在潜在威胁的。

9.3 税式支出评估基准确立略论

税式支出评估基准是指衡量税式支出政策及其实施效果利弊优劣的标准或准则，其具体涉及税式支出衡量的目标依据、具体标准和准值。税式支出评估的基准与税式支出评估的内容对象和方法一起构成税式支出评估体系的三大基本要素。

9.3.1 税式支出衡量的目标依据确立的问题与对策

税式支出衡量的目标依据即税式支出政策运用的目的，它是衡量税式支出政策及其实施效果利弊优劣的最基本的标准。前已述及，税式支出评估的核心是政策效果评估和政策方案评估。由于政策效果和政策方案处于政策运行的不同阶段，从而决定了两者衡量的目标依据亦存在层次上的差异。

税式支出政策运用的直接目的是实现政府既定的政策目标，因此，税式支出政策的预期目标就成为税式支出效果衡量的直接依据。但是，税式支出政策作为社会经济政策的一个子系统，是为实现社会经济发展的战略目标或总体政策目标服务的。以税式支出政策预期目标作为税式支出效果衡量依据的合理性前提，是税式支出政策预期目标的确立必须符合实现社会经济战略目标的需要。所以，国家的社会经济战略目标即为税式支出效果衡量的根本依据。而对于税式支出政策方案来说，国家的社会经济战略目标则是其衡量判断的直接依据。当然，税式支出政策的运行是一个首尾相接的连续过程，税式支出政策方案并非一次制定即能永善其事，税式支出政策预期目标与实现社会经济战略目标需要的拟合也非仅凭政策方案制定时的认识就能一次到位，而是有待于政策实施过程及其效果的验证。因此，从动态角度看，经过实践检验并据之修正的政策预期目标，也是对已有政策方案进行再次评价衡量和对已有政策方案进行修订完善的重要依据。

国家的社会经济战略目标与税式支出政策预期目标作为衡量税式支出政策利弊优劣的基本标准，在理论上是不具任何疑义的。但这绝不意味着实践中税式支出衡量依据的确立也是一个不成问题的问题，更不意味着税式支出衡量目标依据的确立是税式支出评估基准确立中可有可无的事情。之所以如此，主要在于：

第一，国家的社会经济战略目标及其达成的环境、条件在不同时期是有所变化的，税式支出政策所要解决的矛盾也存在时过境迁的问题，因而可能导致某些税式支出政策的既定目标失去时效意义。如，前联邦德国在经济复兴时期采取了若干税收优惠措施，促进了经济的发展，但税收优惠的政策目标未能根据经济形势的发展变化而较好地变化。对此，当时主持经济工作的前联邦德国总理路德维希·艾哈德曾批评说："最初，税收政策对经济复兴的确有所帮助，后来却开始与经济政策相冲突。税收成为政府借以让步的手段，因此，有时产生不良的后果。"①这说明，只有具有时效意义的税式支出政策预期目标才可成为税式支出评价衡量的有效依据，否则，就必然导致税式支出评估的误判问题。所以，现成的税式支出政策目标，并不能简单地直接用做税式支出的衡量依据。在每次评估及确立衡量依据之前，都必须首先认真审视国家社会经济战略目标及总体政策动向的变化，并对既定的税式支出政策目标进行时宜性分析，以辨明其是否真正具有衡量判断标准的价值。

第二，税式支出政策目标的确定，不仅取决于客观需要，而且取决于相关主体特别是政策设计者的主观认识。税式支出政策在政策类型上属于"量的政策"②，它的作用能否有效发挥，不仅在于其政策目标是否"适当"，也在于其政策目标是否"适度"。后者即税式支出政策目标期望值的高低问题。由于人们对税式支出政策作用的认识偏差，在确定税式支出政策目标时可能出现期望值过高或过低的情况，使其在一定程度上失却作为税式支出衡量标准的科学价值。纵观我国改革开放以来税收优惠政策的运用历程，将税收优惠

①　路德维希·艾哈德:《来自竞争的繁荣》，商务印书馆1983年版，第27页。
②　日本社会经济学家富永健一从经济政策的制度属性出发，把经济政策分为两大类:制度性经济政策和过程性经济政策。他将制度性政策称为"质的政策"，将过程性政策称为"量的政策"。前者关系到制度的变革，后者关系到制度的操作。过程性政策作为一种"量的政策"是政府进行宏观经济调控的手段，它通过操作政策工具对经济运行过程中的经济参量进行控制和调节。王国清教授和刘蓉教授据此将税式支出界定为"量的政策"。见王国清主编《税收经济学》，西南财经大学出版社2006年版，第113页。

视为万能或过于强调税收优惠的负面作用,从而对其寄予过高的期望或漠视其可能的积极作用的极端现象都曾存在过。因此,我们在确立税式支出的评价衡量依据时,还必须特别注意甄别既定的税式支出政策目标是否"恰如其分"。

第三,将税式支出政策目标作为税式支出分析衡量的基本标准,前提是税式支出政策的运用必须有明确而具体的政策目标,且这种政策目标必须名实相符。然而,在税式支出政策运用及其管理不成熟的情况下,恰恰可能出现税式支出政策目标不明晰和税式支出政策目标名实不一致的问题。目前,这两大问题正是我国确立税式支出评估基准需要突破的最大前提性关隘。

首先,按照政策的规定和管理方式,我国现行税收优惠政策可大致分为三类:一类是对"人"或对"事"优惠,但在规定条款中只有基本的优惠目的指向,未表明具体的政策目标,政策实施虽要经过申请审批,但在申请审批时没有明确的目标条件和目标要求的优惠政策,如各种减免税、亏损弥补、先征后返、即征即退等。其是目前税收优惠政策中范围和规模最大的部分。另一类是对"人"优惠,但规定条款中未表明具体的政策目标,且纳税人资格一经认定,在政策实施中无须再申请审批的优惠政策,如对高新技术企业实行的所得税低税率等。再一类是规定条款本身具有较明确的政策目标寓意,且政策实施中须经申请审批和具有一定的目标性前置条件,但无后续目标要求的优惠政策,如对新办的劳动就业服务企业,当年安置城镇待业人员超过企业从业人员总数 60% 的,可免征 3 年所得税等。上述三类税收优惠政策的规定和管理方式虽然有别,但均在政策目标的具体与清晰度上难以满足科学的税式支出评估的要求,需采取相应措施加以解决。对于第一类而言,应在尽量减少目标模糊的优惠项目和提高规定内容的具体化程度的同时,重点改进政策实施中的申请审批管理。即凡是要求减免优惠的企业,必须在申请审批时以书面形式具体说明企业当时的经营状况、存在的问题和实行优惠后预期达到的经济效益与社会效益目标。优惠目标应由政策管理机构拟定,其可以是一个或几个,也可以在总目标下分设若干子目标。如在经济效益目标方面,可以有产值、产量、销售收入、成本、利润、税金、成本降低率、亏损降低额、技术改进程度等。对于第二类而言,应在资格认定后的政策实施中补充必要的后续管理程序,并在资格认定和后续管理环节对纳税人提出具体的目标要求。对于第三类而言,主要应在申请审批程序中加入后续目标管理的内容。这种后续目标,可以是政策实施后所要达到的新的预期目标,也可以是作为前置条件的目标的持续或巩固提高状况。

其次,从公开的政策说明或宣传看,所有税收优惠政策都有不可否认的激励或扶持意图,尽管这种目标意图不尽具体。但如果深究政策出台的内幕,却并非一定如此。实际上,不少减免税措施的出台都是某些行业、部门、地方及纳税人出于自身利益与政策制定者讨价还价、曲意争取的结果,或者是某些决策者出于利益偏见和自身政绩的考虑。这种名实不符的政策目标显然不可能真正体现社会经济发展的客观需要,因而亦不具有作为税式支出评价依据的意义。对此,根本的解决办法是按照公正性、民主性原则,规范和完善税收政策的决策程序。但鉴于税收政策决定过程的博弈特点,实难彻底避免此类问题。现实的出路,还是要在确立税式支出评价的目标依据之前,首先对这种目标本身进行认真的适合性分析。

9.3.2 税式支出衡量的具体标准及其设置的基本要求

税式支出衡量的具体标准即税式支出评价的指标,它是一套用以说明税式支出政策的设计与实施状况和判断税式支出利弊优劣的衡量工具。税式支出衡量的具体标准一方面决定于税式支出评估的内容、目的和目标依据,另一方面又决定着税式支出评估应采取的具体方法或技术策略。目前国际上的税式支出评估通常是在一事一议的基础上进行的,尚未发展到以系统的具体指标对税式支出进行衡量的精细程度,但从规范意义上说,对此进行一些力所能及的探索和尝试,还是不无必要的。

税式支出具体衡量标准或指标的设置,首先必须符合和满足税式支出评估内容与目的的需要,并体现正确、时宜的政策目标。从目的角度看,税式支出评估无非是要澄清两大方面的问题:一是澄清税式支出政策是否以最经济、最有效的方式体现或满足了社会经济发展的客观要求;二是澄清税式支出政策是否以最适当的方式体现或达到了人们的价值与理想追求。根据前者建立的衡量标准即事实标准,根据后者建立的标准即价值标准。事实标准主要是用来标示及回答实施一项税式支出政策需要花费何种代价和多大代价,能够取得什么样的成果,能使哪些方面或哪些人因此而得益或受损,这种损益如何权衡等。为客观起见,事实标准应尽量采用数量化的指标形式,以期能够较具体和确切地体现税式支出政策在运行过程中究竟对政府和社会施加了什么影响或产生了什么作用。价值标准主要是用来标示及回答为什么采用一项税式支出政策而不采用另一项税式支出政策或其他政策,实施一项或一套税式支出政策方案应优先考虑什么和不考虑什么,不同的政策代价之间、不同的政策成果之间及政策代价与政策成果之间如何比较轻重和取舍等。为全面起见,价值标准宜采取定量指标与定性指标相互配合的指标体系,以期尽量公正、合理地体现税式支出政策的理想状况。从税式支出评估内容角度看,适应前述我国税式支出评估内容重点的选择,亦应重点针对反映税式支出的适合性、成本有效性和成果有效性来选定评估指标。从税式支出衡量的目标依据角度看,适应我国现阶段的社会经济发展战略,应根据不同税式支出政策的功能和作用指向,重点针对产业发展、社会公平、生态环境保护与改善、资源节约和对外开放五大方面,分别设置相应的经济效益与社会效益评价指标。

其次,从税式支出评估的科学性着眼,税式支出具体衡量标准或指标体系的设置还必须兼顾和正确处理相关性、可计量性与可解释性三者之间的关系。相关性是指评价指标与评估所要说明的绩效问题的关联程度。相关性的优差,与指标属性和所要说明的问题的性质相联系。如果税式支出评估所要说明的是资源的获取和使用,则投入指标的相关性是最好的。如果税式支出评估是强调说明结果如何,则产出和成果指标的相关性是最好的。可计量性是指评价指标计量的难易程度,其与指标属性和税式支出所要鼓励或扶持的活动的性质相联系。一般而言,投入指标和经济性指标比较容易计量,而结果指标和社会性指标的可计量性与可控性要差一些。可解释性是指评价指标所测度的绩效,可在多大程度上解释为税式支出政策自身所带来的。如果指标能够较好地反映税式支出政策自身的作用或贡献内容,那么可解释性就强。反之,可解释性就弱。就绩效指标本身而言,可解释性与相关性是兼容的,但与可计量性的兼容性较差。相关性、可计量性与可解释性都是科学的税式支出评价指标体系必须具备的性征,但由于各项指标的特定属性和所说明问题的特定性质的制约,许多指标又往往难以毫无局限地集三者于一身。因此,我国税式支出评价指标体系的设置,在指导思想上应力求做到具有不同优势的指标兼存并重,相辅相成,并在此基础上尽可能地设立一些能够提供更好、更有用的绩效信息的组合式效率指标。另外,现代公共支出管理理念认为,较之投入,产出和成果与绩效的关联更密切,因此,在绩效评价中,关注产出和成果比关注投入更有意义。但是,鉴于产出和成果指标在贯彻可计量性与可解释性上的困难,故本着先易后难的原则,在建立税式支出制度初期,可先侧重建立健全投入类指标,而对产出与成果类指标可暂不求严格,以后随着探索研究的深入逐步改进和完善。

9.3.3 税式支出衡量准值的取值方式与取值基础

税式支出衡量准值即税式支出具体衡量标准的值域界限。任何政策评价指标都须取得一定的值域界限,才可明确说明政策及政策效果的利弊优劣。税式支出衡量的准值既可以是一个大致的幅度值,亦可以是一个包含诸如优、良、中、差等若干等级的集合值。当然,从理论上说,其也可以是一个非常精确的单一标准值。但税式支出评估并非严格的数学运算,且不说定性评价,就是在定量评价中界定这样一个精确的单一标准值也是难以做到的,并且其对于判别税式支出的利弊优劣也不一定具有充分的实际意义。

不同的税式支出形式、不同的税式支出规模有不同的绩效要求;不同税式支出的政策目标不同(如经济性目标、社会性目标等),评价标准及其值域界限也不同;在不同行业、不同地区,税式支出发挥作用的机制和条件不同,同一税式支出政策的客观效果也有差异;不同行业、不同地区的特点与环境条件不同,达到同一效果所要求的税式支出形式和规模也不可能是一样的。因此,税式支出衡量准值的取值方式亦不可高度统一或全国一律,而应采取多元化的取值方式。其可包括:按税式支出的形式取值,按税式支出的规模取值,按税式支出的政策目标取值,按不同的行业取值等。

至于税式支出衡量准值的取值基础,则应按照定性评价标准和定量评价标准的不同特点,分别择定。

定性评价标准所适用的取值基础或依据可大致有三:一是评估机构或专

家的经验值。评估机构及专家可凭借自己的经验,综合当时社会经济发展形势,以及以往年份同类税式支出项目所发生的成本和所产生的效益,并结合可比照的国际经验,对某项税式支出效果的优劣界限做出经验判断。作为准值的经验值,应该是在一定数量专家共同论证的基础上,根据多方的意见,通过一定的统计和综合方法,选取一个能代表多数意见的经验值。二是问卷调查测评值。对于一些涉及公众满意度方面的指标,可设计出相应的问卷调查细目,在公众评判的基础上,综合多数意见,确定其标准值。三是横向比较值。即在综合比较国内外已实施的同类税式支出项目所达到的标准的基础上,建立其标准值。通过横向比较建立的标准值,必须有大量的项目调查做支撑,同时需要做大量整理分析工作。

定量评价标准所适用的取值基础或依据是各种相应的历史或预测数据。首先可运用一定的数理统计方法,获得相应数据的平均值,再综合分析影响该评价标准的因子,对平均值做适当调整,将其结果设为标准值。根据定量评价标准的内容,作为取值基础的平均值可有如下三种类型:一是财务指标平均值。通过统计汇总纳税人与税式支出效果相关的各类各项财务指标数据,即可取得各项财务指标的平均值。二是技术指标平均值。对于那些旨在促进技术进步的税式支出项目,可依据各行业的技术发展要求和技术标准,获取与税式支出政策目标有关的技术指标平均值。三是社会经济指标平均值。所有不属于财务、技术范畴的指标,都可统称为社会经济指标。对于某些税式支出应达到的社会经济标准,如就业水平、各种社会公益事业发展水平、收入分配的改善水平等,可通过统计调查等途径来获取平均值,进而建立衡量评价的标准值。

10 中国税式支出预算的初步设计

10.1 税式支出预算的基本架构

税式支出预算是税式支出制度的主干和税式支出制度下政府实施税式支出管理的基本工具。税式支出预算的基本架构主要涉及税式支出报告的内容框架、税式支出预算在整个财政预算体系中的归置及其与一般财政收支预算的联系、税式支出项目的分类及税式支出表的编列等。它的具体设计集中体现着一个国家所采取的税式支出管理制度模式。

10.1.1 税式支出报告的内容框架

税式支出报告是税式支出预算的形式和内容载体,确定税式支出报告的内容框架是税式支出预算基本架构设计中需要首先解决的问题。

纵观各国的税式支出报告,其内容一般不外乎两大部分:一是税式支出账户或税式支出表,二是有关情况和政策意见的说明分析材料。但是,由于各国采取的税式支出预算管理模式不同,税式支出报告的用途不同,税式支出报告的具体内容构成亦有差异。

在税式支出表的内容上需要我们近前做出阶段性选择的主要是表中所涵盖的税种范围与税式支出项目的数量,税式支出项目信息的披露方式,以及税式支出估算数据括及的年度等。

税式支出表是综合税式支出鉴别和税式支出估算的结果编制而成的。其涵盖税种的多少主要与税式支出制度的发展历程有关。实践中,各国都经历了一个由少到多、由主及次的扩展过程。如本书前面所述,我国税式支出的鉴别与估算,可先从少数对社会经济影响重大且税收优惠问题比较集中的大税种起步,具体宜选择企业所得税和增值税。因此,企业所得税和增值税的税式支出即成为建立税式支出制度初期税式支出表税种涵盖范围的基本定位。至于既定税制下各税种税式支出项目的多少,直接取决于对基准税制和税式支出定义的宽窄及据此做出的税式支出鉴别结果。从规范和完整意义上讲,凡是可以鉴别为税式支出的项目,都应在税式支出表中得到反映和监督。但是,如第6章所述,这并不排除在建立税式支出制度的先期试点阶段可以先根据条件和针对一些重大的现实需要,从某一类税式支出项目开始谋求突破。如,近几年进口税收优惠政策的减免额较大,每年都在1000亿元左右,因此,国家财政部拟在"十一五"期间率先建立进口税收的税式支出制度。不过,这种单项改革应注意与建立税式支出制度的总体目标相联系,以便于将来税式支出表的系统整合。

税式支出项目信息披露方式的选择包含两个问题:一是对于那些在基准税制与税式支出之间性质模糊的优惠条款,是否像加拿大等国家那样,与可以清楚地界定为税式支出的项目分开陈示?二是是否所有的税式支出项目都要列出估算数据?对于前者,按照本书第7章提出的简易归置思路,亦应视为税式支出,不加区别,统一陈示。对于后者,答案无疑应当是肯定的。但在实际的税式支出制度建设进程中,税式支出鉴别与税式支出估算的发展未必能够同步。在初始阶段,很可能有些可以鉴明的税式支出项目,其成本数据暂时难以估算。对此,可以有两种应对方案:一种方案是只在税式支出表中披露那些有统计记录或容易估算的税式支出项目的数据信息,不能估算出成本数据的税式支出项目暂不列入。另一种方案是所有鉴别出的税式支出项目均列入表中,一时难以估算的项目的数据暂先空缺,以后随着估算技术与条件的逐步具备再加以填补。这两种方案中,笔者倾向于后者。因为如果能够提供一个比较系统与全面的税式支出项目表,即使数据不全,对于提高税收优惠政策的透明度,增进人们对税式支出的了解与监督,以及对以后税式支出报告和税式支出制度的完善,也都是十分有益的。

税式支出数据括及的年度即税式支出滚动估算的期限问题。首先需要明确,我国的税式支出报告周期应与正规财政收支预算周期一致,即每个年度编制一次。鉴于税式支出的特点，按国际一般做法，在年度报告中对税式支出实行滚动估算也是必要的，并且从理论上讲，滚动估算的时间跨度越长，对提高税式支出预算管理的效果越为有利。因为，税式支出与直接支出不同，其政策作用的发挥一般都有较长的时滞，税式支出额的控制也一般要求在若干年度内采取行动。一个多年期的税式支出预算制度，可以使政府对过去、当前和未来的税式支出行为进行连续性评价，以更加全面和准确地把握各种税式支出政策的利弊，正确确定税式支出预算计划和支出重点，有效驾驭税式支出政策和税收制度的未来发展趋势。但对于我国，税式支出预算管理是一种全新的尝试，短时期内无论是在数据来源还是在方法模型方面，经验与基础都比较欠缺，且现阶段税收制度也不够稳定，故滚动估算期限的选择应当先稍短一些。其最适宜的做法是包括三个年度，即当前年度和过去一个年度、未来一个年度，将来在积累起足够的经验和年度数据后再适当放宽。

税式支出报告说明分析材料部分的内容与税式支出报告的用途有密切关系。基于我国现阶段建立税式支出制度的需要和税式支出制度的目标，税式支出报告的用途应主要定位于三大方面：一是用于控制税式支出的规模和税式支出与直接支出的协调平衡；二是服务于税收优惠政策的调整优化与日益深化的税制改革；三是用以提高税收政策的透明度，扩大税收优惠的监督范围和监控力度。据此，说明分析材料部分的内容可大体包括三类：

第一类是关于税式支出表的背景或编制基础的描述。如，税式支出与基准税制的定义及税式支出的鉴别标准；税收法规的变化情况及现行税制的立法精神、基本税制目标和税制结构；税式支出数据所采取的估算方法；往年税式支出数据的调整情况；当前和未来年度财政预算政策与税式支出政策的确定意图；当前和未来年度税式支出预算规模及结构安排的原则与控制重点；当前和未来年度税式支出项目增删变动的原因及数据预测的依据等。

第二类是税式支出评估情况及结论的说明。具体包括，税式支出政策原则和政策目标的解释与阐述；选择实施某些税式支出项目的理由；某些税式支出政策与其他税收政策及直接预算支出政策的关系；税式支出政策的执行与税收法规精神的吻合或偏离情况；税式支出政策达及政策目标的实际情况和前景预测；税式支出对财政收入和财政平衡的影响等。

第三类是对税式支出政策的运用、控制要求和相关的政策建议。具体包括,当前年度及未来社会经济发展战略与税收制度改革的拟议方案或动向;税式支出政策调整的方向与措施建议及相应的税制改革建议;税式支出政策执行管理程序和管理办法的改革与完善建议;财政收入目标和预算平衡目标及其对税式支出规模的要求与限制等。

10.1.2 税式支出预算与财政收支预算的联系方式

从税式支出制度的规范精神来讲,税式支出预算是应该作为整个财政预算的一部分而存在的。因此,税式支出预算设计的关键问题,是如何认识税式支出预算的性质,如何将其纳入整个财政预算体系和财政平衡体系。

由前述已知,税式支出在本质上属于政府对特定纳税人进行的一种税前转移支付,类似于直接预算支出中的财政补贴,故而许多西方国家也都把税式支出称为税收补贴或税收援助。又鉴于税式支出不经过实际收支转移过程的特殊运动方式(少数实行先征后退程序的优惠退税项目除外)及其在实现财政目标中的重要意义,各国无论是将税式支出报告纳入正规预算程序,还是作为预算文件的一部分,或是将其作为对预算案起参考、说明及咨询作用的政府独立文件,实际处理上均是把税式支出预算作为财政预算体系的一个特别附加部分或特别分析内容来对待的。由此考虑,我国的税式支出预算亦应是一种财政补贴性支出预算,并作为财政预算体系内容的一个特殊组成部分而存在。

既然将税式支出预算作为整个财政预算体系一部分,那么在预算过程中将其与一般财政收支预算统一分析是没有疑问的。接下来需要进一步解决的问题是:税式支出预算是在一般财政收支预算之外单独编制、成立,还是直接以特定科目进入一般财政收支预算?以什么样的平衡方式将税式支出预算纳入财政收支平衡体系?

目前我国已实行预算管理的按"先征后退"政策审批退库的国内增值税、消费税、企业所得税和按"先征后退"政策审批退库的进口货物增值税、消费税,以及从国库办理的出口货物的增值税与消费税退税等,都是依照过去对通过退库支付的财政补贴的传统预算处理方式,以"负收"意义的项级或目级

"退税"科目直接列入当年财政收入预算的。应该说,对于少数先征后退形式的税式支出项目,这样做是可以和不无道理的,因为这类税式支出与直接支出相似,也经历了先征收入库,再出库支付的运动过程,且具备确凿的收付数据和手续。但必须看到,第一,绝大多数税式支出项目并无先收后付的运动过程和管理程序,因此,这种直接列收抵收的预算处理方式对税式支出预算管理不具有普遍的适用性;第二,即使对于先征后退形式的税式支出项目来说,直接列收抵收也属一种比较隐蔽的预算处理方式,不利于提高预算收支或财政活动的透明度,不利于彰显税式支出与直接支出的相同性质。有鉴于此,在正式建立统一的税式支出制度的情况下,税式支出预算应该在一般财政收支预算之外单独编制、成立,其实这也是税式支出预算管理的国际一般规范。

关于以什么样的平衡方式将税式支出预算纳入财政收支平衡体系,可以有两种设想:

一种设想是国内有人曾经提出的双向分列、单独平衡方式。也就是把税式支出预算表格分为左右两方,左方为收入方,即将各种税收优惠额列做收入,右方为支出方,即将税式支出的具体去向(用途)列做支出。① 笔者认为,这样是欠妥当的。因为,如此设计,实际上是在我国传统的预算支出分类方法(即按支出的具体用途分类)背景下,机械地照搬了一般财政预算的收支对比或平衡方式。其虽然在形式上看似不无道理,但由于这种以税收优惠额表示的应征未征的"假设"收入本来就在使用者手里,因而收支双方必然永远是平衡的。更重要的是,这种处理方式的直接意义,只是借助"收支两条线"反映了税式支出的来龙去脉,而不在于形成税式支出与应征和可征财政收入的对立比较关系,也不在于形成税式支出与直接预算支出的统合关系,进而不利于将税式支出置于现实财政收入总量的制约之下,在一定程度上影响了编制税式支出预算的实际意义,不完全符合建立税式支出制度的目的要求。更何况,对于多数税式支出项目的用途去向,政府只能在政策制定和政策执行管理中提出结果性的目标要求,客观上无法也没有必要像直接支出那样规定其具体用途。特别是在税式支出制度实施初期未能严格建立税式支出与直接支出的

---

① 彭何俊:《论税收支出及其预算编制方法》,《湖北财政研究》1992(1),第14页。

——对应关系和未能采用支出等量法估算税式支出成本的情况下,这种税式支出预算编列方式的实际可行性尤其值得怀疑。当然,这种可行性方面的问题是就直接预算支出按具体用途分类情况下税式支出与直接支出对应的困难而言的,如果改行按预算功能分类的支出分类方法,这种困难即可大大缓解。但即使如此,这种设计存在的上述原理上的缺陷仍是不能改变的。

另一种设想是单向计列、统一分析或平衡方式。即在税式支出预算表格中不设收入方,只将按一定标准分类的各种税式支出项目及其成本数据列做支出,形成税式支出与可征税收收入彼此消长和税式支出与直接支出彼此增减的对应分析或综合平衡关系。其具体的分析或平衡方式,理论上又可有两种:一是将税式支出假定为可征财政收入的前减项,与直接支出进行消长分析或增减平衡;二是将税式支出假定为直接支出的后加项,与可征财政收入进行消长分析或增减平衡。究竟采取何种分析或平衡方式,在实际操作中并无定式,可相机选择。但两相比较,应该说后者对我国现阶段更为适合。因为,尽管两者实质上都是将税式支出和直接支出加总考虑,与财政收入进行对比分析和平衡,都反映了现实财政承受能力对税式支出数量的制约关系,并且都不妨碍税式支出与直接支出在项目和数量上的协调,但在形式上,前者有先保税式支出,后保直接支出的意思,后者则有先保直接支出,后保税式支出的意思。我国现阶段市场经济不成熟,经济欠发达,财政资源的短缺矛盾较为突出,并且对税收优惠政策的运用及管理短期内还难以做到十分规范和科学,影响税收优惠政策正常发挥作用的复杂因素也较多和难以控制,在此情况下,将税式支出在实现财政目标和社会经济战略目标中的地位与作用看得重于直接支出是不适宜的。再者,根据宏观经济理论,在国民收入决定中,税收减免乘数因纳税人的储蓄漏出应小于政府购买性支出乘数,从而税收减免的国民收入效应低于直接支出的国民收入效应,亦即税式支出使国民收入的增加量小于直接支出使国民收入的增加量。因此,在税式支出与直接支出可替代的假定下,较实际和有利的选择,应是本着有利于优先保证必要的直接支出需要的精神来利用税式支出手段,并尽可能地发挥其积极作用。

另外,税式支出预算与财政预算的联系方式,还涉及是否将税式支出报告作为财政预算的法定组成部分及是否将税式支出预算并入正规预算程序的问题。笔者的意见是,按照第 6 章所述的税式支出制度实施步骤,在税式支出预算试编阶段和实施初期,暂先不对其提出法律要求和不作为财政预算的法定组成部分,而只是作为财政预算中的一个参考性、指导性分析文件,并通过行政方式赋予其一定的实际控制效力和模拟正规预算程序。待其基本成形和取得较系统的制度规范后,适时修改预算法,使其成为财政预算的法定组成部分。最终结果,是要将税式支出预算并入正规预算程序。至于何时达到这一目标,要视以后税式支出制度的建设进程而定,即主要须视税收制度和税收优惠政策的规范程度、税式支出估算与税式支出评估的科学程度及税式支出管理与税式支出预算控制机制的完善程度,择机决定。

10.1.3 税式支出项目分类和税式支出表的编列形式

税式支出表是税式支出报告的核心内容。税式支出表的编列形式主要取决于税式支出项目的分类。国外比较规范的税式支出表多是首先依照直接支出预算的分类方法,也就是按预算功能来分类编制的,每一功能类别下面再按税种和具体的税式支出形式细分。当然,也可以有目的地再进一步按其他标准进行具体分类。首先按照预算功能进行基本分类的目的,在于形成税式支出与直接预算支出的对应关系。其典型形式如表 10 - 1 所示。

表 10 - 1　国际上按功能进行基本分类的税式支出表(表式)

预算功能及税式支出项目	×××年估计数		×××年预计数	
	个人	公司	个人	公司
一、一般公共服务 　A. 所得税 　　对政治捐款的扣除或抵免 　　…… 　B. 财富税 　　对政治组织(机构)捐赠不予计列 　　…… 二、国防事务 　A. 所得税 　　……				

预算功能及税式支出项目	×××年估计数		×××年预计数	
	个人	公司	个人	公司
B.财富税				
……				
……				
三、公共秩序与安全事务				
四、教育事务				
五、卫生保健事务				
六、社会保险与福利事务				
七、住房、社区与环境事务				
八、娱乐、文化与宗教事务				
九、燃料及能源事务				
十、农业、林业、牧业及渔业事务				
十一、采矿业与矿产资源生产事务				
十二、运输与通信事务				
十三、其他经济事务				
十四、上述各项未包括的支出				

从我国的情况来看,按照 2006 年年初出台的政府收支分类改革方案的安排,将自 2007 年开始与国际惯例接轨,改变按支出具体用途分类的传统方法,实行以功能分类为主的预算支出分类规则。应该说,实施此项改革后,我国在形式上也具备了按照国际规范分类方法编制税式支出表的基本条件,特别是从长远制度建设着眼,也可以按照预算科目中的直接支出功能类别,在税式支出表中采用国际规范的分类方法。但需要指出,从分类上实现税式支出与直接支出项目的严格对应是各国至今未能很好解决的共同难题,如果再考虑到我国其他相关条件的缺陷,自然也就更不能苛求,而只能谋求一种大体对应。同时,为避免过于牵强而导致明显的失准现象,笔者设想,第一,根据我国税收优惠政策支持方向相对比较集中的特点,可从直接支出的功能分类中择取部分能与税收优惠政策支持方向明显对应的预算科目作为税式支出表的类级科目,而不必要求税式支出表的类级科目与直接支出预算完全一致;第二,可仿照西方国家的一般做法,也在各预算功能类别后面增列一个"其他支出"类级科目,将那些功能性质模糊,不好找到明显对应关系的税式支出在该项下列出。其基本形式,如表 10-2 所示。

表 10 − 2　中国的税式支出表（表式一）

预算功能及税式支出项目	×××年估计数	×××年预计数
一、农林水事务 　1. 企业所得税 　　农业技术服务、劳务所得免税 　　…… 　2. 增值税 　　农业生产者销售的自产农业初级产品 　　免税 　　……		
二、教育 　1. 企业所得税 　　校办工厂生产经营所得免税 　2. 增值税 　　高校后勤服务免税 　　……		
…… ×、其他支出 　1. 企业所得税 　2. 增值税 　　……		

　　此外，还须注意的是，虽然我国预算支出已改按支出功能分类，但现行的税收收入统计和预算主要是按税种、行业和所有制分类的；税收优惠政策，尤其是其中涉及范围最广和项目数量比重最大的减免税、优惠税率政策等，多是面向特定纳税人的，即许多具体项目在政策规定和实施中都有明确的行业、部门指向。因此，笔者以为，从中国现阶段的财政预算与税收制度特色出发，特别是在从少数大税种开始实行税式支出预算管理的短期制度建设安排下，采取以税种为基本分类，然后再按行业、部门和具体的税式支出形式进一步细分的方法来编制税式支出表，可能更为适宜。这样，一是可以与税收收入分类相一致，清晰地反映出政府通过不同税制提供税式支出的具体情况；二是可以与税收优惠政策的规定形式相一致，更便于实际操作；三是按行业分类与按预算功能分类存在某些类别上的一致性，借此也可以一定程度地兼得按预算功能分类之利。其基本形式，如表 10 − 3 所示。

表 10－3　中国的税式支出表（表式二）

税种及税式支出项目	×××年估计数	×××年预计数
一、企业所得税		
1. 工商业		
开发区内的高新技术企业减按 15％ 税率征税		
……		
2. 农业		
农业技术服务、劳务所得免税		
……		
3. 教育		
校办工厂生产经营所得免税		
……		
二、增值税		
1. 工商业		
外贸企业"先征后退"		
……		
2. 农业		
农业生产者销售的自产农业初级产品免税		
……		
3. 教育		
高校后勤服务免税		
……		
三、消费税		
四、营业税		
……		

10.2　税式支出预算规模的确定方式

　　建立税式支出预算的首要目的在于控制税式支出的规模，从而使税式支出政策的运用既能满足实现国家社会经济战略目标的需要，同时又从数量上得到反映、监督和合理限制。因此，无论税式支出预算采取何种形式架构，税式支出规模预算控制机制的构建都是税式支出预算设计必须解决的关键问题。

　　对税式支出规模实施预算控制，即通过预算分析和一定的预算规划、管理措施，将税式支出规模保持在适度的数量界限之内，这就首先必须确定税式支出规模的合理限度。所谓税式支出规模,是指税式支出的总量及其由此决定的宏观财政支出结构。从预算管理角度讲,其也就是计划年度的税式支出预算盘子。那么,税式支出到底保持多大规模合适?这里拟在明确税式支出规模衡量指标的基础上,参考现有的理论研究成果,对此进行一些原则性的分析和探讨。①

10.2.1 税式支出规模的衡量指标

税式支出的规模,既可用绝对量来表示,也可用相对量来表示。税式支出的绝对量虽具有直接的预算分配意义,但不具有衡量分析意义,且不能反映税式支出规模决定中的经济变量关系。因此,衡量税式支出规模的指标应采用相对量形式。根据税式支出规模分析控制的不同意图,其可分别有三:

第一个指标是税式支出占全部应收税收收入的比重。其公式为:

税式支出规模 = 年度税式支出额/年度应收税收收入额 × 100%

式中,应收税收收入是按既定税收制度应征收入库的税收收入与通过税式支出形式而应收未收的税收收入之和。如从历史角度看,前项即通常所说的实际税收收入(包括欠税),后项即已支付的税式支出。之所以把全部应收的税收收入作为分母,而不是把其中实际可收或已收的税收收入作为分母,是因为用于税式支出的财政资金来源于未收的税收收入。倘若将未收的税收收入排除在外,单独考察税式支出占实际可收或已收税收收入的比重,其经济意义就会改变。采用这一指标,旨在显示税式支出的收入放弃意义的同时,直接反映税式支出对基准税制的背离程度和财政资源配置中的税式支出源流关系,并用以考察和说明税式支出的财政资源承载能力。

第二个指标是税式支出占 GDP 或 GNP 的比重。其公式为:

税式支出规模 = 年度税式支出额/年度 GDP 或 GNP 总额 × 100%

就根本而言,包括税式支出在内的政府支配的所有财政资源,均是全部国民产出即 GDP 或 GNP 的一部分。衡量税式支出规模,不仅需将税式支出与政府可支配的财政资源相联系,而且需将税式支出与整个国民产出相联系。

---

① 该部分主要参考借鉴了郭庆旺《税收支出简论》一书的部分内容。

采用这一指标,可在显示税式支出的资源耗费意义的同时,直接反映政府整体税收利益的让渡程度和整个经济资源配置中的税式支出源流关系,并用以考察和分析税式支出的国民经济承载能力。另外,税式支出占 GDP 或 GNP 的比重也从反面反映着税收制度的聚财能力和良好程度。需要略加说明的是,在该指标的计算公式中,存在一个分母究竟是采用 GDP,还是采用 GNP 的具体选择问题。一般而言,这两种选择之间并无实质性差异。但从发达国家的历史资料看,还是以 GNP 做分母的为多。应该说,在一国存在较大规模的资本国际流动的情况下,以 GNP 做分母是比较科学的。因为,税式支出手段与直接支出手段不同,其不仅广泛用于国内部门,而且也广泛用于国外部门。这样,以包括了国外净要素收入的 GNP 做分母,则分子与分母的对应性更强。反之,如果一国经济的对外开放程度和税式支出的国外部门运用范围较小,则以 GDP 做分母更为适宜。有鉴于此,一些国内专家、学者认为,发展中国家用税式支出占 GDP 的比例来衡量税式支出规模更符合实际。[1] 至于我国,随着要素输出规模和税式支出国外部门运用范围的扩大,也日益具备了以 GNP 做分母的合理性。但究竟以何为分母,还应考虑现实的国民收入核算基础。在我国以 GDP 作为主要国民收入核算指标的情况下,用税式支出占 GDP 的比重来衡量税式支出规模也是完全可以的。

另外,税式支出来源于国民产出,但并非来自国民产出的全部,而是来自国民产出中的纯收入部分。因此,为了更科学地反映整个经济资源配置中的税式支出源流关系,还应以税式支出占纯收入的比重作为税式支出占 GDP 比重的辅助指标。这样,较之单纯使用税式支出占 GDP 的比重一个指标,不仅有利于更准确地把握税式支出的国民经济承载能力,而且有利于发现和避免在国民经济整体效益较低情况下可能产生的对税式支出规模认识的偏误。由此而言,两个衡量指标并用,实乃基于中国现阶段国情的必要之举。

第三个指标是税式支出占财政支出总额的比重。其公式为:

税式支出规模 = 年度税式支出额/年度财政支出总额 × 100%

---

[1] 持此观点的专家、学者有邓子基、刘立等。参见刘立:《界定与控制税式支出预算规模的思路》,《当代经济科学》2004(1),第 68 页。

式中的财政支出总额为直接预算支出与税式支出之和。税式支出与直接预算支出同为政府财政支出的组成部分,税式支出与直接支出及全部财政支出的关系是衡量税式支出规模的重要基点。采用这一指标,旨在显示税式支出与直接支出的同质性的同时,直接反映财政资源有限性条件下税式支出与直接支出的互为消长关系,并用以考察分析税式支出对财政支出总量的影响和谋求实现财政支出总量结构的协调与平衡。

上述指标只是对税式支出规模进行客观反映,而不能回答税式支出规模多大为合适的问题。因此,要有效地实施税式支出规模预算控制,还须根据上述指标所揭示的税式支出规模的决定因素,对税式支出规模的绝对数量限度做进一步的界定分析。

10.2.2 财政收支总量与税式支出规模

确定适度的税式支出预算规模,一般原则是其不能超出财政的承受能力。由此而言,税式支出预算规模的数量界限就首先取决于相关的税收收入和财政收支总量的平衡关系。

从税收收入看,税式支出是来源于不存在税式支出条件下的应收税收收入。这就决定了税式支出的规模不应超出应收税收收入减去存在税式支出条件下的现实可收税收收入的余额。用公式表述,即为:

$$税式支出 \leqslant 应收税收收入 - 可收税收收入 \qquad ①$$

该式两边同除以应收税收收入,即可得出税式支出预算规模的相对量表达式:

$$税式支出/应收税收收入 \leqslant 1 - 可收税收收入/应收税收收入 \qquad ②$$

其中,应收税收收入可根据剔除了税式支出条款的原始税基与标准税率测算求得,可收税收收入可按实际的税收收入计划确定。当然,在税式支出成本估算比较系统、科学的情况下,税式支出额也可通过所有税式支出项目成本的加总直接确定。

必须指出的是,①式作为具有通用意义的公式,是以所有税种的税式支出均纳入预算控制为假定条件的,即税式支出额为全部税种的税式支出额。如果纳入税式支出预算的只是部分税种,即税式支出额只是部分税种的税式支出额,那么税收收入的应收数也只应限于该部分税种。否则,在一部分税种的税式支出进入预算而另一部分税种的税式支出不进入预算的情况下笼统地运用该式,纳入预算的税式支出额仍然会失去约束。假定税式支出预算的范围只包括企业所得税和增值税,式①就应改为:

$$税式支出 \leqslant 两税应收税收收入 - 两税可收税收收入 \qquad ③$$

或者改为:

$$税式支出 \leqslant 两税应收税收收入 + 其他税种可收税收收入 - 全部可收税收收入 \qquad ④$$

这里还须指出,可收税收收入应依据正确的税收制度规范求得,或者说,税式支出额中不包含滥用税式支出政策的因素。否则,其就不具有作为税式支出规模预算控制依据的意义。

从财政收支的总量平衡关系看,税式支出既是可收税收收入或可收财政收入的减少因素,又是直接支出外的增支因素。因此,税式支出规模应以不影响可收财政收入与直接支出之间的平衡目标为限。一般来说,人们所期望的财政收支平衡关系为:

$$可收财政收入 \geqslant 直接支出 \qquad ⑤$$

$$可收财政收入 = 可收税收收入 + 非税收入 \qquad ⑥$$

将式⑥代入式⑤即有:

$$可收税收收入 + 非税收入 \geqslant 直接支出 \qquad ⑦$$

$$可收税收收入 = 应收税收收入 - 税式支出 \qquad ⑧$$

将式⑧代入式⑦即有:

$$应收税收收入 - 税式支出 + 非税收入 \geqslant 直接支出 \qquad ⑨$$

或者为:

$$应收税收收入 + 非税收入 \geqslant 直接支出 + 税式支出 \qquad ⑩$$

整理,得:

$$税式支出 \leqslant 应收税收收入 + 非税收入 - 直接支出 \qquad ⑪$$

式⑪中,在税式支出预算控制范围只为部分税种的情况下,"应收税收收入"项应同式③或式④一样处理。另外,从现实出发,上述各式中的"非税收入"项应包括计划预定的公债收入在内。因为,一则公债是财政赤字的组成部分,二则公债收入的用途与税式支出相似,大多为经济性支出。将公债收入包括在非税收入之内,也就意味着税式支出规模是以不扩大既定预算赤字,或者以财政不出现"硬赤字",即不出现用财政性货币发行融资为限。如果将式⑪两边同除以应收税收收入或财政支出,即可得出税式支出预算规模的相对量表达式:

税式支出/应收税收收入≤1+非税收入/应收税收收入－直接支出/应收税收收入　　　　　　　　　　　　　　　　　　　　　　　　　　⑫

或者:

税式支出/财政支出≤应收税收收入/财政支出+非税收入/财政支出－直接支出/财政支出　　　　　　　　　　　　　　　　　　　　　　　　⑬

式⑫和式⑬表明:在应收税收收入既定的情况下,直接支出占应收税收收入或财政支出的比例越大,税式支出的规模就将越小;反之,包括既定公债收入在内的非税收入占应收税收收入的比例越大,税式支出的规模也可增大。

10.2.3　财政支出结构与税式支出规模

税式支出作为财政支出的特殊形式,与直接预算支出一并构成财政总支出。因此,确定税式支出预算规模,还须在财政收支平衡目标既定的前提下,考虑其与直接支出的结构界限。

在直接支出中,有一部分在与税式支出用途和受益人相同,且受益人有生产经营行为和有纳税义务及实际税收收入的条件下,是可以用税式支出形式来替代的。如,支持产业发展的各种直接支出可以用减免税、优惠税率、加速折旧等多种形式的税式支出来替代,对发展教育事业的直接支出可以部分地以对校办企业、后勤服务的减免税来替代等。这些支出项目可称为可税代性直接支出。但是,多数非生产性的直接购买性支出和对无税收收入的援助对象的直接转移性支出是不能用税式支出形式来替代的。这些支出项目可称为不可税代性直接支出。为了保证不可税代性直接支出的资金需要,就必须通过税收获取足够的财政收入。如果税式支出过多,必然会减少政府可收和可直接支配的财政收入,进而影响政府直接财政支出目标的实现,或者导致财政赤字规模过大,影响财政经济的正常运转与稳定。因此,这就决定了税式支出规模必须以不影响实现必要的不可税代性直接支出为最高限量。用公式表述，即为：

税式支出≤应收税收收入－不可税代性直接支出

或者：

税式支出/应收税收收入≤(应收税收收入－不可税代性直接支出)/应收税收收入

此外，税式支出对直接支出的替代，不仅有个"能不能"的问题，还有个"适宜不适宜"的问题。毋庸置疑，从支出效率和管理效率方面考虑，即使在可税代性直接支出中，也有一部分是不宜用税式支出替代的。所以，真正的税式支出适度规模应视情况控制在低于上述最高限量的范围之内。即：

税式支出＜应收税收收入－不可税代性直接支出

全面地看，税式支出预算规模有最高限量，同时亦应有个最低限量。从技术角度讲，所有的税式支出都可以用直接支出来替代。但从经济和效率方面考虑，税式支出项目中也有一部分是不宜用直接支出替代的。否则，就失去了税式支出存在的必要性，也不存在税式支出与直接支出之间的适合性选择问题。由此而言，税式支出规模的最低限量，也就是不宜用直接支出替代的税式支出项目的数量之和。如果税式支出的最低限额加上直接支出额超过了财政收支平衡目标所要求的财政支出数量，就应相应削减和压缩直接支出的规模。这实际是从另一角度考虑财政支出结构的协调和税式支出规模的预算控制问题。

10.2.4 税式支出适度规模的国际经验借鉴

除上述外，确定税式支出预算规模，还可以适当参考国际经验。

参考国际经验来确定税式支出预算规模，首先有一点需要提及，即在西方国家的税式支出预算分析文献中，除经常使用税式支出占财政总支出的比例和税式支出占 GNP 的比例衡量税式支出规模外，还经常以税式支出占实际税收收入的比例和税式支出占直接财政支出的比例作为税式支出规模的衡量分析工具。这两个指标虽不能反映税式支出的源流关系和税式支出与直接支出的互为消长关系，但具有以直接预算收支为标尺衡量税式支出规模的意义，并且暗含了在财政分配中优先保证必要的税收收入和直接支出及适当限制收入放弃和税式支出的政策倾向。如果再考虑到实际税收收入和直接支出数据取得的方便，以两者作为税式支出规模的衡量分析工具也确无不可，并确有独到的实际价值。

如何借鉴国际经验来确定我国税式支出的适度规模？有的研究文献曾根据美国1967~1982年间税式支出占GNP的比例和税式支出占联邦总支出的比例的变动情况，以及1980年美国众议院6021号提案中关于自1982年以后将税式支出控制在占GNP的7.5%左右的要求，提出我国税式支出占GDP的比重应在7%~8%左右，税式支出占财政总支出的比重应在20%~25%之间，税式支出占应收税收收入的比重应在28%左右。[①] 笔者以为，这种借鉴意见是有问题的。因为税式支出的适度规模要受一国的税收制度、财政经济状况、社会经济政策需要等多种复杂因素及其他各种具体国情的制约，不存在一个不同国家间可以照搬的具体量限，所以，且不说这种结论是否建立在全面、严密的比较分析基础之上，单就这种具体量限式的借鉴思路而言，就是值得怀疑的。而真正可以参考、借鉴的，应是他国经验中那些能够体现政府政策意向的东西。更何况，在目前我国还未建立税式支出预算和未着手对税式支出进行预算分析的情况下就提出一个明确的税式支出规模具体量限的国际经验借鉴结论，也是不可能有科学依据的。

基于所掌握资料基础上的中外比较研究，笔者认为，前联邦德国的一些历史经验对我国比较有参考意义。前联邦德国与美国一样，是实行税式支出预算控制较早和经验较丰富的国家。根据OECD财政事务委员会1984年税式支出报告提供的资料，前联邦德国自1967年开始在财政报告中公布财政和税收援助一览表。此后至1980年，税式支出规模的绝对数字是逐步增长的，但税式支出占联邦实际税收收入、联邦直接支出及GNP的份额呈稳中有降的趋势。1971~1980年税式支出的年平均增长率分别比联邦税收收入和联邦直接支出的年平均增长率低0.33和2个百分点。这说明：第一，联邦政府确定的对企业部门的税收补贴仅用来"帮助其自助"、得到税收补贴的条件应尽量

---

① 刘立：《界定与控制税式支出预算规模的思路》，《当代经济科学》2004（1），第68页。

达到排除"牟取暴利者"的程度及税收补贴应仅在一个有限的期间内生效等审慎原则,在税式支出预算规模的确定中得到了有效贯彻。第二,在财政活动中,较之税式支出,税收收入和直接支出一般或总体上被置于更重要的地位。这两点均是我国确定税式支出适度规模的值得借鉴之处。也就是说,我国的税式支出预算规模亦应根据各个年度的具体情况审慎择定,并且税式支出的增长幅度原则上亦应低于税收收入和直接支出的增长幅度。另外,我们所设想的我国建立税式支出制度初期的情况与前联邦德国不同,前联邦德国税式支出预算管理的范围是比较全面的,包括全部联邦税种和某些联邦州的税种。在我国的税式支出预算一时不能涵盖全部税种的情况下,可以根据纳入税式支出预算管理税种的税收收入占全部税收收入的比重、税式支出在各税种间的分布状况等因素,对年度税式支出的预算规模酌情确定。

10.3　税式支出预算管理的主要程序与措施

系统地讲,税式支出项目鉴别、税式支出成本估算、税式支出绩效评估和税式支出预算的编制与实施都属税式支出预算管理的范畴。鉴于本章的主题和前三者已有专章论述,这里所谓税式支出预算管理的程序与措施,主要是围绕后者而言的。

10.3.1　税式支出预算编制与实施的主要程序

税式支出预算的编制与实施主要涉及年度税式支出报告的编制及税式支出政策和税式支出预算方案的执行与管理。

在我国的财税管理机构中,财政部门的预算机构负责预算的编制与执行,具有丰富的预算管理经验;税政机构主管税收政策的研究制定,全面掌握税式支出政策的决策情况;税务部门负责税收的征收管理,对税式支出政策的运用十分熟悉。考虑到税式支出预算基本不涉及现金收付关系,也不涉及国库账户之间的往来关系,但需要对税收制度和税收政策有全面的了解,并须建立在税式支出项目鉴别和税式支出成本估算基础之上,故税式支出报告可在税务部门的配合下,由财政部门的预算机构和税政机构共同编制和管理。

关于税式支出报告编制的时间。由于流转税一般都是在纳税义务发生后不超过1个月的时间内申报纳税,企业所得税的汇算清缴在第二年上半年完成,税务机关做出年度中最迟的减免税申请审批决定的最长标准期限为年度终了后60个工作日,各省、自治区、直辖市和计划单列市税务机关每年6月底前书面向国家税务总局报送上年度减免税情况和总结报告,故每年下半年对前一年的税式支出情况进行统计估算是可以做到的。因此,可以考虑自每年下半年至年底估算前一年的税式支出成本,同时预测出当年及下一年的数字,并据以编制税式支出报告。这样,第一,着手进行税式支出分析估算和税式支出报告编制的时间将早于一般财政收支预算的编制时间;第二,纳入每年政府预算文件的税式支出报告中将包括与一般财政收支预算同一计划年度的税式支出预计数、税式支出报告编制年度的税式支出预计数和税式支出报告编制年度前一年的税式支出统计估算数。如此安排,既能够适应税式支出实现的时滞性特点,便于年度之间税式支出的比照、衔接和税式支出数字的调整,及时满足税式支出预算控制的需要,又可以与一般财政收支预算的编制过程相联系,为预算编制提供较充分的参考依据。

税式支出报告编制的主要工作程序应为:首先,由预算机构根据预算分析和预算控制的需要提出编制税式支出报告的总体要求,并根据国家财政收支情况提出税式支出适度规模的基本设想;由税政机构在税式支出鉴别的基础上提出编制税式支出报告的统一规则,设计出税式支出表的表式结构与项目分类。继而由税政机构会同税务部门进行税式支出成本估算,并对税式支出的绩效进行评估。其后,由预算部门和税政部门根据税式支出项目鉴别、税式支出成本估算和税式支出绩效评估的结果编制税式支出表,并做出必要的说明、分析,提出具体的税式支出控制要求和相关的政策建议,形成正式的税式支出报告。最后,通过一定方式将税式支出报告纳入年度预算文件,提交人代会参阅、讨论或审议(如前所述,在初期阶段可先不要求人代会表决批准),并向社会公布。

如果税式支出报告仅作为政府预算编制的参考文件,用于预算编制中政府支出的总量控制及税式支出与税收收入和直接支出的统一协调,或者用于提高税收政策的透明度和为税收制度改革提供指向,则不存在类似于直接支出意义上的预算执行管理问题。而如果要赋予税式支出预算对税式支出政策实施的一定直接约束力的话,则其也存在一定意义上的预算执行管理问题。税式支出预算的执行与税收制度的实施一并寓于税收征管过程之中。因此,税式支出预算的执行应由税政机构主管和监督,以税务部门作为具体的执行管理主体。税务部门在税式支出预算执行管理中的主要任务有三:一是按照税收法规规定的范围、条件和税式支出预算控制的要求,对纳税人的税收减免申请进行审核、审批;对那些不需要履行专门申请审批手续的税式支出项目,在税收征管中严格把好纳税人的税务登记和纳税申报审核关,并通过税务检查对相应的税式支出政策的实施情况进行监控和预测分析。二是配合税政机构进行税式支出绩效评估,并根据税式支出政策目标,监督、考核税式支出的使用方向和使用效益。三是做好税式支出数额的统计与调查分析,及时总结税式支出政策执行的经验、效果和问题,并定期向税政和预算管理机构报告税式支出预算规划和要求的贯彻、实施情况。

10.3.2 税式支出预算管理与现行财税管理基础的衔接统合

税式支出预算管理作为现行财税管理制度的创新和发展,既与现行财税管理有重大区别,也与现行财税管理存在密切联系。因此,实行税式支出预算管理并非完全另起炉灶,而是应充分利用现行的财税管理基础,实现两者的衔接和统合。关于这方面的问题主要有三:

(1)税式支出预算编制与目前已经实行的优惠退税预算管理的衔接问题。按照长远和规范要求,建立税式支出制度后,包括优惠退税在内的所有税式支出项目都应列入统一的税式支出账户。我国目前将优惠退税列入一般财政收支预算,是在未建立税式支出制度的情况下,基于优惠退税与直接支出具有相同实现方式的一种现实考虑。由于这种做法比较直接,在税式支出制度处于探索阶段的时期内,仍可作为一种过渡形式继续沿用,但应尝试将优惠退税与其他税式支出项目一并进行预算分析。此外,为了自一开始就从形式上保持税式支出报告的系统性和完整性,也可以考虑暂先采取双重反映方式,即在继续沿用现行预算编制办法的同时,将优惠退税作为税式支出表中的一个特殊类项单列,但在财政收支平衡程序上仍作为收入预算中的负收项目视同直接支出处理。待将来税式支出表基本成形后,再将优惠退税从一般财政收支预算中分离出来,编入统一的税式支出账户。

(2)税式支出预算管理与现行税收优惠政策规定方式的相互适应问题。按照我国现行和以往的税法惯例,各种税收优惠条款均是分别包含在个别的税收实体法规和程序法规中,还有很多是散见于各种有关的"文件"、"通知"中。这样,既不利于税收优惠政策的透明及其实施的法制约束和协调有序,妨碍了建立公平合理的税收环境,也不便于税式支出项目的梳理归类,与编列税式支出表和税式支出预算管理的需要不相适应。国家税务总局2005年8月颁布的《税收减免管理办法(试行)》,虽然对现行减免税政策进行了总合,但这种总合主要是围绕减免税的审批条件进行的,且未延及到减免税以外的税式支出形式。鉴此,有必要以此为起点进一步发展,在对各种税式优惠条款进行清理、鉴别、归并的基础上,制定系统的税式支出管理法。税式支出管理法具有税式支出总体法的意义。除税式支出管理的规则、程序外,税式支出管理法的另一主要内容就是将各种税收实体法和程序法中的税式支出条款加以系统总合,并分别按各种税式支出的具体内容、形式和支持方向予以规定。其目的是通过统一的法规形式,将各税种的税式支出条款条理化、规范化,将各种税式支出手段定型化,以便于税式支出政策的执行和税式支出报告的编制。此外,在保持基本法规框架相对稳定的同时,税式支出管理法中关于税式支出条款总合规定部分的具体内容应在每个预算年度编制税式支出报告之前修订或调整一次,以更好地适应税式支出政策的时效性要求,并与税式支出预算按年度编制的做法相契合。

(3)税式支出预算管理与现行税收征管基础,特别是与现行税收优惠管理基础的对接和统合问题。这是税式支出预算管理与现行财税管理基础衔接、统合需要解决的核心问题。其基本方略,一方面是要随着税式支出制度的建立,逐步将税收优惠管理纳入税式支出预算管理过程;另一方面是要根据税式支出预算管理的要求,逐步改革与完善现行的税收征管和税收优惠管理。对此,本书前面已在有关内容的分析中间或有所涉及,但这里还需就一些方向性问题再进行专门的梳理和论述。

第一,在税式支出预算管理制度下,税收征管是获取税收收入和实施税式支出的统一。实现税式支出预算管理与现行税收征管基础的对接,首先需要改变传统的只重视税收收入计划的完成,不重视税收优惠政策实施质量的税收征管理念,改变传统的税收征管事权安排,按照税式支出预算管理的程序和要求,从税务行政上明确赋予税收征管过程收入分配与支出分配、收入管理与支出管理的双重制度意义,赋予税务部门收入管理与支出管理、贯彻税收政策与贯彻预算政策的双重职责。

第二,税式支出预算管理是一种合规性、有效性、计划性并重的管理模式,而现行税收优惠管理的管束内容比较单一,主要关注税收优惠政策实施的合规性。在税收决策机制不科学,税收规制和法治不健全,税收优惠条款规定存在较大弹性和自由裁量空间的情况下,这种单一的合规性管理不仅难以充分保证税收政策的效率与公平,而且自身也会失效,酿成税收优惠失控的不良后果。因此,要实现现行税收优惠管理与税式支出预算管理的对接,必须在合规性的基础上扩展管理触角,改进管理方式。首先,鉴于目前税收法治松弛的现状,合规性管理仍是最重要的。但是,税式支出制度下的合规性管理,不仅要求合乎税收制度之规,同时也要求合乎税式支出预算之规。其次,将有效性作为税收优惠管理的基本纲领,并贯穿于税收优惠管理的各个阶段。这就要求在各项税收优惠政策的执行和监管过程中,事前有明确、具体的政策目标,事中有切实的实现政策目标的管理措施,事后有对政策效果的评价总结。再次,于遵从和贯彻税收法规的同时,在管理中融入规划或计划因素。税收优惠政策的执行不仅要有法规依据,而且各级税务部门都应适应税式支出预算管理的需要,按照税收管理权限的划分,在每个预算年度开始之前,对各自负责管理、审批的税收优惠政策的实施过程、实施途径、优先顺序、数量规模、管理重点、控制目标等做出具体的规划和计划安排,以此作为把握税收优惠政策实施进程的重要抓手,并与税收收入计划协调并行。

第三,税式支出预算管理体系的突出特点是程序上的系统性、封闭性,而现行税收优惠管理主要是节点式、开放式的。这种节点式、开放式管理的突出缺陷是管理措施不全面,管理过程不完整,控制机制有缺口。为此,必须以税式支出预算管理的制度安排为统御,改进和完善税收优惠管理程序。改进和完善的方向是,总体规划与具体监管相辅助,预算管理措施与税收管理措施相结合,环环相扣,全面有序,首尾相连,最终形成系统、封闭、高效,并与税式支出预算编制相衔接的税式支出执行管理体系。此管理体系的基本程序框架可如图10-1所示。

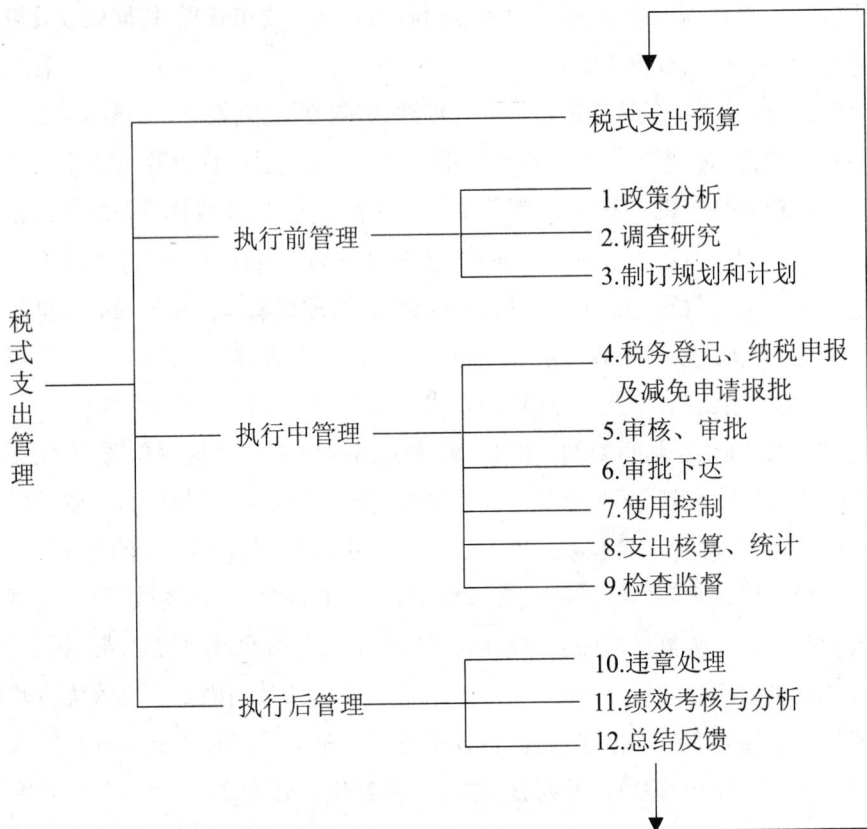

税式支出管理
- 税式支出预算
- 执行前管理
  - 1.政策分析
  - 2.调查研究
  - 3.制订规划和计划
- 执行中管理
  - 4.税务登记、纳税申报及减免申请报批
  - 5.审核、审批
  - 6.审批下达
  - 7.使用控制
  - 8.支出核算、统计
  - 9.检查监督
- 执行后管理
  - 10.违章处理
  - 11.绩效考核与分析
  - 12.总结反馈

图10-1 税式支出管理程序

第四,就税式支出预算管理的全面性要求而言,现行税收优惠执行管理实践的主要问题是存在管理盲区。其表现:一是对不需履行申请审批手续的税收优惠缺乏税务登记与资格确认后的后续监管,以致有些纳税人在资格条件发生变化后仍继续享受税收优惠。二是对有活动内容或期限要求的减免税缺乏连续性的动态管理,以致部分减免税政策不能按期终止或失去实际功效。

三是税收优惠的审核、审批缺乏明确的目标要求,以致优惠款项的使用偏离政策意图,使税收优惠成为某些纳税人获取额外税收利益的工具。因此,要将现行税收优惠管理纳入税式支出预算管理的轨道,就必须结合系统、科学的税式支出管理程序的构建,补充必要的管理措施。一是要扩大纳税申报的内容范围和税收年检的范围,将不需审批的税式支出事项全部纳入纳税申报、审核和税收年检的视野,并对此建立专门的管理档案,同样实行分别按实征数和应征数核算、记录的税收会计制度。二是建立健全税收减免跟踪管理制度。一方面,税务部门应结合纳税检查、执法检查或其他专项检查,每年定期对纳税人的税收减免事项进行清查、清理。特别是要建立专门的对那些到期需要终止和基于时效性原因有必要调整或取消的税收减免事项的经常性定期检查清理制度。这就类似于上世纪 70 年代美国国会曾主张实行的税式支出"日落"检查法。① 另一方面,上级财政部门的税政机构和上级税务机关应定期对下级税务机关的税收减免审核、审批案卷资料进行评查,形成经常性的层级检查、监督机制。三是建立全面、科学的税式支出目标管理制度。改革开放以后,税务部门曾对作为税收优惠资金主要部分的减免税金探索实行过分散存储、监督使用,集中存储、专款专用,以及目标(效益)管理等管理方式。② 其中,前两种管理方式仅在于控制减免税金的使用流向,但无法控制减免税金的使用效益,实质仍是单一合规性管理的延伸,且也难以有效防止纳税人变相挪用减免税金的现象和不利于减免税政策作用的及时发挥。目标管理方式与税式支出预算管理的要求有一定的契合之处,但尚需取其精神,大力发展和完善,才可成为税式支出预算管理的有效工具。在这方面,如何将政策效益目标具体纳

---

① 1976 年,美国参议院的一项提案提出制定"日落"立法。这一立法的目的是要保证对每一个授权的支出计划的需求、效果和效率进行经常的、定期的检查。如果必要的检查没有发生,这一支出计划就要被终止。1977 年参议院 2 号提案再次提出制定"日落"立法,并在"日落"程序中也包括了税式支出。根据这一程序,任何一种税收范围的每一项税式支出都将确定五年的终止期。在终止期的前一年,要求税务文件起草委员会指导开展对税式支出的"日落"法检查。1979 年众议院的"日落"立法文本,不仅提出了批准支出终止期问题,而且规定在同一时间应该对税式支出条款进行检查,就像检查相应类目的直接预算支出计划一样。参见国家税务局税收科学研究所:《税收支出理论与实践》,经济管理出版社 1992 年版,第 51 ~ 52 页。

② 参见刘心一:《税式支出分析》,中国财政经济出版社 1996 年版,第 341 ~ 346 页。

入减免税的审批管理程序,如何将目标管理扩及到所有的税式支出项目和税式支出管理的全过程,如何根据各种税式支出的性质和特点确立明确、科学的目标体系等,都是亟待缜密研究和解决的问题。

10.3.3 税式支出数量的预算控制措施

税式支出预算控制的目标是相当广泛的,并且不同国家建立税式支出预算的目的不完全相同,税式支出预算控制的具体目标及其重点互有区别。但通观大部分国家税式支出预算控制的实践,无不是将首要目标放在了通过对税式支出数量规模及其宏观结构的控制,实现财政收支总量的统筹与协调方面。这也是税式支出预算功能的基本体现。

如前所述,无论是暂先将税式支出预算作为预算编制前的参考与决策分析文件,还是未来将税式支出预算并入正规预算程序,中国税式支出预算都应对年度税式支出的数量及其与直接支出总量协调具有一定的直接约束力。那么,如何实施这种预算约束?笔者以为,荷兰实行的分类预算控制体系和加拿大实行的支出"信件"管理办法最值得我们借鉴和效仿。

荷兰的分类预算控制体系是根据各种税式支出的实现特点和政府的掌控途径与能力,对不同的税式支出成本采取不同的预算控制程序和平衡方式。其基本做法有四点:一是允许当前年度的税式支出超过预算限额,但要对此通过调整未来年度的政策避免再次出现超出预算限额的现象。二是在未来年度削减预算,以平衡当前年度的超支。三是对达到预算限额后的税收优惠申请,税务机关不予审批,即所谓的"过线不批"。四是待受理所有符合条件的税收优惠申请后,根据预算限额按比例分配优惠数额。

借鉴荷兰的经验,我们可以在财政平衡目标和税式支出预算总规模最高限额既定的情况下,将税式支出项目分成三种类别,分别采取不同的预算控制办法。

第一类是在实施中无须进行申请、审批,或只需进行备案,但在直接支出预算中有明确对应项目的税式支出。这类税式支出的特点是政策一旦确定,纳税人即可以自主选择适用,政府对其数额可以预测并制定限额,但不能直接掌控其实际发生额。对这类税式支出,应允许在执行中超出预算限额,并视情况进行相应的政策或预算调整。调整时,应首先进行税式支出项目与所对应的直接支出项目的绩效评价与比较。如果税式支出项目劣于对应的直接支出项目,就应视超支的程度在未来年度调整相应的税式支出政策条款或进行税制改革,以防出现长期或持续超支的现象。如果税式支出项目优于对应的直接支出项目,就应考虑削减当年或未来年度的直接支出项目预算,以平衡税式支出的超支和财政收支总量。

第二类是在实施中无须进行申请、审批,或只需进行备案,并在直接支出预算中没有对应项目的税式支出。这类税式支出的实现特点与第一类相同,其预算控制办法也与第一类思路一致。所不同的是,如果实际支出数超出了限额,只有在绩效评估的基础上通过在未来年度调整相应的税式支出政策条款来平衡和解决。

第三类是在实施中须经过申请、审批的税式支出。这类税式支出的特点,一是虽然在条款规定上都有特定的资格和条件限制,但实际执行中往往具有一定的弹性或一定的自由裁量余地,有些甚至是条款上只有原则规定,实际是否执行要视情况临时决定;二是政策确定后,尽管纳税人也可以自主选择适用,并提出优惠申请,但政府可以通过审批直接掌控其实施进度和实际发生额。对这类税式支出,即可在严格条件和必要性审核的同时,实行"过线不批"的原则。也就是说,一旦达到年度预算的上限,税务机关将不再批准该年度的任何优惠申请。如果纳税人申请提出的时间太迟,就将失去享受优惠的资格,或要递推到下一个预算年度。这种控制方法,对弥补我国一些税收优惠政策规定不够具体的缺陷和控制近年来弹性与滥用程度最大的临时性、困难性、照顾性减免税尤其有利。为了使税务机关在对税式支出申请进行审批时有切实可依的进度与限度依据,可以实行按所管辖税收范围和税收优惠审批权限,每年以适当办法对有审批权的税务机关分配支出限额,并将其纳入各级税务机关的年度税式支出执行管理规划或计划。

加拿大的"信件"管理是一种旨在应对政府各部门及高级官员绕过直接支出预算的限制,为与本部门职责相关的特殊利益集团谋取财政利益而在税式支出方面向财政部门施压的税式支出事前预算控制办法。如本书第3章所介绍的,这种办法是在税式支出预算按预算功能或政府职能分类编制背景下,将政府职能划分成若干个"信件",即支出计划项目。在计划阶段,全部联邦直接支出被划分成"信封"目标及"信封"范围内负责计划项目的部长们被责成实现的目标。如果部长们基于特殊利益集团的要求提出扩大税式支出的建议,则新增的税式支出要按照允许的"信件"支出限额计入支出的增加方。这意味着税式支出要与直接支出统一算账,税式支出的增加可能带来本部门职能领域的直接支出计划的压减。

加拿大的"信件"管理做法从税式支出与直接支出统筹的角度为税式支出预算控制提供了一条可行之路。但我国在目前阶段直接引用这一做法似有一定困难。因为,现行政府各部门的职能划分还不够清晰,部门职能的划分与预算功能的划分也不完全对应。笔者设想,可取的借鉴途径是在税式支出与直接支出统筹的基本思路下,根据我国税式支出政策的指向特点和预算分配与管理方式,尝试实行两个适当结合和增减平衡。首先,我国的税式支出政策大多存在于生产经营领域,并且许多都有比较明确的行业或部门指向,而未来税收优惠政策体系调整和改革的方向也主要是产业和事业导向;直接支出的预算分配已普遍采取部门预算方式。因此,可以在直接支出最高限量、税式支出最高限量及财政总支出最高限量的范围内,将针对行业或部门的税式支出与相应的部门预算在数量确定上适当结合和增减平衡。这也恰好与前面提出的在税种分类下面再按行业或部门进行次级分类的税式支出表编制方式相吻合。其次,税式支出政策中还有一部分属地区性优惠,而直接支出中自上而下的转移性支出也主要是按地区分配的。因此,可以在预算确定中将地区性的税式支出与对相应地区的转移性支出分配适当结合和增减平衡。当然,如此两个适当结合和增减平衡只能是弹性的和具有部分控制功能的,因为一来两者中任何一对对应方的对应关系都不好确切划定,二来这种控制方式不能将所有的税式支出囊括其中。但是,可以肯定,两个适当结合与增减平衡并行,不仅对税式支出数量控制及税式支出与直接支出的统一控制和协调具有一定作用,而且对医治我国的政府型税收优惠失控也具有直接的功效。

最后需要提及的是,由于税式支出具有或有负债的性质,因而风险控制也应是税式支出数量预算控制的题中应有之义。从制度角度讲,把税式支出纳入预算管理,本身就具有税式支出风险控制的意义。但仅此还不够,重要的是还须在税式支出预算管理过程中采取有针对性的风险管理措施。其粗略设想是:第一,税式支出风险主要来自税式支出政策确定后社会经济形势及政策运行环境变化的不确定性、纳税人借此寻求税收利益与最佳活动方式的行为变化的不确定性和制度与管理的不完备所导致的数量扩张的不确定性。这就需要根据税式支出风险的形成因素,对税式支出的长期发展趋势进行科学预测。同时,还应根据不同税式支出形式的特点及其与风险形成因素的关系,对各种税式支出的风险程度或风险等级进行必要的理论测度,以利于确定税式支出风险控制的方向和重点。第二,将风险评估纳入税式支出评估范畴,并研究建立能反映税式支出潜在风险的评估方法,如第9章所述的摊提计算评估法等。第三,建立税式支出政策风险预警指标体系。税式支出政策的实施及其延续是否会危及财政安全,关键不在于税式支出绝对规模的大小,而在于其能否对社会财富和税源的增长起到促进作用和这种促进作用的大小,能否获得足够的经济和财政回报,能否为未来扩大税基的税制改革提供足够的经济基础。因此,可以税式支出的 GDP 弹性、税式支出的社会纯收入弹性、税式支出的税收收入弹性、税式支出的人均收入弹性等弹性指标作为核心的风险衡量指标,并研究确定出不同层次的风险警戒线。第四,在年度税式支出报告中对税式支出的风险信息做出尽可能详细的披露和分析,以有利于引起社会共识。第五,将税式支出风险管理的理念和风险分析引入税式支出政策的执行管理过程,作为税式支出政策日常执行与控制的重要指导思想和措施依据,以防税式支出风险的累积和对未来的财政安全造成重大冲击。税式支出风险控制与税式支出成本的长期估算和税式支出的动态评估密切关联,是税式支出预算管理中一项颇具难度的工作,近期可不作为我国税式支出预算控制的主要视点,但也应在建立税式支出预算管理制度的过程中视条件尽力而为,逐步探索,并作为未来税式支出预算控制的发展方向之一。

结　束　语

对于税收优惠及其特定意义下的化身——税式支出,无论人们毁多誉少,还是毁少誉多,其都如大众食谱中的一味辣餐,食之蜇舌是常有的,弃之不用则断不能取,因此便面临无可回避的管理问题。税式支出概念和税式支出制度的发明,给人们开出了一剂科学管理、除弊扬利的良药,但由于税式支出的天性使然,若真正使这些良药成方善效,实属不易,以至于在税式支出制度被研讨和付诸实践三四十年后的今天,世界银行出版的《税式支出——通过税制实现的政府支出:来自发达和转型国家的经验》一书仍感叹:税式支出的正确运用和良好管理对任何国家政府都是一个挑战! 可以说,税式支出制度的建立是一次颇具革命意义的财税管理创新,也是迄今为止财税管理制度改革中最复杂、最艰巨的难题之一。对于我国这样一个财税管理基础相对薄弱的发展中转轨国家而言,尤为如此。然而,税收优惠过多过滥、目标不清、效率低下恰恰是我国财税管理的软肋,建立税式支出制度也恰恰更是我国的合身之需。正因为这样,笔者早在二十年前就对此研究发生了浓厚的兴趣,并稍有积累和逐渐酿成了一些管见。本书的研作,则使自己再次得以对此问题进行系统的探索,并走出了新的一步。

思考本书的研究历程与体验,回溯、展望税式支出制度问题研究的来龙去脉,在收笔之际,尚有几点感言想再予强调,既告喻自己,也与抱有同样研究兴趣的同仁交流。

第一,税式支出制度建立之于中国,不仅仅是解决现实矛盾的眼前之需,而且是关系公共财政与和谐社会建设的长远大计。税式支出制度的功用不仅在于“治”,更在于“防”。因此,其应作为我们持续、恒久地不懈努力的研究课题。但二十多年来,财税界和学术界的关注热情却多随现实矛盾的缓急而沉浮,个中隐含的某种研究倾向值得注意。

第二,建立中国特色的税式支出制度已成共识,并已列入我国财税制度改革的总体规划。从基本方向上讲,下一步需要攻克的难点和研究重点,仍将是人们已开始突出关注的税式支出鉴别、估算、评估及税式支出表编列等核心制度环节的设计、推进安排、条件准备和技术策略。但是,究竟哪些具体内容应作为近期研究的主要着力点,或者各种具体研究内容之间应采取何种菜单顺序,还有待中国税式支出制度建设的实践进程来遴选、出题和编排。由于中国税式支出制度的构建尚处于初步准备与探索阶段,所以,本人和本书研究视域及内容的选定具有凭自己理解的先验性。其中研究的具体问题是否都适应实际需要,抑或具体研究内容是否周全、确当,轻重处理是否合适,也都有待中国税式支出制度建设实际进程的验证。

第三,完整的税式支出制度包括政府为实现一定社会经济目标规定的各种税收优惠条款和为管理、控制已有税收优惠而采取的各种制度措施。两者既在制度构成上密切关联,又在研究上具有一定的独立性。两者中,税收优惠政策体系的优化、完善具有目的意义,后者则属达到这一目的的工具,但后者却是税式支出制度的本质内容。因此,为防止出现偏颇,首先应注意在研究上两者的处置不能错位,其次是总体上对两者的研究应该并重和相互策应。但本书将研究触角锁定于后者,是基于税式支出制度本质内容和本书研究目的的选择,绝非意味着忽视或轻视前者。

第四,税式支出制度问题的研究,既需要深入的理论分析,也需要切实的实践探讨,但这一论题本质上属于一项实践性很强的应用性研究,并且政策和技术要求都很高。由此决定,无论理论层面的分析,还是实践层面的探讨,都应着眼服务于中国税式支出制度的实际构建,采取高度务实的态度。具体而言,理论研究应切忌无的放矢,实践对策研究应谨防脱离实际情况和实际需要。这是使这一论题研究取得成效的基本保证。

第五,必须牢记,市场经济天生偏好平等。基于增进社会福利的需要,政府可以也应该以区别对待的方式干预市场,但绝不能无章法地扰动市场生态。就市场经济下的税收活动而言,政府的主要职责是制定适用于一切经济主体和一切经济活动的统一、稳定的"竞赛规则",税式支出只能作为弥补和修正市场缺陷的辅助手段。即使必须借助税收来实现社会经济发展目标,也应首选通过规范的税制改革,建立一套稳定、简洁、高效的税收制度,而不能主要依靠新开税收优惠的口子。① 正如经济学家桑切斯·乌加特所说:"税收刺激并不能代替一个适当和有效的税收制度。"②由此可进一步明白:我们倡行税式支出概念和税式支出制度,绝非是要无原则地推崇和扩大运用税式支出手段,而是旨在借此对税式支出加以合理利用和限制,并促进形成一个适当、有效的税收制度和政府预算分配制度。同时,还须牢记,税式支出制度只是一种有用的预算分析和控制工具,相对于税收制度、政府预算制度这两个基本层面的制度改革,以及相对于经济体制、政治体制及政府行政管理制度等更高层面的制度改革,建立税式支出制度也只是一种辅助性的"配套"改革措施③,其意义和功效都具有一定制度环境下的有限性。这两点在前面有关章节中已间或有所强调或喻示,但为了有利于正确估价税式支出概念与税式支出制度的意义,为了有利于正确确定建立税式支出制度的战略部署和正确处理其与其他相关制度改革的关系,也为了正确把握税式支出制度构建问题研究的方向,这里有必要再次特别申明。

第六,尽管按照自己的预想,本书的研究取得了诸多收获,但由于研究条件、研究手段和笔者的学识、能力所限,仍存在若干缺憾和不足。例如,绝大多数税式支出形式的成本估算方法还缺乏进一步的实例模拟研究;宏观层面的税式支出成本估算方法尚需进一步具体化;计算机微观模拟模型的构建、税式支出风险控制等研究还仅限于原则思考的初浅层次;税式支出评估方法的研究实际上还主要是一种思路,与实际应用尚有很大距离;税式支出评估内容和基准的研究也有待进一步深入,特别是亟待建立一套具体的评价指标体系等。

---

① 万莹:《税式支出的效应分析与绩效评价》,中国经济出版社 2006 年版,第 218 页。

② 引自韦特·P. 甘地等:《供给学派的税收政策——与发展中国家的相关性》,中国财政经济出版社 1993 年版,第 32 页。

③ 这也正是政府决策层对建立税式支出制度的基本定位。如,绪论部分曾经提到,财政部副部长楼继伟在 2002 年税式支出国际研讨会上的讲话中就是明确以"非常重要的财税配套改革措施"来阐述建立中国特色税式支出制度的性质的。

对于这些,笔者有志在以后的研究中承前再继,力争有成。

　　最后,还需说明,由于有限时间内获取国外第一手信息资料的困难,书中有关国外税式支出制度建设情况的陈述许多都是来自国内的二手文献。如果其中存在缺失、片面或不准确之处,甚或以讹传讹,责任概由笔者自己承担。同时,恳望得到同行专家的教正。

参考文献

1. 国家税务局税收科学研究所:《税收支出理论与实践》,经济管理出版社 1992 年版。

2. 楼继伟主编:《税式支出理论创新与制度探索》,中国财政经济出版社 2003 年版。

3. 贾绍华:《中国税收流失问题研究》,中国财政经济出版社 2002 年版。

4. 中国税收报告编委会:《中国税收报告(2002~2003)》,中国财政经济出版社 2003 年版。

5. 郭庆旺:《税收支出简论》,东北财经大学出版社 1990 年版。

6. 袁振宇等:《税收经济学》,中国人民大学出版社 1995 年版。

7. 王雍君:《公共预算管理》,经济科学出版社 2002 年版。

8. 国际货币基金组织:《财政透明度》,人民出版社 2001 年版。

9. 刘心一:《税式支出分析》,中国财政经济出版社 1996 年版。

10. 项怀诚编著:《中国财政管理》,中国财政经济出版社 2001 年版。

11. 陈共主编:《财政学》,中国人民大学出版社 1999 年版。

12. 曹立瀛:《西方财政理论与政策》,中国财政经济出版社 1995 年版。

13. 樊丽明等:《税制优化研究》,经济科学出版社 1999 年版。

14. 刘蓉:《税式支出的经济分析》,西南财经大学出版社 2000 年版。

15. 杨鲁军:《论里根经济学》,学林出版社 1987 年版。

16. 段文斌等:《制度经济学——制度主义与经济分析》,南开大学出版社 2003 年版。

17. 谢识予:《经济博弈论》,复旦大学出版社 1997 年版。

18. 钱晟:《税收管理实务操作与案例分析》,中国人民大学出版社 1998 年版。

19. 刘明等编:《税收优惠政策总览(修订版)》,中国税务出版社 2004 年版。

20. 邓子基等:《税收支出管理》,中国经济出版社 1999 年版。

21. 王伟:《中国税收调控的数理分析与实证研究》,中国财政经济出版社 2003 年版。

22. 中国注册会计师协会:《税法》,中国财政经济出版社 2005 年版。

23. 伍舫:《中国税收优惠指南》,中国税务出版社 2001 年版。

24. 梁朋:《税收流失经济分析》,中国人民大学出版社 2000 年版。

25. 刘新利主编:《税收分析概论》,中国税务出版社 2000 年版。

26. 宁骚主编:《公共政策学》,高等教育出版社 2003 年版。

27. 王国清主编:《税收经济学》,西南财经大学出版社 2006 年版。

28. 黄恒学主编:《公共经济学》,北京大学出版社 2002 年版。

29. 申书海等主编:《财政支出效益评价》,中国财政经济出版社 2002 年版。

30. 万莹:《税式支出的效应分析与绩效评估》,中国经济出版社 2006 年版。

31. 孙仁江:《当代美国税收理论与实践》,中国财政经济出版社 1987 年版。

32. 马骁:《财政制度研究》,四川人民出版社 1998 年版。

33. 张则尧:《财政学原理》,(中国台湾)中国经济月刊社 1984 年版。

34. 哈维·S.罗森:《财政学》(第四版),中国人民大学出版社 2000 年版。

35. 韦特·P.甘地等:《供给学派的税收政策——与发展中国家的相关性》,中国财政经济出版社 1993 年版。

36. S.詹姆斯、C.诺布斯:《税收经济学》,中国财政经济出版社 1988 年版。

37. 克里斯托弗·波利特等:《公共管理改革——比较分析》,上海译文出版社 2003 年版。

38. R.马斯格雷夫和 P.马斯格雷夫:《美国财政理论与实践》,中国财政经济出版社 1987 年版。

39. 路德维希·艾哈德:《来自竞争的繁荣》,商务印书馆 1983 年版。

40. OECD 财政事务委员会 1984 年税式支出报告,国家税务局税收科学研究所:《税收支出理论与实践》,经济管理出版社 1992 年版。

41. 张晋武:《建立我国税收支出制度的探讨》(研究报告),1996 年(摘要发表稿:《建立我国税收支出制度的思考》,《经济研究参考》1996 年 32 期)。

42. 克莱因:《契约与激励:契约条款在确保履约中的作用》,《契约经济学》,经济科学出版社 1999 年版。

43. 陈端洁:《税式支出概念及其估算》,《经济学动态》2004 年 2 期。

44. 包全永:《建立税式支出管理制度:规范税收优惠政策的有效举措》,《经济研究参考》2004 年 12 期。

45. 安体富:《把税收增长建立在可靠的经济增长基础之上》,《山东财政学院学报》1999 年 1 期。

46. 贾康等:《税收优惠政策的调整将有利于提高外资利用水平》,http://www.crifs. org. cn,2005 年 5 月 17 日。

47. 翁晓健:《我国税收优惠措施的失效与多余分析》,《涉外税务》1997 年 7 期。

48. 项怀诚:《开拓新世纪财政工作新局面》,《中国财政》2001 年 1 期。

49. 金人庆:《用科学发展观统领财政改革与发展全局》,《中国财政》2005 年 1 期。

50.《努力完善"十一五"进口税收政策》,《中国财经报》2006 年 1 月 10 日。

51.《财政部:推进六税制改革》,http://news.sohu.com,2006 年 12 月 1 日。

52. Emil M. Sunley:《美国税式支出预算的实践与经验》,楼继伟主编《税式支出理论创新与制度探索》,中国财政经济出版社 2003 年版。

53. 温来成:《公共财政理论与深化中国税式支出制度改革》,《中央财经大学学报》2000 年 5 期。

54. 楼继伟:《建立税式支出制度是改革之需》,《中国财经报》2002 年 12 月 5 日。

55. Leo Vanden Ende:《荷兰税式支出制度》,楼继伟主编《税式支出理论创新与制度探索》,中国财政经济出版社 2003 年版。

56. 朱丽珍:《税式支出政策中的问题及改革》,《洛阳师范学院学报》2003 年 6 期。

57. 王铁军、郭庆旺:《税收支出及其控制》,《外国经济管理》1986 年 4 期。

58. 张晋武、齐守印:《税收优惠预算控制初探》,《财政研究》1988 年 1 期。

59. 苏中一:《关于税式支出形式、计算及分类的探讨》,《税务研究》1992 年 2 期。

60. 萧承龄:《浅谈"税收支出分析"》,《税务研究》1991 年 2 期。

61. 张贵彬、易凯:《借鉴税式支出理论,完善我国税收减免制度》,《税务研究》1992 年 2 期。

62. 柳明秋:《税收支出的理论解释———一个关于税制选择的模型》,《财经理论与实践》2002 年 S3 期。

63. 孙志伟、赵景华:《中国税务学会国际税收研究会第四次理论研讨会观点综述》,《税务研究》1992 年 2 期。

64. 程浩:《建立税式支出制度,强化我国企业所得税优惠管理》,财政部财政科学研究所 2000 年硕士论文。

65. 李玉芳:《建立我国税式支出制度研究》,中国人民大学 2002 年硕士论文。

66. 温彩霞:《对建立我国完善的税式支出制度的研究》,中国人民大学 2004 年硕士论文。

67. 王尤:《税式支出评估分析体系研究》,西北大学 2004 年硕士论文。

68. 李艳:《我国税式支出制度研究》,东北林业大学 2005 年博士论文。

69. 胡浩:《"税式支出"概念探析》,《辽宁税专学报》1998 年 2 期。

70. 邓子基:《税式支出理论与实践》,《税务研究》1991 年 1 期。

71. 宋光辉:《浅谈税式支出及其管理》,《财税与会计》2002 年 1 期。

72. 马国强:《中国现行税收优惠制度及其改革》,楼继伟主编《税式支出理论创新与制度探索》,中国财政经济出版社 2003 年版。

73. 周元成:《对"税收支出"理论的刍议》,《财政研究》1990 年 10 期。

74. 徐瑞娥:《关于税式支出管理制度的研究综述》,《中国财经信息资料》2003 年 27 期。

75. 郭瑞祥:《税式支出国际研讨会观点综述》,《中国财经信息资料》2003 年 12 期。

76. 邢树东:《税式支出优化理论研究》,《当代经济研究》2004 年 7 期。

77. 孙钢、许文:《关于我国实行税式支出预算管理的初步研究》,楼继伟主编《税式支出理论创新与制度探索》,中国财政经济出版社 2003 年版。

78. 董玉明、赵杰:《税式支出法律问题研究》,《经济问题》2003 年 6 期。

79. 卫功琦:《建立我国税式支出制度刍论》,《税务与经济》1994 年 1 期。

80. 滕霞光:《美国个人所得税税式支出的非公平效应》,《涉外税务》1997 年 4 期。

81. 罗重峰:《税式支出的财政补贴陷阱》,《税务与经济》2003 年 4 期。

82. 赵志耘、张德勇:《地方政府或有负债问题研究》,《中国财政理论前沿Ⅲ》,社会科学文献出版社 2003 年版。

83. 姚立中:《浅析税式支出》,《税务与经济》1995 年 5 期。

84. 郑旭伟:《浅析税式支出的形式、转嫁及归宿》,《财经论丛》1997 年 6 期。

85. 罗春梅：《税式支出中的政治问题研究》，《经济体制改革》2005 年 4 期。

86. 解学智：《关于税式支出制度建设的几点意见》，楼继伟主编《税式支出理论创新与制度探索》，中国财政经济出版社 2003 年版。

87. 丁淼：《从美国税式支出的情况看税式支出理论在我国的运用》，《税务研究》1991 年 2 期。

88. 王雍君：《全球视野中的财政透明度：中国的差距与努力方向》，《国际经济评论》2003 年 7～8 期。

89. 林毅夫：《关于制度变迁的经济学理论：诱致性变迁与强制性变迁》，《财产权利与制度变迁》，上海三联书店、上海人民出版社 2003 年版。

90. 高培勇：《有关税式支出的几个问题》，《税务研究》1991 年 1 期。

91. 张睿壮：《评说里根的"第二次美国革命"》，《世界经济导报》1986 年 10 月 27 日。

92. 王浩川：《英国的税式支出》，《中国税务》2002 年 9 期。

93. 许文：《国外税式支出预算的管理方式及对我国的借鉴》，《中国财经信息资料》2003 年 28 期。

94. 张晋武：《西方国家税收支出制度评析》，《经济评论》1999 年 1 期。

95. 张晋武：《关于税收优惠预算控制的国际考察与借鉴》，《经济论坛》1993 年 2 期。

96. 张晋武：《欧美发达国家的多年期预算及其借鉴》，《财政研究》2001 年 10 期。

97. 郭垂平、夏琛舸：《OECD 国家税式支出制度（1996 年）简介》，楼继伟主编《税式支出理论创新与制度探索》，中国财政经济出版社 2003 年版。

98. Colin Brown：《澳大利亚的税式支出》，楼继伟主编《税式支出理论创新与制度探索》，中国财政经济出版社 2003 年版。

99. 郭彤：《西方公共管理改革及其对我国财政体制改革的启示》，《审计研究》2004 年 2 期。

100. Alex Matheson：《更好的公共部门治理：西方国家预算及会计改革的基本理论》，2001 年政府预算管理与会计改革国际研讨会（北京）论文集。

101. 罗伯特·K.默顿：《官僚制结构和人格》，彭和平等编译《国外公共行政理论精选》，中共中央党校出版社 1997 年版。

102. 郭小东、黄志：《公共财政效率与产权经济学》，《财贸经济》2001 年 10 期。

103. 张计存、李军:《现行减免税存在的问题及其治理途径》,《财贸经济》1992 年 11 期。

104. 马栓友:《税收流失的博弈分析》,《财经问题研究》2001 年 6 期。

105. 石军伟、付海艳:《制度装置和制度安排的有效性》,《经济学消息报》2004 年 4 月 16 日。

106. 李圣君、关学军:《试论税式支出的使用管理》,《税务研究》1991 年 5 期。

107. 李新辰等:《美国、墨西哥税式支出管理及借鉴》,楼继伟主编《税式支出理论创新与制度探索》,中国财政经济出版社 2003 年版。

108. 杨灿明、张云贵:《整顿税收优惠办法,确保财政收入增长——对"税收支出论"的质疑》,《财政研究资料》1990 年 13 期。

109. 石永新:《在中国运用税收支出理论没有现实意义》,《税务研究》1991 年 5 期。

110. 王景文、胡立:《论建立我国税式支出制度的必要性和可行性》,《税务与经济》1998 年 4 期。

111. 刘楚汉:《浅谈越权减免税及其根治》,《税务研究》1989 年 5 期。

112. 曹凌:《减免税的理论分析及其控制策略的选择》,《财政研究》1991 年 1 期。

113. 曹鸿飞、曹莉:《对政府型税收流失问题的经济分析》,《经济体制改革》2005 年 3 期。

114. 许建国:《谈在我国建立税式支出制度》,《税收研究资料》1992 年 4 期。

115. Zhicheng Li Swift:《税式支出报告的国际比较》,楼继伟主编《税式支出理论创新与制度探索》,中国财政经济出版社 2003 年版。

116. 张晋武、李丽凤:《构建我国税式支出制度若干基本问题的设想》,《税务研究》2004 年 7 期。

117. 苑新丽:《税式支出管理的国际经验与我国的选择》,《财经问题研究》2005 年 9 期。

118. 刘佐:《税式支出的效应分析及构建思路》,《中国财政》2003 年 9 期。

119. 张灵芝:《税式支出预算管理》,http://www.crifs.org.cn,2006 年 3 月 21 日。

120. 杨斌:《编制中国特色税式支出表》,《中国财经报》2002 年 12 月 18 日。

121. 财政部税政司:《建立税式支出预算制度的基本思路》,《预算管理与会计》2002 年 3 期。

122. 刘佐:《对税收支出问题的再探讨》,《税务研究》2003年3期。

123. 刘立:《论建立我国税式支出预算管理制度》,《西北大学学报》(哲学社会科学版)2004年5期。

124. 李志远:《构建适合中国国情的税式支出制度》,《税务研究》2006年3期。

125. 屠建平:《"两税合并"中的税收优惠政策探讨》,《税务研究》2006年1期。

126. 兰东武等:《"两税"并轨的新机会仍可能面临不公平竞争》,http://www.js-tax.com,2006年2月8日。

127. 李新辰等:《建立符合中国特色的税式支出分析制度》,《中国财政》2003年3期。

128. 张晋武:《税式支出分析方法试探》,《财政研究》2004年2期。

129. 张晋武:《构建我国税式支出分析方法体系的探讨》,中国财政学会编《第十六次全国财政理论讨论会文选》,中国财政经济出版社2005年版。

130. Marc Seguin:《加拿大税式支出及评估报告》,楼继伟主编《税式支出理论创新与制度探索》,中国财政经济出版社2003年版。

131. 张泽荣、杨翠银:《关于建立和完善我国税式支出管理制度的思考》,《税务纵横》2003年7期。

132. 陈庆萍:《论税式支出适度规模和效益》,《税务研究》2005年11期。

133. 朱延、张元年、林平:《关于我国税式支出实行预算化管理的初步探讨》,《财金贸易》1998年8期。

134. 史耀斌:《努力建立适合中国国情的税式支出管理制度》,楼继伟主编《税式支出理论创新与制度探索》,中国财政经济出版社2003年版。

135. 彭何俊:《论税收支出及其预算编制方法》,《湖北财政研究》1992年1期。

136. 石磐若、禾金:《略论减免税管理制度的改革》,《财贸经济》1991年11期。

137. 崔光营:《减免税管理制度改革之浅见》,《税务研究》1987年12期。

138. 刘心一、李圣君:《减免税目标管理的理论与实践》,《税务研究》1988年7期。

139. 马国强:《略论税收减免》,《税务研究》1989年6期。

140. 丛建阁:《对完善我国税式支出制度的思考》,《山东经济》1996年4期。

141. 刘立:《界定与控制税式支出预算规模的思路》,《当代经济科学》2004年1期。

142. Stanley.S.Surrey:Pathways to Tax Reform, Cambridge, Massachusetts:Harvard

University Press,1973.

143. Stanley. S. Surrey and Paul. R. Mcdaniel: Tax Expenditures, Cambridge, Massachusetts: Harvard University Press,1985.

144. M. Feldstein: A Contribution to the Theory of Tax Expenditures: The Case of Charitable Giving, The Economics of Taxation, H. Aaron and M. Boskin Editors,1980.

145. Michael Veseth: Public Finance, Reston, Virginia: Reston Publishing,1984.

146. S. C. Pond and R. Walker: Taxation & Social Policy, London,1980.

147. OECD: Tax Expenditures: Recent Experiences, Paris,1996.

后　记

　　本书是由自己的博士论文稍加修订而成的。

　　文，乃众者智慧与辛劳之积化。一人之文含百人呕血，是成文的基本规律。与所有从事科学著述的学人一样，在本书即将付梓之际，心中弥漫着对研作历程的回味和对所有为之呕血者的感激。

　　作文虽为笔下，大功首推师尊。围绕本书的选题与写作，导师王国清教授诲之不倦，悉心点拨，使自己屡开茅塞，得以及早思入通途，省却了不少脑力成本。师从王国清教授，不仅受到了难得的学术历练，也进一步领悟了为人治学的真谛，荣幸甚矣！师恩厚重，深谢不已！

　　西南财经大学财税学院的刘邦驰教授、马骁教授、朱明熙教授、尹音频教授、刘蓉教授、程谦教授、周小林教授、武振荣副教授及其他各位老师的研究成果和讲堂高论，都使本书的研作直接或间接地颇多受益；中国人民大学安体富教授曾为本选题的研究设计提出过宝贵的指导意见；西南财经大学副校长刘灿教授、研究生部张智勇书记、罗刚副主任、财税学院陈顺刚书记，河北经贸大学的王莹教授、于刃刚教授、纪良纲教授、杨欢进教授、武建奇教授、柴振国教授、李建平教授，以及王金凤、张占平、古建芹、赵文报、石丁、刘连环、马斌、王成云等诸位领导和同事，都曾为我博士阶段的学习和成就本书提供了许多支持和帮助；人民出版社的姜玮编辑为本书的出版付出了大量辛劳。在此，亦一并表示诚挚的谢意！

　　还要感谢为本书的研究与写作提供了理论之本、思想之基、资料之源的所有认识和不认识、列出和未列出的参考文献的作者们，正是有了他们长期的辛勤研作，有了他们广博的学术传承，才使我得以有所建立。书中所述、所论、所思、所见，都是踩在他们肩膀上得出的产物。当然，书中的所有错误与纰漏，都属个人愚钝所致，概不能由前人负责。

　　学习与研作之累莫过于家人和亲胞。虽然至亲可不言谢，但我深知，如果没有他们的同心理解和贴身支持，没有他们的忍苦负累，限期内完成学业和本书的写作之想，恐属非分！

　　研作暂告结束，感念未有穷期……

　　向所有教诲、启迪、理解、关心、支持、帮助我的人致以永远和崇高的敬意！

张晋武

2007 年 12 月

责任编辑:姜　玮
版式设计:东昌文化

图书在版编目(CIP)数据

中国税式支出制度构建研究/张晋武著. -北京:人民出版社,2008.3
ISBN 978－7－01－006817－6

Ⅰ. 中… Ⅱ. 张… Ⅲ. 税收减免-税收制度-研究-中国 Ⅳ. F812.422

中国版本图书馆 CIP 数据核字(2008)第 012002 号

中国税式支出制度构建研究

ZHONGGUO SHUISHI ZHICHU ZHIDU GOUJIAN YANJIU

张晋武　著

人民出版社 出版发行
(100706　北京朝阳门内大街 166 号)

北京龙之冉印务有限公司印刷　新华书店经销

2008 年 3 月第 1 版　2008 年 3 月北京第 1 次印刷
开本:710 毫米×1000 毫米 1/16　印张:20
字数:310 千字　印数:0,001－3,000 册

ISBN 978－7－01－006817－6　定价:38.00 元

邮购地址 100706　北京朝阳门内大街 166 号
人民东方图书销售中心　电话 (010)65250042　65289539